LE
CHEF DE FAMILLE

PAR L'AUTEUR DE JOHN HALIFAX

TRADUIT DE L'ANGLAIS

PAR Mme DE WITT, NÉE GUIZOT

TOME SECOND

2me ÉDITION

PARIS

GRASSART, LIBRAIRE-ÉDITEUR

2, RUE DE LA PAIX, 2

1872

LE CHEF DE FAMILLE

SAINT-GERMAIN. — IMPRIMERIE L. TOINON ET Cᵉ.

LE
CHEF DE FAMILLE

PAR L'AUTEUR DE JOHN HALIFAX

TRADUIT DE L'ANGLAIS

PAR Mme DE WITT, NÉE GUIZOT

TOME SECOND

2me ÉDITION

PARIS

GRASSART, LIBRAIRE-ÉDITEUR

2, RUE DE LA PAIX, 2

—

1872

LE
CHEF DE FAMILLE

XX.

L'été s'était écoulé, et l'hiver vint à son tour, sans apporter aucun changement à la vie monotone de la famille, dont le cercle s'était peu à peu rétréci. Christine, sous les auspices de ses sœurs, avait fait son entrée dans le monde, et ne paraissait plus que rarement aux Gowans. Édouard, qui avait renoncé à ses études scientifiques pour suivre la carrière plus humble d'étudiant en médecine, ne venait plus chez son frère que les jours de fête ; et Charles, qui n'avait jamais aimé l'étude, passait une partie de son temps au milieu des vaisseaux du petit port de Leith, et commençait à dire vaguement qu'il ne connaissait pas de vie plus heureuse que celle d'un marin. Ainsi, Élisabeth et Ninian voyaient, peu à peu, leur jeune famille quitter le toit hospitalier, comme la joyeuse couvée qui se disperse, fière d'essayer ses jeunes ailes, et pressée de jouir de son indépendance.

Pendant plus d'une soirée d'hiver, assis avec sa sœur auprès du foyer solitaire que n'égayaient plus les voix joyeuses des enfants, Ninian songeait que toutes ces places vides pourraient être occupées un jour par des êtres plus chers encore que ceux qui les avaient quittées. De temps à autre, il éprouvait un irrésistible désir d'aller à Londres ; il voulait voir encore une fois sa pupille bien-aimée, l'entourer de sa tendre sollicitude, et ne lui avouer son amour que lorsqu'il aurait acquis assez de fortune et d'indépendance pour l'épouser. En attendant, les lettres qu'il recevait d'elle le consolaient. Elles étaient pleines d'une affection qui, si elle n'était pas encore de l'amour, pouvait aisément le devenir, et, s'il ne possédait pas le bonheur, il pouvait du moins l'attendre et l'espérer.

Une fois, il avait été sur le point de partir. Les deux jeunes frères de Jeanne, dont nous avons dit quelques mots au commencement de cette histoire, venaient tous les deux de mourir, et Jeanne, en lui annonçant ce malheur, lui avait écrit : « Je n'ai plus d'autre frère que vous, et je sens que vous m'êtes devenu plus cher encore.

Ninian aurait volé vers la jeune fille, s'il n'avait été blessé de la sécheresse désolante de la lettre par laquelle M. Ansted lui annonçait la mort de ses fils. Il ne s'était jamais occupé de ces malheureux enfants, et à l'exception d'un mot ou deux qui exprimaient à peine le regret, toute sa lettre n'était remplie que de longues descriptions sur la pompe de leurs funérailles.

Jeanne devint ainsi la seule héritière de son père; mais, à cela près, rien ne sembla changé dans sa vie. Ses lettres à ses anciens amis arrivèrent aussi régulièrement que par le passé, tantôt sérieuses, tantôt animées par la gaieté de son âge. Cependant, à la fin de l'hiver, elles devinrent plus rares, et Ninian, incapable de supporter plus longtemps l'inquiétude qui l'agitait, se chargea d'une affaire qui devait inévitablement l'appeler à Londres. Il n'était plus d'ailleurs forcé de travailler sans relâche comme il l'avait fait naguère; sa fortune était devenue meilleure et sa réputation au barreau grandissait.

Élisabeth, surprise du brusque départ que lui annonçait son frère, se consola par la pensée qu'elle aurait des nouvelles d'Edmond, et Ninian partit bientôt pour Londres.

Depuis son extrême jeunesse, il n'était point venu dans cette ville, dont le bruit et le mouvement lui étaient insupportables et à laquelle il préférait la vie monotone d'Édimbourg, où les années s'écoulent dans une douce quiétude. Tout en parcourant les rues de la grande ville, tout en se hâtant de mettre fin à l'affaire qui l'avait amené, afin que rien ne pût troubler la joie qu'il se promettait pour le lendemain, il ne pouvait bannir de sa pensée celle dont un seul jour le séparait encore. Il s'arrêtait souvent dans ses courses et se disait : Est-il bien vrai? Je vais donc la revoir! Et le cœur de cet homme à la fois si fort et si simple, bondissait de joie comme celui de l'adolescent qui se rend au rendez-vous de son premier amour.

Ninian était arrivé à Londres à midi, et, avant la fin du jour, il avait terminé toutes ses affaires. Il songea d'abord à aller voir le professeur Reay; mais il se dit que l'heure était trop avancée et qu'il ferait mieux d'attendre jusqu'au lendemain. Maintenant qu'il n'avait plus rien à faire, l'impatience s'empara de lui, et, incapable de rester en repos, il se mit en marche, malgré l'obscurité et la rigueur du froid, à travers les rues qu'il connaissait à peine. Enfin, ayant demandé le chemin de Regent's-Park, il se trouva bientôt sur la longue terrasse qui le borde, et qui, en ce moment, était doucement éclairée par les rayons de la lune. Dans cette partie aristocratique de la ville où, pendant les nuits de l'été, les promeneurs vont respirer le parfum des fleurs et des arbres qui entourent toutes les maisons, Ninian s'arrêta tout ému, songeant que les pieds de la jeune fille s'étaient peut-être reposés quelques heures auparavant, à l'endroit même où il mettait les siens. Il voulut au moins voir la maison qu'habitait Jeanne, pour ne point perdre de temps à la chercher le lendemain; il se la fit indiquer, et à mesure qu'il en approchait, il tremblait comme un enfant.

Il arriva devant la maison et leva les yeux vers les fenêtres, comme s'il s'attendait à voir l'ombre de Jeanne se dessiner derrière les rideaux; mais il n'aperçut ni ombre ni lumière, et sur les volets fermés il vit une bande de papier avec ces mots : Maison a louer.

Ninian tressaillit, et sa première pensée fut qu'il s'était trompé de numéro ou de quartier : mais il perdit bientôt cet espoir, et, lisant sur l'écriteau qu'on pouvait prendre des informations dans la maison, il sonna d'une main tremblante. Une de ces femmes à l'aspect misérable, qui servent d'ordinaire de gardien aux maisons inhabitées, vint ouvrir la porte, qu'elle tint entr'ouverte jusqu'à ce qu'elle se fût rassurée, à la faible lueur de sa chandelle, que la personne qui venait la déranger, n'était pas un voleur, mais un homme comme il faut.

— Cette maison est à louer ? demanda Ninian.

— Oui, monsieur. Pour les renseignements adressez-vous à... Et elle commença à lire l'écriteau attaché à la fenêtre.

— Je ne veux pas louer cette maison, je désire seulement savoir ce que sont devenus ses anciens propriétaires.

—"Vous n'êtes pas le premier qui désiriez le savoir, dit la vieille femme d'un ton bourru ; et j'ai déjà répondu plus de vingt fois, à tous les fournisseurs qui demandent leur argent, que ce n'est pas la peine de venir me déranger, car je ne sais rien. Et elle repoussa violemment la porte, laissant Ninian si troublé, qu'il resta quelques instants immobile avant de retrouver sa présence d'esprit. Déjà il se représentait Jeanne sans pain, sans abri, en proie à l'humiliation et à la misère qui suit la famille d'un banqueroutier. Sa chère enfant, si pure, si délicate, il la voyait souillée par des fautes qui n'étaient pas les siennes ; mais il la retrouverait, il irait l'arracher à son père et à la honte dont il la couvrait.

Cependant ces doutes affreux devaient être éclaircis, et il se dirigea en toute hâte vers la maison du professeur Reay, oubliant que peu d'instants auparavant il avait trouvé la soirée trop avancée pour se présenter chez lui. Onze heures sonnaient, comme il frappait à sa porte.

Depuis un an que Ninian n'avait vu son vieil ami, celui-ci, grâce à quelques découvertes astronomiques, avait pris un rang considérable parmi les savants. Son aspect était peu changé ; sa grande taille était aussi gauche, sa mise aussi négligée ; seulement, il avait l'air un peu plus vieux et plus fatigué qu'autrefois.

— Est-ce vous? Edmond, dit-il en ouvrant la porte ; vous rentrez de bonne heure ce soir.. Je souhaiterais que vous fissiez toujours de même, continua l'excellent homme, avec un ton de doux reproche.

— Ce n'est pas Edmond, c'est moi, dit Ninian ; ne me reconnaissez-vous pas? mon cher Reay.

— Que je suis heureux de vous voir ! s'écria celui-ci, en l'entraînant dans son cabinet. Pardonnez-moi de ne vous avoir pas reconnu tout de suite ; mes pauvres yeux n'y voient plus, quand je quitte mes livres.

En approchant une chaise pour Ninian au milieu

des instruments d'astronomie, des livres, des papiers qui encombraient la chambre, il demanda avec agitation si rien de fàcheux ne l'appelait à Londres, et si tout le monde se portait bien aux Gowans.

— Oui, tout le monde, c'est-à-dire Élisabeth et Charles. Christine est à Portobello avec ses sœurs. Et vous, mon cher Reay, tout va bien pour vous, j'espère ; vous voici parvenu à la célébrité.

Le professeur secoua la tête et sourit tristement.

— Je ne suis pas ce que je voudrais être, si j'en avais le temps, dit-il. Mais le collége m'occupe tout le jour, et je me suis tant fatigué les yeux à la lumière, qu'ils me refuseront bientôt tout service. J'ai été forcé de m'arrêter tout à l'heure au milieu d'un travail que je voulais achever avant le retour d'Edmond.

Et il montrait, en soupirant, des pages toutes couvertes d'un véritable édifice de chiffres.

— Edmond sort-il beaucoup et l'attendez-vous toujours? demanda Ninian.

— Si je ne l'attendais moi-même, ma tante apprendrait qu'il rentre tard, répondit le professeur ; et alors il n'y aurait plus de repos pour le pauvre garçon.

— Je crains qu'il ne vous ait donné beaucoup d'embarras, dit Ninian. (Cette pensée écartait pour un instant de son esprit la seule chose qui l'eût amené.) J'espère que vous n'êtes pas mécontent de lui?

— Oh! non. Il est seulement gai et animé, comme quelques-uns le sont dans votre famille. Il me les rappelle souvent par son regard et ses manières, et jamais je ne pourrais trouver dans mon cœur un mot dur pour lui, quand bien même il me causerait quelque petit chagrin.

Ninian jeta un regard affectueux sur le professeur qui, appuyé contre la cheminée, baissait avec distraction ses paupières brûlantes sur ses yeux affaiblis.

— Vous êtes un digne et excellent homme, lui dit-il.

Puis, incapable de contenir plus longtemps son anxiété, il lui demanda brusquement s'il avait vu la famille Ansted.

— Très-peu.

— Mais vous savez où elle demeure?

— Je ne me le rappelle pas exactement; mais ma tante ou Edmond pourra vous le dire demain. C'est quelque part dans *Regent's-Park*.

— Quoi! dit Ninian, ne savez-vous pas qu'ils n'habitent plus *Regent's-Park?* Je crains bien, d'après ce que j'ai ouï dire, que M. Ansted ne soit de nouveau très-embarrassé dans ses affaires d'argent. Voyons, mon cher ami, ne pourriez-vous pas m'aider à trouver la nouvelle adresse de Jeanne? Élisabeth et Christine sont très-inquiètes. Elles l'aimaient tant toutes deux!...

— Oui, je m'en souviens. Mademoiselle Ansted les aimait beaucoup aussi. Elle m'a parlé plus d'une fois du temps qu'elle a passé auprès de vous tous. C'est une douce et charmante enfant. J'espère bien qu'il ne lui est rien arrivé qui soit de nature à l'affliger.

— Je n'en sais rien, et il faut que je m'en assure.

Vous dites qu'Edmond sait où elle demeure ; où est-il allé, ce soir ?

— Je le lui demande rarement. Attendez, je crois qu'il est chez M. Ulverston , et M. Ulverston doit pouvoir vous donner quelque renseignement, car je l'ai rencontré chez M. Ansted chaque fois que j'y suis allé faire visite. C'est un bon jeune homme, quoique un peu léger. Je serais bien surpris qu'il me renvoyât jamais mon neuvième volume des *Transactions philosophiques*.

Ninian n'en entendit pas davantage et se hâta de sortir, après avoir obtenu l'adresse de M. Ulverston et promis au professeur de revenir le lendemain.

Quoiqu'il eût voyagé toute la nuit et marché tout le jour, il pressa son pas à travers les rues désertes, et se trouva enfin, un peu avant minuit, devant la demeure de M. Ulverston. C'était une belle maison, dont les fenêtres alors entr'ouvertes laissaient arriver aux oreilles de Ninian les sons bruyants d'un *raout*.

Sa réserve habituelle l'aurait empêché d'entrer en cet instant, si, pour mettre fin à l'affreuse anxiété de son âme, il n'eût été prêt à braver tous les obstacles.

Il se trouva donc bientôt en présence d'un groupe de jeunes gens, tels qu'on en voit dans la société littéraire de Londres, où un certain éclat couvre souvent une vie déréglée, où l'esprit le plus fin et le plus délicat n'exclut point celui qui, plus grossier, attire les natures plus vulgaires, et où l'amitié ne se forme que sous l'influence du vin et des cigares, dont nos génies modernes ne peuvent malheureusement plus se passer.

Avec son air grave et inquiet, Ninian apparut au milieu de cette brillante réunion comme le spectre du destin, que les Grecs avaient coutume d'évoquer au milieu de leurs fêtes, pour se rappeler la brièveté de la vie.

— Est-ce vous, mon cher Græme? s'écria Ulverston. Quel heureux vent du nord vous amène à Londres? Edmond, mon cher ami, voici votre frère; j'espère qu'il ne nous apporte pas de mauvaises nouvelles.

— Ne crains rien, mon enfant, dit Ninian au jeune homme, qui se levait en cet instant et s'avançait audevant de lui d'un air plus surpris que satisfait. Ni ses regards ni ses paroles ne lui souhaitèrent la bienvenue, et il semblait embarrassé de voir son frère, dans le costume de voyage qu'il n'avait pas pris le temps de changer, paraître au milieu d'une si élégante compagnie.

Ninian remarqua avec peine la contrainte du jeune homme et ses allures tranchantes, qui contrastaient avec ses traits enfantins. Ce n'était plus le naïf jeune homme qui répondait naguère avec une tendresse si vive à celle de son frère aîné.

Mais quelles que fussent alors les pensées de Ninian, il ne fit aucune observation, et après avoir assisté pendant quelques instants à la conversation légère de la folle jeunesse qui l'entourait, il sentit que ce n'était ni dans un tel lieu, ni dans un tel moment qu'il pouvait parler du sujet qui l'amenait, et il s'écoula encore près d'une demi-heure avant qu'il pût demander à voix basse à Edmond ce qu'étaient devenus M. Ansted et sa fille.

— Je ne les ai pas vus depuis un siècle, répondit Edmond d'un air ennuyé et indifférent; je n'aime guère à aller chez eux. Jeanne est jolie sans doute, mais c'est tout; et son père est si ennuyeux! Interroge M. Ulverston; il les voit souvent, quoique je ne comprenne pas quel plaisir il puisse y trouver.

Ninian, mécontent de la réponse de son frère, pria Ulverston de lui donner l'adresse de M. Ansted.

Ulverston remit brusquement sur la table le verre qu'il portait à ses lèvres, et regardant Ninian avec surprise :

— Comment se fait-il, mon cher Græme, que vous ne sachiez pas l'adresse de M. Ansted? Je pensais que vous étiez encore plus l'ami de la famille que je ne le suis moi-même, et qu'on vous tenait au courant de tout ce qui les concerne. Mais, puisque vous ne savez rien, je vous donnerai tout à l'heure les renseignements qui pourront vous intéresser à leur sujet, mais en attendant, j'espère que vous allez prendre un verre de vin avec moi.

Après un moment de silence, Ninian, qui ne pouvait se contenir, dit à Ulverston :

— Pourquoi ont-ils donc quitté leur hôtel de Regent's-Park?

— Jeanne devenait pâle et souffrante. J'ai usé de mon influence auprès de son père pour lui faire louer une maison de campagne à douze milles de Londres.

— Et où est située cette maison de campagne? demanda Ninian, s'efforçant de paraître calme.

— Où elle est située? Je ne puis vous le dire, car je me suis engagé à en garder le secret, répondit Ulverston en souriant et en baissant la voix. Et pour dire la vérité, ils désirent vivre retirés, en partie à cause de la santé affaiblie de Jeanne, et en partie...

— Est-ce que M. Ansted serait dans une position embarrassée? interrompit vivement Ninian.

— Non, je suis sûr du contraire, poursuivit Ulverston, car je connais parfaitement l'état de ses affaires. Un *gentleman*, ou plutôt un homme qui a la fortune d'un *gentleman*, ajouta-t-il avec un sourire railleur, peut se trouver un instant dans l'embarras, surtout quand il a le goût des spéculations; mais M. Ansted n'en est pas là en ce moment, et je sais, à n'en pouvoir douter, qu'il ne dépendrait que de notre jolie Jeanne de devenir baronne.

— Alors elle ne l'a pas encore voulu? dit Ninian.

— Je ne le crois pas; elle a sans doute ses raisons pour cela.

Et il y eut sur les lèvres du jeune homme un sourire plein de fatuité qui perça le cœur de Ninian.

— Je vous prie, ajouta-t-il, de ne pas parler de ce que je vous dis là, car le vieux bonhomme de père n'est pas prévenu, mais je sais quelle confiance Jeanne a en vous, et qu'on peut tout vous dire. Quand comptez-vous aller les voir?

— Vous oubliez que vous ne m'avez pas encore donné l'adresse de M. Ansted. Dire qu'une maison est à douze milles de Londres, est un assez vague renseignement. Cependant, nous autres hommes de loi, nous sommes habiles à débrouiller les mystères, et je pourrai peut-être découvrir le vôtre.

Un vif éclair de colère brilla sur les traits d'Ulverston.

— Oseriez-vous, dit-il... Mais se reprenant aussitôt avec un sourire : Vous pourriez bien vous égarer longtemps encore avant de l'éclaircir. Il n'y a dans tout ceci nul mystère, je vous l'affirme, et pour vous le prouver, voici l'adresse de Jeanne.

Alors, avec un air de franchise et de bonne humeur, il écrivit l'adresse sur une de ses cartes, et la présenta à Ninian.

Celui-ci la copia sur son portefeuille et rendit la carte ; mais comme Ulverston la repoussait gaiement, disant qu'il n'en avait aucun besoin, Ninian la jeta au feu, où il vit brûler avec satisfaction ces deux noms qu'il lui était douloureux de voir joints l'un à l'autre. Bientôt après, il se leva pour sortir.

— Et vous, Edmond, nous quittez-vous aussi? dit Ulverston.

— Il peut rester si cela lui fait plaisir, dit Ninian.

Mais Edmond, remarquant l'air troublé et la pâleur de Ninian, éprouva un remords et le suivit.

Il causa tout le long du chemin avec l'esprit et le ton léger du monde dans lequel il vivait, jusqu'à ce que passant sous un réverbère, il fut effrayé de la pâleur de Ninian.

— Par Dieu! s'écria-t-il retenant une expression

plus énergique qui n'était pas encore tout à fait familière à ses lèvres d'adolescent, es-tu malade, mon frère ; pourquoi as-tu l'air si fatigué et si vieux ?

— Je ne me suis pas couché ces deux dernières nuits, et j'ai voyagé ou travaillé tout le jour. Et quant à paraître vieux, je dois en prendre mon parti. Je vieillis, en effet ; ainsi, mon enfant, n'y fais pas attention.

Edmond pressa le bras de son frère avec un sentiment de repentir et de tendresse. Il cessa de parler, et peut-être pensa-t-il, en marchant silencieusement à ses côtés, que, pendant qu'il menait joyeuse vie à Londres, son frère travaillait pour lui. Quand ils atteignirent la porte du professeur, il dit à Ninian un adieu si tendre et si affectueux, que celui-ci sentit s'évanouir le sentiment d'humeur qu'il avait éprouvé contre lui, et ils se quittèrent réconciliés.

XXI.

Le lendemain, le soleil s'éleva radieux du léger
brouillard qui couvrait la terre. On n'était encore
qu'aux derniers jours de février, et la chaleur pré-
coce, le chant des oiseaux, les feuilles des arbres déjà
entr'ouvertes, faisaient faire aux laboureurs de som-
bres pronostics sur les gelées tardives, qui sans doute
viendraient détruire l'espoir de ces jours d'une beauté
prématurée. Mais, sans souci de l'avenir, les petits
enfants se jouaient sous les gais rayons du soleil, et les
vieillards se sentaient renaître à ce premier souffle du
printemps.

Il eût fallu, en effet, être bien triste, bien malheureux, pour ne pas ressentir au fond du cœur la douce
influence d'un si beau jour. Ninian lui-même, en
quittant la voiture qui l'avait déposé sur la route encore tout humide de la rosée du matin, souriait aux
enfants qui lui faisaient la révérence, et jouissait de
la fraîcheur de l'air et de la pureté du ciel bleu,

comme s'il n'avait pas songé, pendant toute la durée de sa longue nuit d'insomnie, à quitter Londres pour toujours, et à aller ensevelir, dans les rudes labeurs de sa profession, ses souvenirs et sa douleur.

Le chemin solitaire qu'il suivait depuis un moment, était bordé çà et là de maisons de campagne, parmi lesquelles il cherchait à découvrir celle de M. Ansted. Mary-Land (c'est le nom qu'elle portait) lui fût enfin désignée. Elle était située à quelque distance, derrière une haie de lauriers. Il hésita un instant, incertain s'il devait se faire annoncer à Jeanne, que la présence inattendue d'un ancien ami pouvait émouvoir trop vivement, dans l'état de faiblesse où on lui avait dit qu'elle était. Il la voyait déjà pâle et amaigrie, comme l'enfant malade qu'il avait si souvent portée dans ses bras.

Ses hésitations furent interrompues par le bruit d'une voiture, qui sortait de la grille et qui passa rapidement devant lui, pas assez rapidement toutefois pour qu'il n'eût le temps de distinguer une figure souriante, qui causait avec animation, penchée vers une personne qu'il lui fut impossible de voir. Mais cette jeune tête, qui ne lui apparut qu'un instant au milieu d'un flot de rubans roses et de dentelles, il ne pouvait pourtant ne pas la reconnaître, car elle n'avait pas cessé depuis un an d'être présente à sa pensée et de lui apparaître dans tous ses rêves.

Ninian, la poitrine oppressée, s'arrêta au bord du chemin, pour suivre des yeux la voiture qui fuyait devant lui ; puis, cédant à une pensée accablante, il s'appuya en tremblant contre la grille.

Sa tristesse venait-elle de ce que Jeanne ne l'avait point regardé ? Mais n'eût-il pas été plus surprenant qu'elle se fût aperçue de sa présence, distraite et occupée comme elle l'était ? Quel mal y avait-il dans l'élégance de sa parure, et quoi de plus naturel que la transformation qui s'était opérée dans toute la personne de cette jeune fille, qui n'était qu'une enfant, il y avait un an, et qui aujourd'hui était une femme.

Ninian, honteux de lui-même, renonça à son premier mouvement qui l'entraînait à repartir aussitôt pour Londres, et il entra tranquillement dans l'avenue.

M. Ansted se promenait en ce moment dans son parterre, suivi de ses jardiniers, à qui, avec un ton de grand seigneur, il donnait des ordres d'une exécution impossible.

La vue de Ninian qui s'approchait lentement, parut lui causer une surprise désagréable. Il fit un mouvement en arrière, puis s'avança avec contrainte ; on eût dit que le souvenir de l'argent dont il avait frustré autrefois le père de Ninian, s'élevait en ce moment comme un fantôme menaçant entre lui et son créancier. Mais rien dans l'attitude de Ninian n'annonçait qu'il vînt faire valoir ses droits ; il les avait en effet oubliés, et il s'efforçait de prendre un air plein de cordialité auquel M. Ansted répondit par le ton protecteur qui lui était habituel.

— Ainsi, mon cher ami, dit-il, vous êtes parvenu à trouver ma petite maison de campagne ? Je suis bien heureux de vous voir. Y a-t-il longtemps que vous avez quitté Édimbourg ?

Puis une pensée de défiance lui traversant l'esprit, il ajouta :

— Mais comment m'avez-vous découvert dans cet ermitage ?

— M. Ulverston m'a indiqué la route que je devais suivre, et j'ai cru pouvoir profiter du court séjour que je fais à Londres, pour venir vous rendre visite.

— J'en suis très-heureux. Vous le voyez, mon cher ami, j'ai été obligé de fuir, et de me dérober à mes amis. Ils devenaient si nombreux et nous menions une vie si dissipée que je n'ai pu y tenir. Ma fille et moi nous sommes venus ici chercher un peu de calme et de repos.

— Mademoiselle Ansted va bien ? j'espère.

— Très-bien ; elle vient justement de sortir en voiture pour promener une de nos voisines, lady Ulverston, à qui elle témoigne beaucoup de bonté.

La petite Jeanne, bienveillante et bonne pour lady Ulverston ! Les temps étaient certainement bien changés, et Ninian commença à craindre de voir apparaître à la place de sa pupille bien-aimée, une jeune fille raide, prétentieuse et gourmée.

Il suivit M. Ansted dans la maison, qui était ornée de tous les objets de luxe que la fortune et le bon goût peuvent réunir. Le propriétaire les désignait avec orgueil à l'attention de son hôte.

— Est-ce que ces meubles et ces tableaux ont été choisis par vous ? demanda Ninian, qui ne connaissait pas au père de Jeanne tant d'amour pour les arts.

— Non, pas tout à fait ; j'ai loué cette maison à un

pauvre diable d'auteur qui s'est trouvé fort heureux de me la céder à bon marché. Je compte maintenant l'acheter telle qu'elle est ; cela me coûtera cher, mais qu'importe, il faut, avant tout, être bien chez soi.

Ninian songea aux créanciers dont la vieille concierge de Regent's-Park avait parlé le soir précédent. Il regarda ensuite autour de lui, et se sentit indigné de cet étalage d'un luxe insolent. Il se représenta Jeanne souriante et parée dans sa voiture, et il éprouva un douloureux serrement de cœur ; mais sans doute elle ignorait tout ce qu'il ne devinait que trop bien, et, trompée par ces apparences menteuses, elle croyait sans doute à la fortune et à la probité de son père, comme lui-même y avait cru autrefois.

Il voulut attendre pour la juger. Pendant deux heures qui lui parurent mortellement longues, il endura la conversation de M. Ansted, jusqu'au moment où celui-ci le quitta pour aller donner des ordres à son premier jardinier, qu'il appelait pompeusement son intendant.

Ninian s'en alla alors dans la serre, ne doutant pas qu'il y trouverait quelques indices de la présence de Jeanne. Elle aimait tant les fleurs ! Toutes celles qu'elle préférait étaient là, et comme pour lui prouver qu'elle conservait encore les goûts de son enfance, il vit tout ouvert sur un banc, un livre de botanique sur les pages duquel était resté un bouquet de violettes.

Il s'assit, prit le livre sur ses genoux, respira le parfum des fleurs, et il oublia que Jeanne était la fille de

M. Ansted, pour ne plus songer qu'aux sentiments si simples, si purs et si vrais qui lui avaient valu toute la tendresse de son cœur.

Il fut tout à coup distrait de ses pensées par le bruit d'une porte qui s'ouvrait. Un pas léger, puis un profond soupir, et à travers le feuillage, il aperçut Jeanne, non plus souriante et gaie comme autrefois, mais tous les traits empreints d'une profonde tristesse ; de cette tristesse qui suit les sourires forcés. Elle était rentrée, et ne sachant qu'on l'attendait là, elle venait s'asseoir parmi ses fleurs et y chercher un peu de solitude et de repos.

Elle marchait lentement, tantôt s'arrêtant pour regarder ses plantes favorites, tantôt passant auprès d'elles avec distraction, jusqu'à ce que tout à coup, elle vit Ninian qui l'observait, à moitié caché par des orangers.

La jeune fille tressaillit, et comme il lui arrivait autrefois dans les moments d'agitation ou de surprise, elle devint toute rouge. Puis, avec un cri de joie, elle courut à Ninian, et elle allait se jeter dans ses bras, si une réflexion soudaine ne l'eût retenue. Mais elle prit ses mains, et elle les serra dans les siennes avec une expression de bonheur et de tendresse qui émut Ninian jusqu'aux larmes.

— Êtes-vous contente de me revoir ? Jeanne, murmura-t-il à voix basse, s'efforçant de cacher son émotion.

— Oh ! j'en suis bien heureuse ! Il me tardait tant de vous voir ainsi que Christine ! Combien de fois

n'ai-je voulu vous demander à tous deux de venir,
mais...

— Je comprends, c'était impossible, dit Ninian in-
terprétant sa réticence. Mais comme j'étais à Londres,
j'ai pensé que je pouvais venir, et votre père m'a demandé de rester jusqu'à lundi.

— Alors, il vous a vu, dit Jeanne, paraissant sou-
lagée d'une grande inquiétude. Oh ! que je suis heureuse !

Et elle pressa de nouveau les mains de Ninian avec
la joie la plus vive.

— Vous n'êtes pas changée, Jeanne ; vous êtes donc
toujours la même pour moi ?

— Toujours ! Comment pourriez-vous en douter ?

— Mais êtes-vous heureuse ? Laissez-moi voir dans
vos yeux si vous êtes réellement heureuse ?

En cet instant, une voix rude se fit entendre
à la porte de la serre ; Jeanne tressaillit, et abandonnant la main de Ninian, elle sécha avec son mouchoir les douces larmes qui venaient de couler de ses
yeux.

— Vous êtes ici, Jeanne, dit M. Ansted en entrant.
Comment lady Ulverston a-t-elle trouvé le nouveau
brougham ?

— Je ne lui ai pas demandé, mon père.

— C'est la plus élégante voiture de tout le comté,
continua M. Ansted ; je vous assure, monsieur Græme,
qu'elle me coûte 90 guinées, pas un schilling de
moins.

Jeanne détourna la tête avec un air d'impatience.

— Et j'ai commandé au même fabricant la plus jolie petite voiture qu'on puisse voir, pour y atteler mes ponéys, ajouta M. Ansted.

— Pourquoi encore cette voiture? mon père. Vous savez que je n'en veux absolument pas.

— Quelle folie! j'ai commandé cette voiture et tu l'auras.

Un silence embarrassant suivit ces paroles; Ninian le rompit en demandant si lady Ulverston était une parente du jeune Anglais qu'il connaissait.

—Elle est la femme de son cousin, répondit Jeanne, en jouant avec son bouquet. Sir William était vieux et pauvre; il a seulement hérité du titre, et M. Ulverston de la fortune; celui-ci est très-bon pour son parent.

— Et ma fille l'est à son tour pour lady Ulverston. Je m'étonne souvent du plaisir qu'elle peut trouver avec cette vieille femme bavarde. Mais, tout considéré, cela vaut peut-être mieux, dit M. Ansted, en regardant Jeanne avec un sourire qui amena sur les joues de la jeune fille la plus vive rougeur. Elle pâlit presque en même temps; puis, adressant à voix basse quelques mots à son père et un sourire à Ninian, elle quitta la serre.

Ninian, cédant aux instances de son hôte, dont la vanité et l'ostentation trouvaient à se satisfaire dans l'hospitalité qu'il offrait volontiers à ses amis, prit alors ses dispositions pour passer quelques jours à Mary-Land-Cottage.

Il ne revit plus Jeanne que quelques instants avant le dîner.

Elle entra dans le salon, où se trouvaient déjà deux ou trois convives, qui semblaient n'avoir d'autre mérite que celui d'être ce qu'on a l'habitude d'appeler de bons vivants. Jeanne les salua gravement, comme il convenait à une maîtresse de maison qui reçoit les hôtes de son père ; puis elle s'assit un peu à l'écart.

Elle était vêtue avec grâce, mais avec une extrême simplicité : et toute sa personne portait l'empreinte de cette dignité, que donne l'habitude d'une surveillance scrupuleuse sur soi-même. Son père la traitait comme une femme, et en effet elle l'était devenue de tous points. Il s'adressait à elle avec la douceur et les égards qu'il croyait dus à sa fille, à la personne à qui il devait sa propre importance. Cependant dans un moment où il s'était approché d'elle et où il parlait à voix basse, Ninian entendit qu'il lui reprochait la simplicité de sa mise et surtout l'absence de tout bijou.

— Vous ne voulez donc pas porter ceux que je vous ai donnés?

— Non, mon père, je ne le puis, et vous savez pourquoi.

— Vous êtes une enfant, vous oubliez les convenances que ma fille doit observer.

Jeanne ne répliqua pas, et une expression d'une amère tristesse passa sur ses traits.

— Je veux que vous portiez ces bijoux, entendez-le bien. J'espère bien que vous n'avez pas osé...

— Oh! non, mon père, comment l'aurais-je pu?

Il lui jeta alors un regard où se mêlait autant de crainte que de colère, et s'éloigna.

La jeune fille poussa un soupir, et, se penchant vers le livre de gravures qu'elle tenait à la main, elle n'en leva plus les yeux, jusqu'au moment où Ninian vint lui offrir le bras pour la conduire à table.

— Il y a bien longtemps que cette petite main ne s'est appuyée là, dit-il, avec le ton de fraternelle tendresse auquel il l'avait accoutumée.

Jeanne pressa son bras et parut sur le point d'éclater en sanglots, mais elle se contint et ne prononça pas une parole.

Le dîner fut long, et la conversation telle qu'on pouvait l'attendre des convives qui y prenaient part. Lorsque le vin eut monté les esprits, et que les paroles furent devenues trop libres pour l'oreille d'une jeune fille, Jeanne se retira, et Ninian, dès qu'il le put, la suivit au salon. Il lui tardait d'avoir avec elle quelques moments de tranquille causerie. Il voulait surtout lui parler d'Ulverston, et savoir au juste si l'intimité dont celui-ci s'était vanté, existait bien réellement entre eux.

Au bruit qu'il fit en entrant dans le salon, Jeanne leva vivement la tête et alla au-devant de lui avec un rayonnant sourire ; mais elle n'était pas seule, comme Ninian aurait pu le croire, au silence qui régnait avant son arrivée. Près de la place qu'elle venait de quitter, était assise une femme vêtue d'une robe de couleur sombre ; son air timide contrastait avec un visage qui n'avait plus de jeunesse, et il y avait dans toute sa maigre personne, quelque chose de la précision d'une vieille fille.

De l'autre côté de la cheminée sur laquelle il s'appuyait avec nonchalance, Ninian vit avec un vif désappointement, celui que Jeanne avait autrefois désigné en l'appelant le plus beau jeune homme qu'elle eût jamais vu.

— Voici une nouvelle surprise pour vous, monsieur Græme, dit Jeanne en rougissant légèrement. Je suis sûre que vous serez heureux de retrouver ici votre ancien ami.

— Nous nous sommes déjà vus hier soir, dit Ninian en tendant la main au jeune homme.

— Où vous êtes-vous rencontrés ? demanda Jeanne se tournant à demi vers Ulverston, vous ne m'en aviez pas parlé.

— Je n'y avais pas pensé, et vous savez que nous avons parlé de bien des choses.

Jeanne fit place auprès d'elle à son vieil ami, à son frère adoptif, comme elle l'appelait en le présentant à lady Ulverston.

Ninian eût souhaité qu'elle ne révélât pas ainsi à une étrangère le lien qui existait entre eux, mais chacun des regards de ses yeux si doux tombait sur lui avec tant d'affection, qu'il ne songea plus à se plaindre et qu'il cessa même de s'inquiéter de l'empressement qu'Ulverston montrait à la jeune fille. Lui-même il la regardait avec attention, et il fut frappé de la beauté qui s'était développée en elle, et dont il s'était à peine aperçu jusqu'alors ; la présence de son père semblait toujours jeter une ombre sur ce charmant visage que le bonheur semblait animer en ce moment. Quelles que fussent ses peines, Jeanne semblait alors les oublier ; elle causa avec gaieté, et elle chanta quelques romances d'une voix peu exercée, mais à laquelle quelque chose de doux et de pénétrant donnait un très-grand charme.

— Cette chère mademoiselle Ansted ! s'écria maladroitement la timide lady Ulverston, qui ne cessait de jeter autour d'elle, et surtout sur son élégant cousin, des regards d'admiration ; elle chante comme un ange. Certainement on ne saurait s'empêcher de l'aimer, quand même elle ne serait pas une héritière !

Jeanne parut vivement contrariée, et Ninian l'entendit dire à M. Ulverston qui s'était approché du piano :

— Ne laissez pas parler ainsi votre cousine ; je ne suis pas une héritière, je ne le serai jamais, je vous l'ai dit bien des fois, quoique vous ne vouliez pas me croire.

— Personne, mademoiselle, ne croit aux déclarations des femmes sur ces matières, qu'elles ne connaissent pas, dit Ulverston. Dans tous les cas, vous pouvez être sûre que ce sera toujours vous qu'on aimera et non votre fortune.

En écoutant ce compliment, Jeanne changea de couleur, quitta le piano et revint s'asseoir entre Ninian et lady Ulverston. Elle s'était efforcée de changer la conversation et parlait avec grâce et enjouement. Pendant ce temps-là, Ulverston se tenait à l'écart, et paraissait plongé, contre sa coutume, dans de profondes réflexions.

Il était tard quand les autres convives rentrèrent au salon ; leur présence ne devait pas ajouter beaucoup aux plaisirs de la soirée. Ils appartenaient, par leur âge et par leurs habitudes, à cette génération pour laquelle il était admis de rester longtemps à table. Aucun d'eux n'était positivement *ivre*, mot impoli et qu'on n'applique qu'aux manants, mais ils étaient presque tous ce qu'on est convenu d'appeler *très-gais*. L'un s'endormait sur sa chaise, un autre persistait à raconter des histoires grivoises pendant que le maître de la maison, le visage empourpré, parlait avec emphase de tous ses nobles amis, et accablait la pauvre lady Ulverston de civilités outrées.

Jeanne, qui s'était rapprochée du piano, tournait avec distraction les feuilles de son cahier de musique. Elle éprouvait un embarras qu'elle cherchait vainement à dissimuler. De temps à autre, elle dirigeait un regard inquiet vers son père, et lorsqu'il disait ou commettait quelque inconvenance, le rouge lui montait au front, et on voyait qu'elle était au supplice. Une ou deux fois, elle avait tourné les yeux vers Ulverston, comme si elle avait coutume de l'appeler à son secours dans de pareilles circonstances, mais celui-ci ne fit aucun effort pour lui venir en aide. Il regardait avec hauteur les convives de M. Ansted, et il se leva bientôt, en donnant à sa cousine, lady Ulverston, le signal de la retraite.

M. Ansted voulut le retenir, mais Ulverston s'excusa en prétextant l'obligation où il se trouvait de retourner à Londres le lendemain de très-bonne heure. Il

adressa un adieu poli à Ninian, en lui disant qu'il espérait le revoir avant son départ pour l'Écosse ; puis
il se retira avec la grâce qui lui était habituelle et qui
n'était que plus frappante comparée à la grossièreté
des amis de M. Ansted. Ninian en fit la remarque et
soupira.

— Sont-ils encore retournés à la salle à manger ?
dit Jeanne, lorsqu'après avoir reconduit lady Ulverston, elle retrouva Ninian qui était resté seul au salon.

— Votre père est, je crois, allé fumer avec ses
hôtes.

— Alors ils passeront ici la moitié de la nuit, dit la
jeune fille avec amertume ; puis elle ajouta aussitôt :
J'en suis fâchée parce que cela est mauvais pour papa ;
je voudrais que M. Ulverston fût resté avec nous.

— Et pourquoi ? demanda vivement Ninian.

— Parce que mon père ne fume jamais quand il est
là. Il se laisse toujours conduire par lui, car il l'aime
beaucoup.

— Et vous, Jeanne, l'aimez-vous aussi ?
Jeanne hésita un instant.

— Oui, je l'aime, finit-elle par dire, parce qu'il est
bon pour moi, et que j'ai bien besoin de la bonté et de
la protection de ceux qui m'entourent.

Il y avait quelque chose de si naïf et de si touchant
dans l'accent de cette réponse, qui laissait entrevoir les
chagrins auxquels la pauvre jeune fille était condamnée, que Ninian en fut vivement ému.

— Vous n'êtes pas heureuse, ma chère enfant, dit-il
avec tendresse.

Il vit quelques larmes se glisser sous ses paupières ;
il lui sembla qu'un mot de plus allait les faire déborder. Mais elle se contint :

— Cher monsieur Græme, je ne peux pas vous répondre ce soir, et peut-être même ne devrais-je rien
vous dire.

— Rien me dire, pensa Ninian. Elle a donc un secret qu'elle n'ose me confier; et une crainte soudaine
s'empara de son esprit. Il garda longtemps le silence,
jusqu'à ce que Jeanne, lui trouvant l'air fatigué, lui
proposa d'aller prendre du repos.

— Il faut bien que j'aie soin de mon frère, lui dit-
elle avec affection.

— En ce cas, dit Ninian, me sera-t-il permis d'a-
dresser à ma petite sœur une question qu'elle voudra
bien me pardonner, si elle ne juge pas devoir y répondre?

— Demandez-moi ce que vous voudrez, dit-elle en
rougissant, et j'y répondrai, si cela ne concerne que
moi.

— Eh bien ! dit Ninian, et les paroles qui sortaient
de ses lèvres tremblantes étaient précipitées et brèves :
ma petite sœur est-elle sur le point d'épouser monsieur.... qu'ai-je besoin de vous le nommer?

— Non, répondit-elle après un moment d'hésitation.

— Vous a-t-il fait quelque ouverture à cet égard?
— Jamais.
— Mais peut-être vous en fera-t-il?
— Je crois... j'espère que non, dit Jeanne en dé-

tournant la tête. Et son regard exprimait en ce moment un trouble profond.

Ninian ne s'en aperçut pas. La réponse de Jeanne avait calmé ses craintes, et il sentait renaître toutes ses espérances de bonheur. Il souhaita le bonsoir à la jeune fille avec l'accent le plus tendre ; mais il n'osa point, comme autrefois, déposer un baiser sur son front.

Elle ne parut pas non plus s'y attendre, et cette réserve, loin de l'attrister, remplit son âme d'une si grande joie que son cœur, tremblant d'émotion, eut peine à la contenir.

Il s'endormit ce soir-là avec des visions de bonheur telles que les rêves du premier amour peuvent seuls nous les donner.

XXII.

La matinée du dimanche se leva aussi douce et aussi brillante que la veille. M. Ansted ne parut point au déjeuner, et Jeanne l'excusa auprès de Ninian en rougissant.

— Vous serez obligé de m'accompagner seul à l'église, lui dit-elle, car je crois que mon père n'y viendra pas.

Ninian avait prévu son absence, car il avait encore entendu, aux premières lueurs du matin, le bruit d'une orgie qui avait duré toute la nuit.

Ils allèrent ensemble à l'église, s'entretenant des chères années dont le souvenir leur était commun. Et Jeanne soupira plus d'une fois, en songeant qu'au lieu de visages amis qu'elle trouvait alors autour d'elle, elle était seule maintenant pour porter le lourd fardeau de ses peines.

Ninian n'était jamais entré jusqu'alors dans une église consacrée au culte anglican ; mais la simple chapelle de village qui s'offrit bientôt à ses yeux, eût été en harmonie avec les sentiments du plus rigide presbytérianisme. Tout annonçait, dans la petite église, l'extrême pauvreté des paroissiens et du ministre, comme les piliers à demi brisés et les lettres effacées des pierres tumulaires indiquaient que bien des siècles sans doute s'étaient écoulés, depuis que la prière avait commencé à s'élever du milieu de ces saintes murailles, vers le trône du Tout-Puissant.

— Je vous ai amené ici, dit Jeanne à voix basse, parce que j'ai pensé que vous préféreriez cette petite chapelle à notre nouvelle église d'Arlington.

Ninian lui fit un signe d'assentiment, et pendant que le soleil glissait en rayons de pourpre à travers les vitraux peints, que la voix solennelle du vieux pasteur résonnait sous les arceaux, et que le chant matinal de l'alouette se faisait entendre au dehors, son cœur se répandait en ardentes prières pour la faible jeune fille agenouillée près de lui, pour celle qui serait un jour, il l'espérait du moins, sa compagne et la mère de ses enfants. Il demandait au ciel d'alléger, en attendant, le fardeau de ses peines, et de lui conserver à lui-même la seule joie et le seul espoir de sa vie.

Ils retournèrent à Mary-Land, quand le service fut fini, par les grandes prairies et les champs cultivés où ils avaient passé le matin. Jeanne s'appuyait sur son bras, souriante et oublieuse en ce moment des soucis qui l'accablaient. Elle jouissait avec extase de ce beau jour de printemps, des oiseaux qui chantaient dans les arbres, des fleurs champêtres qui commençaient à s'entr'ouvrir et à balancer leur tête flexible au vent frais du matin ; et quand elle atteignit la dernière colline qui leur cachait encore la maison de son père, elle se retourna avec un profond soupir :

— J'ai été bien heureuse ce matin, dit-elle à Ninian, qui lui donnait le bras sans parler. Si je pouvais toujours l'être ainsi, si je pouvais seulement échapper à la triste existence que je mène, et gagner mon pain par mon travail ! ou plutôt si je pouvais m'enfuir et aller me cacher aux Gowans !

— Le voulez-vous ? s'écria Ninian d'une voix si émue et avec un accent si passionné, qu'il crut que la jeune fille ne pourrait pas se méprendre sur le sentiment qui l'agitait. Il ne savait pas lui-même si, en dépit de toutes ses résolutions, il n'allait pas lui avouer son amour ; mais il croyait s'être suffisamment fait comprendre, et il attendait, avec une impatience fiévreuse, les mots qui allaient sortir de la bouche de la jeune fille.

— Je voudrais bien que cela fût possible, répondit-elle tristement mais avec un calme désespérant.

Elle ne l'avait pas compris ! Il fallait donc attendre encore.

Ninian reprit avec la tranquille douceur d'un ami :

— Mon Dieu, je voulais vous dire simplement que vous vous trouveriez très-bien d'un séjour de quelques semaines aux Gowans.

— Oh ! j'y serais si heureuse ! Il m'arrive bien sou-

vent de croire que je ne puis plus supporter l'existence que je mène... Mes forces sont souvent à bout...
Ah ! si seulement je vous avais auprès de moi pour
m'encourager !

Elle dit ces mots en sanglotant, comme si son
pauvre cœur ne pouvait plus se maîtriser ; puis elle
baissa la tête, honteuse d'avoir laissé échapper une
partie de son secret.

— Je ne devrais point parler ainsi, continua-t-elle.
Que dirait mon père s'il m'entendait ?

— Mon enfant, dit Ninian, j'ai quelque droit à votre
confiance, et il me semble que vous pouvez sans indiscrétion me conter vos peines. Vous savez aussi que
j'ai connu autrefois toutes les affaires de votre père.

— Et les connaissez-vous maintenant ? demanda-
t-elle avec vivacité.

— Non, mais je peux les deviner. Parlez sans retenue à celui à qui vous avez donné le nom de frère,
et croyez que tout ce que vous me direz, restera ense-
veli dans son cœur.

Jeanne pressait avec reconnaissance les mains de
Ninian, mais elle continuait à garder le silence. En
s'avançant dans l'avenue où son père pouvait l'apercevoir, elle avait doucement retiré le bras qu'elle tenait appuyé sur celui de Ninian. Il ne fit aucun nouvel
effort pour la décider à lui ouvrir son cœur ; il la quitta
et entra seul au salon.

M. Ansted était assis, entouré de ses journaux, d'où
il levait de temps à autre ses yeux encore tout gonflés
de sommeil, et rougis par la débauche et l'insomnie ;

il les portait alors avec indolence sur les nombreux
tableaux qui décoraient les murs. Il se figurait que
puisqu'il les avait acquis de son prédécesseur, il devait avoir en même temps hérité de son goût pour les
arts ; et, pendant les deux longues heures où il en-
nuya Ninian de ses fatigantes dissertations, celui-ci
cherchait à puiser sa patience dans la pensée qu'il
devait pouvoir supporter pendant quelques moments,
ce que Jeanne supportait tous les jours avec tant de
douceur.

Enfin le dîner vint faire une heureuse diversion à
ce long tête-à-tête, pendant lequel M. Ansted avait
fini par s'ennuyer lui-même de ses interminables
discours. Cependant sa gaieté renaissait toujours devant un bon repas ; mais, malgré son exemple et ses
instances, Ninian restait pensif devant son assiette, et
Jeanne soupirait d'un air abattu, toutes les fois que
son père parlait avec orgueil des sommes énormes
que lui coûtaient ses vins délicieux et tout le luxe de
cette table si bien servie.

Elle remplissait pourtant avec grâce ses devoirs de
maîtresse de maison, et un autre œil que celui qui lisait avec amour dans chacune de ses pensées, n'aurait
pu découvrir tout ce qu'il y avait de douloureux dans
le calme qu'elle affectait.

Elle se leva, lorsque les cloches de la chapelle son-
nèrent le service du soir.

— J'espère que vous n'allez pas à l'église, lui dit
son père ; renoncez-y pour une fois et restez ce soir
avec votre ancien ami, car, pour moi, je suis si fatigué

et si endormi que je ne pourrais lui être une très-agréable compagnie.

— Voulez-vous permettre, mon père, que je vous fasse du thé ? demanda la jeune fille.

— Non, non ; je connais quelque chose qui me vaudra mieux ; faites enlever ces vins, Jeanne, et faites-moi donner un flacon d'eau-de-vie. Je tâcherai de m'assoupir, et vous pourrez aller avec M. Græme dans le salon, lui faire de la musique.

Jeanne et Ninian quittèrent M. Ansted, et allèrent s'asseoir ensemble dans le salon, dont les portes s'ouvraient sur la serre. L'air qui circulait autour d'eux, leur apportait le parfum des fleurs, et le feu qui brillait dans l'âtre, éclairait de ses vives lueurs deux charmantes figurines sculptées, qui formaient les supports de la cheminée. La petite tête de Jeanne était appuyée contre une de ces figurines. La pauvre enfant semblait accablée de fatigue et d'angoisse morale.

— Vous paraissez souffrante ? ma petite Jeanne, lui dit Ninian. J'avais oublié ce matin, en vous voyant si fraîche et si jolie, que votre père est venu habiter cette maison de campagne pour rétablir votre santé. Est-ce aussi la raison qui vous a empêchée de nous écrire pendant si longtemps ?

Jeanne, en rencontrant son regard où se peignait une tendre inquiétude, baissa les yeux en rougissant.

— Est-ce que mon père vous a dit que j'avais été malade ? demanda-t-elle. Je ne veux pas vous faire un mensonge ; je me suis toujours bien portée, et on a seulement pris le prétexte de ma santé pour venir ici, parce que nous étions forcés de quitter notre maison.

Elle s'arrêta, et son regard semblait dire à Ninian : Ne m'en demandez pas davantage.

Il essaya alors de parler d'autre chose, et pour la distraire, il la pria de lui montrer les merveilles de sa serre.

Jeanne obéit avec empressement, comme elle avait coutume de le faire autrefois. Elle écoutait d'un air attentif ce que Ninian lui apprenait sur la culture de ses plantes favorites, entremêlant la leçon des souvenirs du petit jardin où elle avait appris à les aimer, et lui faisant remarquer la beauté du soleil couchant, dont les rayons glissaient en ce moment entre les branches encore nues des grands arbres de l'allée.

— Passez-vous ici tout l'été? demanda Ninian en rentrant au salon et en conduisant près de la cheminée la jeune fille qu'il avait vue frissonner à l'air froid du soir. Cette maison de campagne est ravissante, même en cette saison, et je n'ai jamais vu un salon orné avec autant de goût que celui-ci.

— Je voudrais être dans une chaumière, répondit Jeanne, pourvu que nous pussions y vivre honnêtement.

Et elle fondit en larmes. Mais ce n'était point de ces larmes passagères qui coulent des yeux d'un enfant. Les siennes tombaient silencieuses et brûlantes, et Ninian vit bien qu'il ne pourrait pas les arrêter comme autrefois. Il l'attira auprès de lui, et prit sa main dans les siennes.

— A présent, Jeanne, lui dit-il, vous ne pouvez plus rien me cacher.

— Oui, j'ai bien souvent pensé que je pouvais tout vous dire, parce que vous avez été l'ami de mon père, ou du moins parce que vous le connaissez depuis longtemps. Et peut-être pourrez-vous me donner un avis ou bien m'apprendre quelque chose, car je ne sais rien, mon père ne veut rien me dire, quoique je l'en aie supplié à genoux.

Elle parlait d'une voix saccadée, comme si elle était effrayée de ses paroles :

— Dites-moi, continua-t-elle, entraînée à poursuivre ce qu'elle avait commencé ; mon père est-il riche, ou ne l'est-il pas ?

Ninian ne savait que répondre.

Jeanne leva sur lui ses yeux humides avec une expression naïve de confiance et de tendresse :

— Je me sens si malheureuse et si coupable ! lui dit-elle ; aidez-moi et dites-moi ce qu'il faut que je fasse.

Ninian serra la petite main qui tremblait dans la sienne, cette main si chère et que son plus vif désir était de posséder pour toujours.

— Vous pouvez compter sur moi, lui dit-il ; mais comment se fait-il que vous ne nous ayez jamais parlé, dans vos lettres, des affaires de votre père ?

— Je ne les connaissais pas moi-même. Nous vivions avec autant de luxe qu'à présent, et plus encore, s'il est possible. Mon père me disait de ne rien épargner ; il me faisait porter de riches vêtements ; il me donnait des bijoux magnifiques, et je les recevais avec plaisir ; mais maintenant le seule vue de toutes ces choses me fait rougir de honte.

— Ma chère enfant, s'il se passe ici quelque chose de honteux, cette honte, croyez-le bien, ne saurait vous atteindre.

— Oh non ! je ne cherche pas à me faire illusion à cet égard. Je ne puis me consoler de vivre dans une riche maison, d'avoir chaque jour des repas splendides, et d'aller en voiture, sachant que tout ce luxe-là n'est pas payé et ne le sera peut-être jamais...

Elle parlait à demi-voix : ses joues étaient couvertes d'une vive rougeur.

— Je crois, continua-t-elle, que je n'aurais pas dû vous parler comme je le fais. Mais j'ai pensé que vous aviez de l'influence sur mon père, et que peut-être vous pourriez lui être utile par vos conseils. S'il sent sa position comme moi, il doit être bien malheureux !

— Vous a-t-il jamais parlé de ses affaires de quelque manière que ce soit? Et savez-vous d'où viennent ses revenus et à quelle somme ils s'élèvent ? Pardonnez-moi toutes ces questions ; mais, pour que je puisse vous donner un utile conseil, il faut que je vous les adresse et que vous consentiez à me répondre.

Jeanne réfléchit un moment, puis elle dit :

— En vérité, je ne sais absolument rien, si ce n'est (et elle rougit profondément) que mon père a dit à M. Ulverston qu'il a en Amérique de riches possessions dont les revenus s'accroissent chaque année, et que je serai bientôt la plus riche héritière d'Angleterre.

M. Ulverston et tous nos amis en sont persuadés, quoique je sache parfaitement que cela ne peut pas être, et que mon père se trompe, ou bien, de même que certaines personnes le font quelquefois, il croit aux choses qu'il souhaite comme à des réalités, et, pendant ce temps-là, nous trompons tout le monde. Oh! s'*il* voulait seulement croire ce que je *lui* dis.

— Vous voulez parler de votre père? dit Ninian, qui, dans sa préoccupation, ne vit pas que la jeune fille détournait la tête sans répondre. Votre père devrait savoir combien il importe peu que vous soyez ou que vous ne soyez pas une riche héritière. Cependant, — et une lueur soudaine frappa son esprit, — il espère peut-être qu'en se donnant la réputation de posséder une grande fortune, il mariera sa fille plus à son gré.

— Et sa fille ne le voudra pas, s'écria Jeanne.

En prononçant ces paroles, un sentiment d'orgueil et de révolte anima pour la première fois son triste et doux visage.

— Rien ne me décidera jamais à tromper qui que ce soit au monde. Quelquefois, ajouta-t-elle en baissant la tête, quelquefois, je l'avoue, j'ai pensé qu'il vaudrait mieux me marier que de continuer à mener cette triste vie si pleine de mensonges.

— Vous ne devez pas penser à vous marier maintenant, dit Ninian. Donnez-moi votre parole que vous n'y penserez pas maintenant.

— Je le veux bien, dit Jeanne avec un faible sourire. Peut-être, après tout, ne serai-je jamais demandée en mariage? et je prie Dieu qu'il en soit ainsi, car tout vaut mieux que de tromper quelqu'un. Vous me conseilleriez cette conduite, j'en suis sûre, si elle ne m'avait pas été tracée par mon propre cœur, continua-t-elle, en levant sur Ninian un regard si confiant et si pur qu'une fois encore il fut sur le point de lui ouvrir ses bras et de lui dire : « Ma Jeanne, ma femme, venez vous abriter pour toujours dans mes bras ! » Mais une force invincible semblait le condamner au silence.

La nuit était venue, et le salon n'était plus éclairé que par quelques jets de flammes bleuâtres qui s'échappaient par intervalles du foyer presque éteint. Jeanne cherchait le regard de Ninian.

— Eh bien ! vous ne me dites plus rien. Que faut-donc que je fasse ? lui demanda-t-elle.

— Il sembla alors se réveiller comme d'un songe ; mais la voix de la jeune fille, qui n'avait point suivi le cours de ses pensées, le rappela aux tristes réalités du moment. Il fit alors à Jeanne plusieurs questions auxquelles elle n'était pas en état de répondre.

— Vous voyez, dit-elle, découragée, que je ne connais rien à toutes ces affaires d'argent. Je me suis efforcée d'apprendre à tenir la maison de mon père, et chaque semaine il me donnait de l'argent pour payer nos dépenses. Tout à coup les choses changèrent. Mon père ne me remit plus d'argent, et toutes les fois que je lui remettais une note de fournisseur, il se fâchait et me répondait qu'on pouvait bien attendre. Je tâchais de faire prendre patience à nos créanciers, mais il leur est arrivé souvent d'être bien durs pour moi, et cela n'était que trop naturel, quand ils voyaient que toutes les promesses que je leur faisais restaient sans résultat. Une fois, je fus obligée de vendre quelques-uns de mes bijoux pour payer ma couturière, qui n'était pas assez riche pour attendre que mon père eût de l'argent. Mais enfin, il en recevra bientôt, j'espère, et il paiera tout ce qu'il doit.

— Ma pauvre enfant ! A quelle époque cet état de choses s'est-il produit ? Occupiez-vous encore la maison de Chester-Terrace ?

— Oui ; et cette maison me devint insupportable ; je m'imaginais, quand je passais dans les rues, que chacun me regardait et savait que nous devions de l'argent à tous nos fournisseurs. Je n'osais pas surtout passer devant leur porte. Oh ! quelle triste vie !

— Et pendant que vous subissiez ces cruelles angoisses, vous nous écriviez des lettres pleines de gaieté, et vous me cachiez vos chagrins !

— Je voulais n'en jamais parler, pas même à vous, mon frère. Je pensais, lorsque nous sommes venus ici, que nous allions vivre avec économie pour payer nos dettes, et vous voyez ! continua-t-elle en levant ses yeux pleins de larmes sur les riches ornements dont le salon était décoré.

En disant ces mots, elle se couvrit la figure avec son mouchoir et pleura longtemps. Ninian était indigné de tout ce qu'il apprenait, mais il ne voulut pas ajouter à la douleur de Jeanne par l'expression des sentiments qui l'oppressaient.

— J'avais prévu que tout cela arriverait, dit-il d'un

ton pénétré; il y a longtemps que je connais votre père.

— N'en pensez pas de mal, je vous en conjure, dit la jeune fille avec douceur ; je suis sûre qu'il paierait tout ce qu'il doit s'il le pouvait. Il est sans doute bien pauvre. Oh ! s'il voulait seulement ne pas chercher à me le cacher, et permettre que nous allions habiter une chaumière. Nous y pourrions vivre honorablement, et je suis sûre que je m'y trouverais bien heureuse. Mais je crois que j'entends mon père?

— Non. Ce sont probablement les domestiques revenant de l'église qui traversent le jardin. Ne soyez pas si effrayée, ma pauvre enfant.

— Maintenant tout me fait tressaillir. Savez-vous que, pendant la semaine qui a précédé notre départ de Londres, nous étions obligés de tenir les portes fermées et que mon père n'osait pas sortir?

Ninian vit avec effroi dans quel abîme M. Ansted avait entraîné sa malheureuse enfant.

— Jeanne, dit-il après avoir réfléchi un moment, je crois que j'ai quelque influence sur votre père. Il faut que je lui parle et que j'apprenne de lui le véritable état de ses affaires.

— Et vous serez bon pour lui, n'est-ce pas? Vous lui viendrez en aide, si c'est possible ?

— Je ferai de mon mieux pour l'amour de vous, mon enfant. Mais ayez bon courage!

En prononçant ces paroles, il enroulait dans ses doigts, comme il le faisait autrefois, une des boucles brunes de la chevelure de la jeune fille, mais il la laissa presque aussitôt retomber, en remarquant la vive rougeur qui apparut sur ses joues. Il comprit que les tendres familiarités d'un frère ne lui étaient plus permises ; son cœur cependant était plein d'une joie profonde, et le récit de Jeanne lui avait rendu toutes ses espérances. Il se disait qu'il aurait peut-être hésité à prétendre à la main de la fille de M. Ansted, si elle avait été réellement une riche héritière, mais aujour-d'hui, il ne voyait aucune barrière entre elle et lui. Ce serait, il n'en doutait pas, l'avis d'Élisabeth à qui il allait faire part de ses projets. Sa sœur lui avait servi de mère dans son enfance, et il lui devait encore cet égard de filiale tendresse, de l'avertir la première de ses projets de mariage, mais il se promettait de revenir bientôt chercher la jeune épouse que son cœur avait choisie.

Absorbé par ces rêves, il vit à peine Jeanne se lever doucement et quitter la place qu'elle avait prise auprès de lui. M. Ansted était entré dans le salon, et sa fille avait repris l'attitude grave et silencieuse qu'elle conservait toujours en sa présence.

XXIII.

Jeanne s'était retirée, laissant son père et son ami libres de parler d'affaires. Ninian avait vu, à la contenance abattue de la jeune fille, qu'il n'y aurait point cette nuit-là de sommeil pour ses yeux rougis et fatigués par les larmes. Il se souvint que, lorsqu'elle sortait à peine de sa dangereuse maladie, il l'avait plus d'une fois surprise endormie dans son cabinet. Quelle sérénité paisible planait alors sur son visage ! Que ne donnerait-il pas pour l'abriter encore dans ce cher asile, où elle avait passé des jours si paisibles et si heureux.

Et cette pure image de ses rêves occupait si fortement son cœur qu'il ne s'aperçut pas, pendant un moment, que son hôte était assis devant lui, dans l'attitude nonchalante d'un homme qui digère doucement son dîner.

— Quels diables de cigares, s'écria tout à coup M. Ansted, qui, on l'a pu voir, n'était jamais d'aussi

bonne compagnie après le dîner qu'avant ; il en était
de ses belles manières comme d'un habit de cérémonie dont il se serait défait, s'il l'avait trouvé gênant.

— C'est le plus mauvais tabac que j'aie jamais fu-
mé, continua-t-il, et Dieu sait pourtant que je le paie
assez cher.

— Je vois que c'est ce que vous faites pour tout ce
qui vous plaît, et que vous tenez infiniment à toutes les
élégances de la vie.

— En effet, j'aime à jouir de ma fortune. Je crois
qu'il n'y a pas de mal à cela.

— Non, certainement, un homme qui a réussi, par
des voies légitimes, à se créer une grande aisance, a
bien le droit de se procurer toutes les jouissances de
la vie.

M. Ansted jeta les yeux sur Ninian, comme pour
voir s'il ne se moquait pas de lui. Celui-ci comprit
qu'il valait mieux ne pas l'irriter, et avec plus de po-
litique qu'il n'en venait de montrer, il chercha à rappeler le souvenir de ses anciennes relations avec
M. Ansted, et des services qu'il avait pu lui rendre
dans des circonstances difficiles. Mais c'est quelquefois
une mauvaise recommandation d'être trop bien
initié au passé d'un homme dont la conscience n'est
pas à l'abri du reproche. M. Ansted répondait à Ninian
avec politesse, mais il était évident que le sujet lui
déplaisait.

— Allons, dit-il enfin, c'est assez parler de mes affaires, mon cher monsieur Græme. Je sais que vous aimez ces conversations-là; mais convenez qu'il est plus

agréable de rencontrer un gai compagnon avec qui l'on peut boire un verre de vin, que d'être renfermé dans votre étude. Buvons donc à votre santé, et puissiez-vous réussir à acquérir assez de fortune pour pouvoir acheter une maison de campagne aussi charmante que *Mary-Lands*. Ce cottage me plaît tant, que j'ai l'intention d'en devenir propriétaire. Qu'en pensez-vous ?

— Je ne puis vous donner de conseils à cet égard, car j'ignore complétement quelle est au juste votre position de fortune. Vous savez que vous n'étiez pas très-prudent, du temps où vous m'aviez confié la direction de vos affaires ; mais, à en juger par les apparences, vous êtes riche maintenant.

— Voudriez-vous insinuer que je n'en ai que l'apparence ? A votre air, je vois que vous êtes venu me visiter pour me réclamer la petite somme que je vous dois. Mais attendez ; je vais vous faire, si cela peut vous convenir, un billet payable dans trois mois. A combien ma dette monte-t-elle avec les intérêts ?

Il s'allongea, en disant ces mots, dans son vaste fauteuil, respira bruyamment et s'efforça de prendre l'air de dignité nonchalante d'un millionnaire.

La fierté de Ninian se révolta :

— Croyez bien, monsieur, lui dit-il, que je n'aurais jamais fait mention d'un pareil sujet, si vous n'y aviez pensé vous-même. L'argent que vous me devez, vous me le paierez quand vous le voudrez, je ne vous le réclame pas. Toutefois, quoique je ne sois plus chargé de vos affaires, je ne puis m'empêcher d'y porter un très-vif intérêt.

— Je vous remercie de tant de bonté. Alors vous apprendrez avec plaisir que mes affaires ont prospéré au delà de mes espérances ; je pourrai donner à ma fille, quand elle se mariera, une dot de douze cent mille francs, et je connais un certain jeune homme riche et de bonne famille, qui voudrait bien que le jour où sera célébrée la cérémonie des fiançailles soit déjà fixé.

Les craintes de Ninian, toujours faciles à renaître, le firent pâlir.

— Ceci est une grande nouvelle, dit-il, avec autant de calme qu'il lui fut possible d'en montrer. Mademoiselle Ansted connaît sans doute vos projets, et les approuve-t-elle ?

— Elle les approuvera, n'en doutez pas. On m'a déjà présenté beaucoup de partis fort convenables, mais celui-ci me paraît réunir les meilleures conditions... Jeanne est une charmante fille, elle est telle que je pouvais la souhaiter, et je compte, le jour de ses noces, lui céder une de mes meilleures plantations d'Amérique ; je lui abandonnerai aussi cette maison de campagne. En dépensant une cinquantaine de mille francs pour l'arranger, ce *cottage* sera la plus jolie résidence de tout le comté.

Il parlait avec une telle assurance, que Ninian commença à croire qu'il disait la vérité.

— Avez-vous déjà acheté cette maison ? demanda-t-il, à demi convaincu de la réalité de l'acquisition.

— Pas encore ; mais je compte l'acheter avec tout le bric-à-brac et tous les meubles qu'elle renferme.

Le pauvre diable qui l'a arrangée (c'était un homme
de lettres ou un artiste, je crois,) sera bien heureux de
s'en défaire, à ce que m'a dit Ulverston. C'est lui qui
m'a arrangé l'affaire, de sorte que je suis venu m'établir
tout de suite ici, quoique mon bail de Londres ne fût
pas encore à sa fin. Mais qu'importe un peu plus ou
un peu moins de dépense, comparé au confortable et
à l'agrément dont il est si doux de jouir.

— Vous êtes parti de Londres bien brusquement,
il me semble. J'étais allé vous demander vendredi
dernier à *Chester-Terrace*, dit Ninian qui voulait absolument le forcer à s'expliquer.

M. Ansted lui jeta un regard inquiet et défiant :

— Et vous n'y avez rien appris ? Le fait est, ajouta-
t-il, ne recevant pas de réponse, que j'ai été obligé de
n'y pas laisser mon adresse. J'ai eu là de misérables
ennuis, tels qu'il en survient à tout homme riche
dont les biens sont au loin. Mais avec une somme très-
minime, j'arrangerai bientôt tout cela. Ne pourriez-vous
pas (et ici M. Ansted parut frappé d'une idée soudaine)
me prêter, pour quelques jours, quatre ou cinq mille
francs pour me débarrasser de ces misères ?

— Monsieur Ansted, dit Ninian, réprimant le dégoût
qu'il éprouvait, si j'avais à ma disposition la somme
que vous me demandez, et malheureusement je ne
l'ai pas, j'aurais quelque peine à l'employer de cette
manière. Il me semble que ce serait vouloir, avec un
seau d'eau, éteindre un incendie.

— Quelle insinuation prétendez-vous faire ? s'écria
M. Ansted en se levant d'un air irrité.

Mais il rencontra le regard tranquille, qui plus d'une fois avait fait baisser le sien ; et habitué à réprimer sa colère devant le jeune avocat, il secoua la cendre de son cigare et se rassit en silence.

— Je ne prétends rien insinuer, monsieur. J'aime mieux vous déclarer très-nettement qu'en allant vous chercher dans votre ancienne résidence de *Chester-Terrace*, j'ai appris que vos affaires étaient dans un état déplorable, et ce que j'ai pu voir ici depuis hier, confirme tout ce qu'on m'a dit.

— Monsieur, vous êtes un...

Un regard de Ninian força M. Ansted à s'arrèter et à se contenir.

— Je regrette, monsieur, reprit le jeune avocat, d'avoir eu à vous entretenir de choses qui vous déplaisaient, mais les services que je vous ai rendus pour arranger vos anciennes affaires, me donnent le droit de vous parler avec franchise.

— Les services que vous m'avez rendus, monsieur, ne vous autorisent pas à venir m'insulter chez moi.

— Je crois que je ne puis être soupçonné d'une semblable intention, sous le toit d'un homme qui me donne l'hospitalité, dit Ninian avec calme. Il m'est très-pénible de vous parler comme je le fais ; mais je ne puis m'empêcher de vous avertir que, si les bruits qui sont parvenus jusqu'à moi sont vrai, si, comme on le prétend, vous êtes à la veille d'une nouvelle faillite, il deviendra cette fois bien difficile d'apaiser vos créanciers et d'arranger vos affaires avec la justice.

M. Ansted parut alarmé. Il changea donc brusquement de manières à l'égard de Ninian.

— Allons, mon jeune ami, lui dit-il d'un ton presque caressant, je sais que vous me portez un véritable intérêt, et je ne veux rien vous dissimuler. Il est vrai que tout m'a assez mal réussi dans ces derniers temps, mais rien n'est perdu encore, si seulement je conserve mon crédit jusqu'au moment où je pourrai emprunter quelque chose à la fortune du mari que je destine à ma fille.

— Et ce mari, quel est-il? dit vivement Ninian.

— Vous le connaissez, c'est le jeune Ulverston.

— C'était donc à lui que vous faisiez allusion tout à l'heure?

— A lui-même. Il sera un excellent parti pour Jeanne, et pour moi, une précieuse ressource. Vous les avez vus ensemble, et vous avez dû remarquer qu'Ulverston est amoureux de ma fille à en perdre la tête. Je m'attends chaque jour à ce qu'il me la demande, et alors, pardieu! que Jeanne le veuille ou non, je la marierai à l'instant, et je n'aurai plus d'inquiétude pour mes affaires.

M. Ansted eût été probablement moins communicatif, sans les copieuses libations qui avaient commencé par le porter si doucement au sommeil, et qui, en ce moment, lui déliaient la langue. Ninian comprit aussitôt par quel enchaînement de mensonges cet homme voulait arranger le mariage de sa fille avec Ulverston, dont la fortune et la naissance aristocratique lui paraissaient également problématiques. Il eût été indigné de tant d'infamies, alors même qu'il n'aurait pas eu dans son cœur un sentiment plus tendre que celui de la pitié, pour la pauvre jeune fille qu'on voulait sacrifier à de si honteuses combinaisons.

—Je vous déclare, monsieur, s'écria-t-il en fixant des yeux pleins d'indignation sur M. Ansted, je vous déclare que vous ne trafiquerez pas ainsi du bonheur de votre fille.

— Et qui m'en empêchera ?

— Moi, monsieur; j'irai dire à M. Ulverston que vous êtes un ancien banqueroutier perdu de dettes, pourchassé par vos créanciers d'Écosse en Amérique, et d'Amérique en Angleterre; et, qu'en ce moment même, vous n'osez pas, de peur d'être arrêté, franchir le seuil de votre porte.

Soit que la crainte ou la fureur l'empêchassent de parler, M. Ansted resta anéanti.

— Voilà ce que je dirai à M. Ulverston, et voici ce que j'ai maintenant à vous dire, continua Ninian d'un ton plus calme. Devenez honnête homme, abandonnez ce qui vous reste de propriétés à vos créanciers, et je vous viendrai en aide, comme je l'ai fait déjà une première fois. Je vous ai dit, et je l'affirme encore, que pour ce qui regarde mes droits personnels, je renonce à les revendiquer jamais ; mais ce que je veux, c'est vous sauver, vous et les vôtres, de la misère et de la honte qui ne sauraient tarder longtemps à vous atteindre.

— Mêlez-vous de ce qui vous regarde, monsieur, et

laissez-moi en paix, s'écria M. Ansted qui reprenait un peu courage.

Il se leva, et après avoir proféré un horrible jurement, il ordonna à Ninian de sortir.

— Je vais vous obéir, monsieur, dit Ninian, en s'efforçant de maîtriser son indignation. Vous ne me reverrez jamais plus sous votre toit ; mais rappelez-vous qu'en vous parlant avec une franchise qui a dû vous paraître dure, j'ai voulu vous signaler l'abime entr'ouvert sous vos pas, et il n'a jamais été dans ma pensée d'insulter le père de celle...

Il s'arrêta, incapable de dominer plus longtemps la violence des sentiments qui l'agitaient. Il quitta le salon et traversa le vestibule, déterminé à partir sur-le-champ, malgré l'heure avancée de la nuit.

— Monsieur Græme! monsieur Græme ! Où allez-vous ? s'écria une voix tremblante.

Ninian se retourna et vit Jeanne qui se traînait avec effort pour descendre l'escalier ; elle n'avait point changé de vêtements, et il était évident qu'elle n'avait pas même essayé de prendre un moment de repos.

— Vous vous êtes donc querellé avec mon père ? continua-t-elle, en entraînant son ami dans une pièce qui précédait le salon, et où régnait une obscurité presque complète, les cendres rouges du foyer ne laissant plus échapper que par intervalles, une faible lueur qui s'évanouissait aussitôt. Ninian pouvait à peine voir la jeune fille, mais il sentait l'étreinte des faibles mains qui s'attachaient à son habit et le retenaient.

— N'ayez pas peur, chère Jeanne, lui dit-il. J'ai voulu parler à votre père de ses tristes affaires, et mes paroles l'ont irrité. Il m'a chassé de chez lui, et je m'en allais, quand vous m'avez aperçu.

— Je ne puis vous laisser partir, dit Jeanne, je n'ose pas rester seule avec mon père, je suis sûre qu'il va nous arriver quelque malheur. Restez seulement, je vous en conjure, jusqu'à demain matin.

— C'est impossible. Je voudrais n'avoir rien dit à votre père ; mais après ce qui s'est passé entre nous, je ne pourrais sans honte rester plus longtemps ici.

— Vous voulez donc m'abandonner et ne jamais me revoir ! moi, que vous appeliez votre enfant ! Je croyais que vous m'aimiez, dit-elle en repoussant les mains auxquelles elle s'était si fortement attachée.

— Je ne vous aime pas ? Oh ! mon Dieu, tu sais bien ce qui en est, murmura-t-il d'une voix à peine intelligible. Et il étendit les bras pour saisir la petite tête de la jeune fille, qui semblait s'évanouir dans l'obscurité. Il voulait la presser sur son cœur et lui faire sentir, aux battements précipités qui le soulevaient, combien l'amour ardent qu'il y avait si longtemps renfermé, était au-dessus de la paisible affection dont elle s'était contentée jusqu'alors, mais il eut encore la force de se contenir. S'il avait osé la serrer dans ses bras, si le cœur tendre et reconnaissant de la jeune fille se fût éveillé aux paroles d'amour qui se pressaient sur ses lèvres, qui peut dire ce qui serait alors arrivé ? C'est ainsi que l'homme fait sans cesse des retours sur le passé, oubliant que nous ne pouvons rien changer au cours providentiel des événements. Le hasard d'un moment, le poids d'un grain de sable, le déplacement d'un fétu de paille, semblent souvent tout faire ou tout détruire. Mais ce n'est là qu'une vaine apparence! Nous saurons un jour que la main de Dieu seule gouverne le monde, et que le cours des événements est aussi loin de notre atteinte que le ciel est loin de la terre.

Au moment où Ninian attirait à lui la jeune fille, et où son âme oppressée allait enfin déborder par l'aveu de son amour, un grand bruit se fit entendre dans le vestibule.

— Les voilà, les voilà! ce sont eux! s'écria Jeanne avec l'accent d'une profonde terreur; ils viennent arrêter mon père! Et elle courut précipitamment vers le salon, où tout annonçait qu'une lutte violente venait de s'engager.

Ninian l'avait suivie; il trouva M. Ansted se débattant contre deux officiers du shériff qui l'avaient saisi pendant qu'il traversait le vestibule. Mais M. Ansted se conduisit bientôt en homme à qui une telle mésaventure n'est pas nouvelle; et, après quelques efforts, qu'il savait inutiles, pour se débarrasser de l'étreinte des recors, et quelques imprécations, qui lui semblaient de rigueur en pareil cas, il céda et se laissa tomber sur une chaise. Sa fille se jeta dans ses bras en pleurant amèrement.

Ninian, qui ne voulait pas rencontrer le regard abattu de ce malheureux, se tenait à l'écart, et s'adressant aux agents :

— Voilà un procédé bien violent, messieurs. Où sont vos pouvoirs ?

— Les voici, monsieur ; nous sommes en règle : « Permis d'arrêter pour lundi. »

— Mais nous ne sommes qu'au dimanche soir, et je croyais que personne ne pouvait être arrêté un dimanche, s'écria Jeanne.

— Vous avez l'air de connaître la loi aussi bien que votre père, mademoiselle, répondit l'huissier du shériff ; mais nous sommes en règle.

Puis s'adressant à Ninian :

— Voyez, monsieur.

Et il plaça devant ses yeux le mandat d'arrestation et une grosse montre d'argent qui marquait plus de minuit.

Le mandat était en effet régulier, et il fallait se soumettre. Cependant l'huissier et ses agents étaient probablement d'honnêtes gens, plus honnêtes, à coup sûr, que leur victime. L'un d'eux, lorsque M. Ansted repoussait brusquement sa fille qui était agenouillée à ses côtés, lui dit poliment :

— Ne vous désolez pas ainsi, mademoiselle.

Et il l'aurait relevée, si Ninian ne se fût approché d'elle et ne l'eût priée à voix basse de s'éloigner avec lui, voulant épargner à la pauvre enfant les regards insultants ou effrayés de tous les domestiques qui étaient venus assister à cette triste scène.

Mais elle ne voulait point se retirer et continuait à sangloter, agenouillée près de son père.

— Ne soyez pas si folle, lui dit celui-ci avec humeur ; tâchez plutôt de reprendre vos esprits et d'aller me chercher là-haut quelques vêtements.

A ces mots si durs, Jeanne essuya ses larmes, alluma machinalement une bougie, et sortit accompagnée d'un recors. Ninian la suivit aussi.

Il monta avec elle dans la chambre de M. Ansted, l'aidant à choisir les objets dont celui-ci avait besoin, et imposant silence à des domestiques insolents, qui venaient réclamer les gages qu'on leur devait. Dès que le jour eut paru, M. Ansted fût emmené par les recors. Jeanne l'accompagna jusqu'à la porte du jardin, et resta longtemps appuyée contre un arbre, nu-tête, sous la pluie battante. Ninian lui prit doucement la main et la ramena au salon. Là, elle s'assit près de lui, et cachant sa tête sur l'épaule de son ami, elle versa d'abondantes larmes.

— Jeanne, lui dit-il enfin, après avoir longtemps respecté sa douleur : Jeanne, vous ne pouvez pas rester ici, c'est impossible.

— Mais il faut que je reste ! Qui est-ce qui prendrait soin de la maison et de tout ce qui appartient à mon père?

— Mais, ma pauvre enfant, rien de tout ce qui est ici ne vous appartient plus. Les créanciers de votre père vont s'emparer de tout.

— Je n'y avais pas songé. Comment, tout sera vendu? Mes livres, mon beau piano, mes fleurs?.... Mais que m'importe, pourvu que toutes les dettes soient payées! Vous vous rappellerez votre promesse, n'est-ce pas? vous viendrez au secours de mon père?

— Je ferai tout ce qui dépendra de moi, mais d'abord je veux que vous quittiez cette maison. Voulez-vous, ma petite Jeanne... voulez-vous venir avec moi vous réfugier aux Gowans ?

— Pas encore : je ne le peux pas à présent ; je ne dois pas abandonner mon père dans un si cruel moment.

Ninian n'osa pas la presser davantage.

— Je crois, reprit-elle, que ce que j'ai de mieux à faire, c'est d'aller m'établir tout près d'ici, à Arlington, chez lady Ulverston. Elle sera bonne pour moi, quoi qu'il arrive ; et je pourrai m'y cacher et ne voir personne ; mais personne ne viendra plus me voir.

Et elle soupira.

Ninian aurait mieux aimé la savoir partout ailleurs que chez lady Ulverston. Mais il se reprochait cette folle jalousie. Il se rassura complétement, en pensant qu'Ulverston ne viendrait sans doute pas offrir ses hommages à la fille d'un banqueroutier déclaré.

Ils quittèrent Mary-Lands dans la matinée, Jeanne n'emportant, de toute son élégance évanouie, qu'un petit paquet de vêtements, tout ce qu'elle avait de plus simple. En la voyant ainsi dépouillée du luxe mensonger qui l'entourait encore la veille, Ninian se disait qu'il pourrait désormais lui offrir sans scrupule, de partager sa modeste aisance et de devenir la compagne de sa vie.

Lady Ulverston, qui avait été informée de tout ce qui s'était passé à Mary-Lands, par une lettre de Ninian, attendait Jeanne, prête à lui faire l'accueil le plus cordial et le plus empressé.

— Nous voilà arrivés à Arlington ; il faut que je vous quitte, mon enfant, lui dit Ninian ; je vais retourner sur-le-champ à Londres.

— Vous irez voir mon père, n'est-ce pas ? Mais il y a encore une chose que je voudrais bien vous demander de faire, si cela ne vous dérange pas.

— Me déranger ! comment pouvez-vous dire cela ? mon enfant. Que désirez-vous ?

— Il faut que nos amis sachent ce qui vient de nous arriver. Si vous en voyez quelques-uns, voulez-vous le leur apprendre, et surtout veuillez annoncer cette triste nouvelle à M. Ulverston. Il devait venir demain dîner à Mary-Lands, et j'aimerais mieux ne pas le voir ni lui ni personne.

— Je remplirai exactement vos intentions. Vous passerez ici quelques jours dans la retraite, et puis j'irai chercher Élisabeth, qui vous emmènera avec elle dans votre ancienne petite maison des Gowans. Cela vous convient-il ?

Elle sourit tristement, mais sans accepter ou repousser l'offre qui lui était faite.

Quand la voiture fut arrivée à la grille du jardin de lady Ulverston, au moment de faire ses adieux à Jeanne, Ninian lui dit :

— Regardez-moi, mon enfant ! dites-moi que vous n'êtes pas trop malheureuse, et que vous avez confiance en moi !

— Comment pourrait-il en être autrement, lui répondit-elle avec un regard d'une ineffable douceur.

Il pressa alors si tendrement sur ses lèvres la petite main qu'elle lui tendait, que Jeanne aurait dû se douter que ce n'était pas là un baiser de frère. Mais elle parut ne rien comprendre. Elle descendit de voiture, regarda encore une fois Ninian, en lui disant adieu de la main, et s'éloignant ensuite rapidement, elle entra dans le petit cottage où l'attendait lady Ulverston sur le seuil de sa porte.

XXIV.

Le premier soin de Ninian, en arrivant à Londres, fut de se diriger vers la prison pour dettes où était enfermé M. Ansted. Il le trouva en train de faire un excellent déjeuner, et donnant des ordres à la fille du geôlier, du ton impérieux avec lequel il commandait la veille encore à ses domestiques.

Ninian s'arrêta sur le seuil de la porte du prisonnier, et parut hésiter à entrer ; mais M. Ansted, sans se lever, lui cria :

— Entrez donc, mon cher monsieur Græme. On dirait que vous n'avez jamais vu un homme de bonne compagnie dans une situation pareille à la mienne.

Il paraissait avoir complétement oublié la scène qui avait eu lieu la veille entre lui et Ninian.

— Je suis venu vous voir, monsieur Ansted, répondit le jeune avocat d'un air froid et sérieux, pour vous dire que je me mets à votre disposition, si vous pensez que je puisse vous être bon à quelque chose. Quand espérez-vous sortir d'ici?

— Le plus tôt possible, mon cher, et peu m'importe comment. Si le misérable qui m'a fait arrêter hier à Mary-Lands, ne reçoit pas son paiement aujourd'hui même, tous mes autres créanciers vont savoir le véritable état de mes affaires, et ils viendront m'assaillir. Si quelque bonne âme m'aidait à trouver la somme qui m'est nécessaire, je rentrerais ce soir chez moi ! J'ai du monde à dîner demain, et il faut que je me tire d'affaire d'ici là.

Ninian l'écoutait en silence, et restait confondu d'une pareille effronterie; mais faisant un effort sur lui-même, il lui dit :

— Je croyais, d'après ce que vous m'avez dit vous-même, qu'il ne vous restait pas un sou, que vous aviez des dettes énormes.

— Ma foi, oui; mais cela arrive à tout le monde. Le diable emporte tous ces mendiants ! Se peut-il qu'un homme comme moi, qui va rentrer au Parlement (gardez-moi le secret là-dessus), soit à la merci de pareils mécréants? Comme s'ils ne pouvaient pas attendre quelques jours. Quand mon revenu me rentrera régulièrement, il va sans dire que je paierai toutes mes dettes.

La fille du geôlier entra en ce moment, apportant une boîte de cigares qu'avait demandée M. Ansted, et dont elle exigea le paiement immédiat. Il lui jeta une pièce d'or.

— C'est ma dernière, la voilà partie. Ainsi donc, mon jeune ami, il s'agit de me mettre en mesure de sortir d'ici aujourd'hui ; vous voyez que mes finances ne sont pas brillantes. Je compte sur vous.

— En vérité, monsieur, je ne vous comprends pas, dit Ninian, en le regardant fixement. Il me semble que, quand on est dans la situation où vous vous trouvez, on n'a qu'une chose à faire, c'est d'abandonner ses biens à ses créanciers et de déposer son bilan. Voilà ce que je vous conseille sans hésiter. Dites-moi franchement quel est votre actif et votre passif ?

— Ah çà ! mon jeune ami, êtes-vous fou ?... Vous croyez que je vais abandonner à mes créanciers ma jolie maison de Mary-Lands ? Mais je n'en retrouverais peut-être jamais une pareille. Votre proposition est absurde et ne mérite pas que je la discute.

— Puisqu'il en est ainsi, monsieur, il ne me reste plus qu'à me retirer.

Et Ninian se leva pour sortir. Mais le souvenir de Jeanne se présentant à son esprit, eut le pouvoir de l'arrêter encore.

— Avant de vous quitter, puis-je vous demander ce que vous comptez faire ?

— Ce que je compte faire est bien simple. Je vais emprunter la somme nécessaire pour satisfaire mes créanciers les plus rebelles. Trente mille francs environ me suffiront pour cela. J'espère les trouver facilement, car je donnerai à mon bâilleur de fonds dix pour cent d'intérêt. Eh bien ! mon cher monsieur Græme, cela vous tente-t-il ?

— Si c'est à moi que vous songez, monsieur, pour vous prêter cette somme, je me hâte de vous dire que cela me serait impossible.

— Je serais désolé de vous gêner, reprit M. Ansted d'un ton plein d'importance. Je ne manque pas d'amis qui seront charmés de me prêter cette somme ; Ulverston tout le premier. J'éprouve cependant quelque répugnance à m'adresser à mon futur gendre. Je voudrais que le mariage de ma fille fût déjà fait ; je ne serais pas, à l'heure qu'il est, dans cette maudite souricière. C'est la faute de Jeanne, avec toutes ses grimaces ; elle a si bien fait la fière, que ce jeune homme n'a pas encore osé me faire sa demande.

M. Ansted ne se doutait guère de la joie que ces dernières paroles causaient à Ninian.

— Voyons, Græme, poursuivit-il, puisque vous êtes pauvre comme Job, je ne vous demande rien ; mais vous avez certainement dans votre clientèle, quelque capitaliste en état de m'avancer, à de gros intérêts, la petite somme dont j'ai besoin.

— J'agirais, monsieur, contre ma conscience, et je serais un malhonnête homme, si je conseillais à un de mes clients de vous prêter de l'argent. D'ailleurs, je suis convaincu que l'emprunt que vous feriez ne vous sauverait pas. Croyez-moi, suivez mon conseil, et conduisez-vous avec honneur. Abandonnez tout ce que vous possédez à vos créanciers, et puis mettez-vous courageusement à travailler. Vous n'avez plus désormais aucun souci domestique : vos fils sont morts, et quant à votre fille... Il hésita. Allait-il révéler, en un tel lieu, le secret de son amour? Ne pouvant s'y résoudre, il reprit : Quant à votre fille, je la mènerai aux Gowans, et ma sœur Élisabeth sera bien heureuse de la garder auprès d'elle aussi longtemps que vous voudrez l'y laisser.

— Je vous remercie, monsieur ; votre proposition ne saurait m'agréer. Ma fille se mariera d'ici à peu de temps, je vous l'ai déjà dit ; et puisque vous paraissez prendre un si vif intérêt à son bonheur, la meilleure preuve que vous pussiez en donner, ce serait de faire ce que je vous demande. Aidez-moi seulement à trouver cette somme de trente mille francs, dont j'ai un besoin absolu, et avant un mois d'ici, je vous invite à la noce de Jeanne.

Ninian se leva en disant :

— Je vois, monsieur, qu'il est inutile de prolonger cet entretien. Je ne peux pas vous rendre le service que vous me demandez, et je ne ferais que vous irriter en insistant sur les conseils que je vous ai donnés.

— Vous me quittez, vous allez me laisser passer la nuit dans cette affreuse prison ! s'écria M. Ansted.

Et il se mit à vomir un torrent d'imprécations. Il ne se gouvernait plus ; sa nature vulgaire et violente se montrait à découvert. Ninian l'écoutait sans faire un geste, sans dire un mot. Ce calme et ce sang-froid imposèrent enfin au vieux banqueroutier, qui voyant que ses menaces et ses injures ne produisaient aucun effet, prit tout à coup un ton différent :

— Vous êtes bien dur envers moi, Græme ; je me fais vieux, et ma santé s'affaiblit de jour en jour. Si je reste en prison, je mourrai bientôt. Que deviendra alors ma pauvre fille ?

Ninian ne répondait pas.

— Eh bien ! puisque vous ne voulez pas me procurer de l'argent par des voies honnêtes, j'en trouverai ailleurs, je m'adresserai à un usurier, il n'en manque pas ici ; je vais sonner pour faire venir un de ces honnêtes juifs, qui habite tout près de la prison.

Il étendit le bras vers la sonnette, Ninian l'arrêta.

— Je ne veux pas vous voir courir ainsi à votre perte. Dieu m'est témoin, monsieur, que je donnerais tout au monde pour vous voir en liberté !

M. Ansted l'interrompit par ces paroles prononcées d'un ton brusque et insolent :

— Vous êtes bien bon, mais je ne me paie pas de belles paroles.

Ninian reprit, sans faire attention à cette nouvelle grossièreté :

— Vous savez, monsieur, que je n'ai point de fortune ; je vis au jour le jour, et c'est à peine si je peux suffire à l'entretien de ma nombreuse famille. Mais j'ai eu dernièrement assez de bonheur pour pouvoir mettre de côté une somme de cinq mille francs. Cet argent devait avoir une destination à laquelle le bonheur de ma vie était attaché. Mais si vous voulez renoncer à votre projet de recourir à des usuriers qui rendraient votre ruine plus irrémédiable et plus complète, si vous consentez à vendre tout ce que vous possédez, je me charge d'apaiser vos créanciers les plus exigeants. Et avec les cinq mille francs que je vous remettrai, vous pourrez retourner en Amérique, où vous tenterez de nouvelles chances de fortune.

Ninian se tut. Il savait que son offre serait acceptée, et que l'argent qu'il prêtait à M. Ansted ne lui serait jamais rendu, mais ce sacrifice, il le faisait au père de Jeanne, et cette pensée le consolait.

— Vous avez là une bonne idée, mon ami, dit M. Ansted. J'ai envie d'accepter votre proposition, mais cinq mille francs, c'est trop peu. Voyons, ne pourriez-vous pas ajouter quelque chose à cette somme ? J'irais, avec ce petit capital, m'établir dans les Montagnes-Bleues, et je le ferais si bien valoir, qu'avant quelques années notre fortune à tous deux serait faite.

— La vôtre du moins, je l'espère, repartit gravement Ninian. Et après s'être fait donner quelques renseignements par M. Ansted sur l'état de ses affaires; il le quitta pour aller désintéresser le créancier qui l'avait fait arrêter. Au bout de quelques heures, il revint annoncer au prisonnier qu'il était libre. Il fit lever l'écrou, et conduisit M. Ansted dans un appartement qu'il lui avait fait préparer.

Ninian lui proposa d'aller chercher Jeanne et de la lui amener.

— Non, dit-il; je ne la reverrai que dans quelques jours ; je veux lui laisser le temps d'en finir avec Ulverston. Il devait dîner demain chez moi : il ira la trouver chez lady Ulverston. Et pour peu qu'elle ait de savoir-faire, il l'épousera, en dépit de ma triste aventure. Qu'en pensez-vous, mon cher Græme ?

— Je pense, monsieur, que mademoiselle Ansted saura se conduire avec la dignité qui convient à sa position, et qu'elle ne recevra pas M. Ulverston.

Après cette brève réponse, Ninian, peu désireux de prolonger la conversation, prit, congé de M. Ansted, et sortit.

Il lui restait encore un devoir à remplir, devoir qu'il n'avait nulle envie d'oublier. Jeanne l'avait prié d'instruire Ulverston de ce qui s'était passé à Mary-Lands. Ninian se rendit chez ce dernier ; il était sorti. Le domestique lui ayant dit que son maître ne tarderait pas à rentrer, il entra dans le salon et s'amusa à examiner les jolis meubles et les élégantes inutilités qui ornaient l'appartement du jeune Anglais. Tout attestait la vie de luxe et de plaisir que menait Ulverston. Ce salon était rempli de statuettes, de tableaux, de livres ; il remarqua sur une table, un assortiment de fleurets, des cartes à jouer et un domino jeté sur le canapé. Quel contraste entre cet appartement et la sévère simplicité du cabinet où il passait de longues heures, dans sa solitude des Gowans !

Il s'assit, et prenant un livre, il l'ouvrit machinalement, car ses pensées étaient ailleurs.

Ulverston parut enfin, et ouvrant brusquement la porte, il s'écria :

— Êtes-vous ici, Dufour ? Vieil imbécile, je ne trouve ni feu ni lumière, rien n'est prêt, et tout mon monde va venir, dès que le spectacle sera fini.

Ninian se leva.

— Comment, mon cher, reprit Ulverston, c'est vous

que je trouve ? Je vous demande pardon. Mais aussi quelle idée vous a pris de rester là sans feu, dans un appartement glacé ?

— C'est à moi de vous demander pardon de m'être introduit chez vous en votre absence.

— Je suis charmé de vous voir. J'espère que vous resterez à souper, bien que la compagnie que j'attends soit un peu légère pour un homme grave comme vous. Ce sont de jolies actrices, qui me font le plaisir de venir souper chez moi.

— Je vous remercie de votre invitation ; il m'est impossible de l'accepter. Je vous prie seulement de m'accorder une minute d'attention.

— Bien volontiers. Mais comment êtes-vous à Londres aujourd'hui ? Je vous croyais encore à Mary-Lands ; tout y va bien, j'espère ? Et notre jolie petite amie, que devient-elle ?

— Mademoiselle Ansted est en bonne santé. C'est sur sa prière que je viens vous trouver ce soir.

— Je vous remercie, mais je ne sais pourquoi elle vous a donné cette peine ; elle aurait pu me transmettre ses ordres dans un de ces petits billets que j'aime tant à recevoir d'elle.

Une vive rougeur colora les joues de Ninian, cependant il reprit, sans laisser deviner le sentiment qui l'animait :

— Mademoiselle Ansted m'a demandé de vous annoncer moi-même le malheur qui vient de frapper son père.

— Quoi donc ? Le bonhomme aurait-il eu une at-

taque d'apoplexie ? Ma foi, je l'avais prévu, dit gaiement Ulverston.

— Non, vous vous trompez, répondit Ninian.

— Ah ! vraiment ! Entre nous, sa mort n'eût pas
été un bien grand malheur. Il n'était pas fait pour
avoir une si jolie fille. Le brave homme n'est donc ni
mort ni mourant ?

— Non, mais il est entièrement ruiné.

Une légère altération parut sur les traits d'Ulverston.

— Qu'est-ce que vous me dites là ? Comment, il n'y
a pas trois jours qu'il me disait... Mais c'est impossible. Cela ne peut pas être.

— Sa ruine n'est que trop certaine, répondit gravement Ninian.

Ulverston pâlit ; il se mordait les lèvres et s'agitait
sur son siége, comme un homme vivement contrarié.

— Voilà une triste nouvelle ! En êtes-vous bien sûr ?
Il peut arriver à tout le monde d'être à court d'argent. J'ai passé par là, moi qui vous parle, mais être
ruiné, c'est autre chose. Donnez-moi donc quelques
détails sur cette déplorable aventure !

— Mon Dieu, je n'ai pas de détails à vous donner.
Je sais seulement que M. Ansted a vécu avec un luxe
que ses ressources n'autorisaient pas ; il a dépensé
plus qu'il ne possédait ; on l'a arrêté hier soir, et il a
passé la journée en prison.

— Que le diable l'emporte, murmura le jeune
homme. Mais n'y a-t-il aucun moyen d'étouffer cette
affaire ? Je ne suis pas un Crésus, mais pour éviter ce
scandale, j'aurais bien donné...

— Vous prenez donc un grand intérêt à la réputation de M. Ansted ?

Ulverston fronça le sourcil, et après avoir fixé son regard sur Ninian, comme pour deviner sa pensée :

— Je ne suis pas mystérieux de ma nature, comme vous savez, je vais vous parler à cœur ouvert. Vous ne vous figurez pas que depuis trois mois, je me suis amusé à aller constamment à Mary-Lands, par pure affection pour ce vieil aventurier.

— Je ne l'ai jamais supposé.

—Eh bien ! je vous le dirai franchement, je trouve cette petite Jeanne charmante, et je crois vraiment que j'en suis amoureux.

—Ah ! vraiment ! dit Ninian affectant un grrand étonnement.

— Vous êtes étrange, mon cher Græme, avec vos exclamations. Combien y a-t-il donc de siècles que vous avez été amoureux ?

Et il se mit à rire aux éclats.

Ninian n'avait pas la moindre envie de rire, et, regardant Ulverston, comme pour chercher à se rendre compte du véritable état de son cœur, il lui dit enfin : .

— Vous aimez donc réellement mademoiselle Ansted ?

—Pourquoi cette question ? et pourquoi prenez-vous un ton si solennel pour me l'adresser ? On dirait vraiment que vous êtes chargé de me confesser. Mais, au surplus, je ne peux vous en vouloir d'être venu m'avertir de la déconfiture de M. Ansted. Figurez-vous que j'étais sur le point de renoncer à ma liberté et de m'enchaîner pour toujours.

— C'est-à-dire que vous aviez l'intention de demander la main de mademoiselle Ansted ?

— Oui, mon cher, j'étais à la veille de faire cette folie, je vous l'avoue. C'eût été une mésalliance, et puis quel beau-père !...

— Et maintenant qu'allez-vous faire ?

— Vous voulez savoir si je compte encore épouser Jeanne Ansted ? Ah ! par exemple ! m'amuser à prendre pour femme la fille d'un banqueroutier ! Non, non, mon cher, je n'ai pas encore tout à fait perdu la tête, et mademoiselle Ansted ne me convient plus du tout.

— Alors, répondit Ninian, et la réponse d'Ulverston l'avait rendu si heureux que son ton devenait presque affectueux ; alors la seconde partie de mon message ne vous intéresse plus. J'étais chargé de vous prier de ne pas aller demain à Arlington ; mademoiselle Ansted est en ce moment chez lady Ulverston, et elle m'avait chargé de vous dire qu'elle ne pourrait pas avoir le plaisir de vous recevoir.

— Elle vous a dit ça ? Ah ! elle ne veut pas me voir. Cela me donnerait, parbleu, envie d'aller m'installer chez ma cousine. Mais non, il vaut mieux en finir tout de suite avec cette amourette. Pourvu que cette pauvre jeune fille ait le bon sens de m'oublier à son tour !

Ninian tressaillit.

— Dites-moi la vérité, Ulverston, avez-vous quelque raison de parler ainsi et de croire que mademoiselle Ansted vous aime ?

Ulverston craignit sans doute que cette question ne cachât un piége pour le forcer à faire un mariage qui ne lui convenait plus ; il répondit donc avec un air embarrassé :

— Mais non, je n'ai pas dit cela ; je n'ai aucune raison de penser qu'elle m'aime.

— Vous auriez dû, dit Ninian d'un ton sec et sévère, vous dispenser de l'insinuer.

Ulverston reprit en riant :

— Allons donc, mon cher Græme, notre conversation prend un ton trop sérieux. Ne parlons plus de mes sentiments pour la belle Jeanne, mais dites-moi comment elle supporte ses tribulations ?

— Avec courage et résignation.

— Pauvre petite ! Qu'est-ce qu'elle va devenir ? Peut-être sera-t-elle gouvernante ? Elle est bien trop jolie pour ça ! Je n'ai jamais vu un si gracieux visage ! Et quelles jolies petites mains ! Il n'est, ma foi, pas étonnant qu'elle m'ait tourné la tête !

En parlant de Jeanne, Ulverston s'exaltait, et ses yeux étincelaient ; il ne se taisait un moment que pour répéter d'une voix agitée :

— J'ai beau faire ; il me semble qu'il me sera impossible d'y renoncer. Maudites soient les convenances sociales ! Être obligé d'adopter le père de sa femme en face du monde ! Je vous déclare, Græme, que je ne sais pas de quelle folie je ne serais pas capable pour passer ma vie aux pieds de cette jeune fille !

Que n'est-elle d'une famille à laquelle je pusse convenablement m'allier ! Ou bien que n'est-elle née dans une classe où je n'aurais pas besoin de l'épouser, pour...

— Il n'acheva pas. Ninian avait bondi comme un tigre furieux, et le saisissant vigoureusement par le bras, il fixait sur lui un regard menaçant.

— Ah çà ! monsieur, s'écria Ulverston, vous êtes fou ! Lâchez-moi donc.

Et, en disant ces mots, il s'efforçait d'échapper à cette puissante étreinte.

Ninian abandonna le bras d'Ulverston, et celui-ci profita de la liberté qui lui était laissée pour lever la main, afin de le frapper au visage. Mais Ninian lui saisit de nouveau les deux mains en lui disant :

— N'essayez pas, monsieur, de me toucher du bout du doigt, car je vous écraserais ; et si vous osez encore reparaître devant celle que vous n'avez pas craint d'insulter...

— Et de quel droit prenez-vous la défense de mademoiselle Ansted ? dit Ulverston dans le paroxysme de la colère.

— Du droit qu'a tout homme de venger l'honneur d'une femme qu'un misérable ose outrager.

— Monsieur, vous me rendrez raison...

— Non, monsieur, je ne vous donnerai pas la satisfaction de me battre avec vous. Maintenant que je vous connais, les soupçons que j'avais conçus sur votre compte se changent en certitude. Si vous m'y forcez, j'irai chercher dans votre passé ce que je suis sûr d'y trouver, et les faits que je pourrai mettre en lumière, vous déshonoreront aux yeux de tous, comme vous l'êtes aux miens.

Ulverston baissait la tête et semblait atterré. Il cherchait à balbutier une réponse, quand des rires bruyants se firent entendre dans l'antichambre.

— Je vous quitte, monsieur, dit Ninian, et, de ce jour, nos relations d'amitié sont rompues.

— Oui, répondit Ulverston, vous pouvez désormais me regarder comme votre irréconciliable ennemi.

Ninian le salua et le laissa plongé dans un grand trouble.

En descendant l'escalier, il rencontra une troupe de jeunes gens et de jeunes femmes qui venaient souper chez Ulverston, et leur folle gaieté formait un étrange contraste avec la scène presque tragique qui venait d'avoir lieu dans ce salon, où allaient bientôt retentir les bruyants éclats d'un joyeux festin.

XXV.

Les affaires de M. Ansted retinrent Ninian à Londres plus longtemps qu'il ne l'avait pensé, et la semaine entière se passa avant qu'il pût songer à retourner aux Gowans. Il ne voulut pas aller voir Jeanne avant son départ; mais il se promit de revenir bientôt avec Élisabeth, et d'obtenir bientôt de M. Ansted la permission d'emmener sa fille.

La première personne qu'il aperçut en arrivant à la gare du chemin d'Édimbourg, ce fut son ami le docteur Reay.

— Est-ce vous, mon cher professeur, s'écria-t-il, ou est-ce seulement une erreur de mes sens? Mais quelle idée vous a pris de venir en Écosse sans me rien dire de vos projets?

— A quoi cela aurait-il servi?

— A me procurer le plaisir de faire la route avec vous.

Le professeur soupira. Il semblait triste et abattu.

— Qu'est-ce qui vous arrive donc ? mon ami. Êtes-vous malade ? Pourquoi ce voyage si soudain ?

— Le travail a beaucoup affaibli ma vue; on m'a défendu de lire, et de peur de céder à la tentation d'ouvrir mes livres, j'ai pris le parti de quitter Londres.

Ninian se rappela alors que plusieurs fois déjà, le professeur s'était plaint de l'affaiblissement de ses yeux. Cependant il n'avait jamais pensé que cet affaiblissement pût avoir quelque gravité.

— Est-ce que vous souffrez davantage ? lui demanda-t-il avec l'accent du plus vif intérêt.

— Je ne souffre pas, seulement le voile qui s'est formé sur mes yeux s'épaissit de jour en jour davantage. Je me suis décidé à consulter un oculiste, et sa consultation m'a laissé bien peu d'espérance de guérison. Je crains d'être condamné à renoncer à mes plus chères occupations, car pour suivre le cours des astres dans le ciel, il faut y voir clair. Il n'est pas permis à un astronome d'être aveugle.

— Aveugle ! s'écria Ninian, il faut bien espérer que vous n'êtes pas destiné à ce malheur.

Le professeur secoua tristement la tête.

— Que voulez-vous ? mon cher Græme ; si c'est la volonté de Dieu, il faudra bien s'y soumettre.

— Mais il y a certainement quelque chose à faire, dit Ninian. Votre oculiste a dû vous prescrire un traitement?

— Oui, certainement ; c'est son métier. Il m'a fait espérer que je pourrais guérir en renonçant complétement au travail et en voyageant pendant plusieurs mois. Mais pourquoi vous affliger de tous ces détails? Je suis obligé de vous quitter. Adieu.

Il allait s'éloigner, quand Ninian l'arrêta.

— Vous ne croyez pas que je vais vous laisser partir ainsi? mon pauvre ami. Quels sont vos projets? Resterez-vous à Édimbourg? Voyagerez-vous?

— Je n'en sais rien; il est probable que je dirigerai mes pas vers le nord de l'Écosse. Je désire passionnément revoir encore une fois les montagnes et les lacs de notre vieille patrie, pour pouvoir, quand je serai aveugle, me les rappeler.

Ninian lui prit affectueusement la main :

— Ayez bon courage, mon vieil ami, et surtout ne vous laissez pas aller au découragement.

— C'est facile à dire, répondit l'honnête savant, en poussant un profond soupir; mais que deviendrai-je, si je ne puis plus travailler?

Ninian oubliait ses propres chagrins en écoutant son pauvre ami, et quand il songeait à la triste existence à laquelle il semblait devoir être condamné, il ne savait comment le consoler.

— Voyons, mon cher Reay; je ne vous quitte pas ainsi. Venez passer la soirée aux Gowans; cela vous distraira un peu : Élisabeth est si bonne, et Christine...

Il s'arrêta tout à coup en voyant le professeur changer de visage; Ninian avait complétement oublié sa passion pour Christine, et que cet amour était peut-être encore le plus grand chagrin de sa vie.

— Je me trompais, mon cher Reay; vous ne verrez

pas cette folle de Christine. Elle est probablement chez mes sœurs, à Portobello. Vous ne trouverez aux Gowans qu'Élisabeth et Charles. Allons, je vous emmène.

Le professeur finit par céder , et suivit Ninian.

En arrivant aux Gowans, Ninian ne trouva pas Élisabeth qui était sortie, et il fut accueilli par les cris joyeux de Christine qui s'élança dans ses bras.

— Ah! j'avais raison, s'écria-t-elle, j'ai annoncé ce matin à Élisabeth que tu arriverais ce soir. Quelles nouvelles de Londres? Comment va Edmond? et Jeanne? et mademoiselle Reay? et le...

Elle allait dire le professeur, quand elle l'aperçut derrière son frère. Elle poussa un cri d'étonnement, rougit, puis présentant sa petite main au malheureux astronome, qui la considérait avec un regard d'admiration :

— Cher professeur, je suis bien heureuse de vous revoir !

Celui-ci marmotta un remercîment entre ses dents, puis il alla s'asseoir au coin de la cheminée, comme s'il n'avait jamais quitté le petit salon des Gowans.

— Y a-t-il des lettres pour moi, Christine? demanda vivement Ninian.

— Il y avait un petit billet de Jeanne qui l'attendait depuis quelques jours. Ninian s'étonna de ne pas trouver de lettres plus récentes. Mais elle m'écrira peut-être demain, pensa-t-il, et d'ailleurs la pauvre enfant est si triste! Il s'installa dans son grand fauteuil, et en attendant le retour de sa sœur, il arrangea dans sa tête ce qu'il voulait lui raconter des malheurs survenus aux Ansted.

Christine s'occupait à ranger le salon, mais, à dire vrai, elle s'entendait beaucoup mieux à y mettre le désordre. Tout en déplaçant les chaises, elle s'amusait à taquiner le professeur. On eût dit qu'elle prenait plaisir à le contrarier en toute chose, et ses taquineries allaient parfois si loin, que le pauvre homme avait fini par ne plus lui répondre.

— Dites-moi donc quelles sont les découvertes que vous avez faites et qui vous ont valu la réputation d'homme de génie que vous vous êtes acquise? Avez-vous enfin réussi à déterminer la parallaxe des étoiles fixes ?

Cette question fut faite d'un ton si ironique, que le pauvre savant poussa un profond soupir.

— Pourquoi prenez-vous donc cet air désolé? reprit vivement Christine ; tâchez d'être un peu plus poli, et de répondre quand on vous parle. Voyons, prenez la bouilloire et versez-moi un peu d'eau dans la théière.

Le professeur se leva et s'avança vers la table, en s'appuyant sur tous les meubles, comme pour guider et assurer sa marche.

— Mais prenez donc garde, vous marchez tout de travers, et vous venez de me jeter de l'eau bouillante sur les pieds. On dirait vraiment que vous êtes aveugle.

Le pauvre homme tressaillit et dit d'une voix entre-coupée :

— Il n'est que trop vrai, hélas! je n'y vois plus. Que Dieu ait pitié de moi ! Il passa la main sur ses yeux, et sortit du salon à pas chancelants.

— Ah çà ! mais qu'est-ce qui lui prend ? Ninian. Qu'est-ce que cela signifie ?

Son frère jeta sur elle un regard irrité, et suivit son ami.

Il revint au bout d'un instant, et trouva sa sœur toujours assise à la même place, l'air inquiet et contrit. En le voyant, elle s'efforça de rire :

— Veux-tu m'expliquer pourquoi ton cher docteur est devenu si bizarre, et pourquoi tu te mets ainsi en colère ? Je n'ai peut-être pas le droit de le taquiner ? Je ne fais que cela depuis que je le connais.

— Je désire que cela finisse, Christine. Notre ami est trop malheureux pour supporter ces plaisante- ries.

A ces mots , Christine pâlit et demanda vivement à son frère :

— Que lui est-il donc arrivé ? Ninian.

— Ce que tu lui disais tout à l'heure si étourdi- ment, n'est que trop vrai. J'ai peur que d'ici à peu de temps, notre pauvre ami ne devienne complétement aveugle.

La jeune fille bondit sur sa chaise.

— Ninian ! s'écria-t-elle, Non, ce n'est pas pos- sible !

Ninian reprit tristement :

— Ce malheur est affreux, car il frappe un homme qui n'a d'autre consolation que l'étude et le travail.

S'il avait auprès de lui quelque ami qui pût l'aider dans ses recherches, peut-être parviendrait-il à faire encore quelque chose ; mais il n'a personne. Je ne connais pas un homme plus isolé que lui. Christine, quand tu le reverras, et je m'arrangerai pour que cela soit le moins souvent possible, je te prie de ne jamais dire un mot qui puisse lui faire de la peine. Rappelle-toi qu'il est trop malheureux pour qu'il soit généreux de se moquer de lui comme tu le fais.

Christine l'avait écouté en silence. A ces derniers mots, elle cacha sa tête dans mains, et fondit en larmes.

Ninian la regarda d'un air stupéfait. Avait-elle donc quelque affection pour celui dont, naguère encore, elle avait rejeté les hommages, et qu'elle ne cessait de tourner en ridicule ? Était-il possible que, gaie et frivole comme elle l'était, elle eût choisi, pour lui donner son cœur, un vieux savant qui aurait pu être son père ?

— Christine, lui dit Ninian, je crois que je devine la cause de tes larmes. Dis-moi la vérité. Tu sais que le pauvre Kennett Reay n'a aimé qu'une fois en sa vie ! et que c'était...

— Je le sais, répondit-elle au milieu de ses sanglots.

— Regretterais-tu ce cœur que tu as dédaigné et repoussé ?

Elle ne répondit pas.

— Dis-moi, mon enfant, s'il te demandait aujourd'hui de t'épouser, que lui répondrais-tu ! Parle-moi avec simplicité et franchise.

Christine baissa la tête sans proférer une seule parole.

— Je n'ai peut-être pas le droit de te faire cette question : d'ailleurs il vaut mieux que les choses restent comme elles sont. Notre ami Kennett se fait vieux, il est plus vieux que son âge.

— Mais je ne trouve pas cela, dit vivement la jeune fille.

Ninian fit comme s'il ne l'avait pas entendu, et continua à dire sur le même ton :

— Le malheur dont il est menacé va probablement briser sa carrière scientifique. Il aurait pu acquérir une grande réputation, mais maintenant il ne peut guère espérer de devenir célèbre.

— Il l'est déjà, reprit fièrement Christine en essuyant ses larmes.

— Si tu l'épousais, songe à ce que serait ta vie ! Une vie d'abnégation, une vie de garde-malade ! C'est, à coup sûr, un noble cœur et une âme élevée, mais il a quarante ans, et tu es bien jeune !

— Et qu'importe son âge !

— Tu connais ses manies, elles augmenteront avec les années.

— Cela m'est égal, répondit la jeune fille ; et son visage prit une expression de soudaine exaltation.

Ninian lui tendit les bras, et elle vint s'y jeter en sanglotant. Il l'embrassa tendrement ; puis, la relevant doucement :

— Allons, mon enfant, dis-moi ce qu'il faut que je fasse. Veux-tu que j'aille dire à notre ami que j'ai

laissé dans mon cabinet, quelles sont tes nouvelles
dispositions à son égard ?

— Non, non, je ne le veux pas.

Ninian comprit qu'il valait mieux laisser à Christine
le soin d'apprendre elle-même au professeur le bonheur qui lui était réservé. Il quitta le salon et fit
appeler le professeur, qui vint se rasseoir près de la
cheminée, et resta immobile sur sa chaise, jusqu'au
moment où Christine vint lui offrir une tasse de thé,
attention à laquelle elle ne l'avait pas habitué.

— Je vous remercie, mademoiselle Christine ; combien vous êtes bonne !

Et jetant un regard sur la jeune fille, il vit ses yeux
encore pleins de larmes.

— Vous ai-je fait de la peine ? lui dit-il d'un ton
affligé ; j'en serais désolé !

— Mais c'est moi qui vous dois des excuses, mon
cher monsieur... J'ai été bien étourdie, n'est-ce
pas ?

Dans son émotion, Christine renversa le pot de crème
sur la table. Après avoir réparé ce malheur, elle alla
chercher ses cahiers de mathématiques, pour montrer
à son ancien maître qu'elle n'avait pas complétement
oublié ses leçons. Kennett prit les cahiers et essaya de
les parcourir.

— Non, ne faites pas cela, vous savez bien que cela
vous est défendu.

Et elle lui prit doucement le cahier, puis s'asseyant
à ses côtés :

— N'ayez pas l'air si triste. Je sais le malheur dont

vous êtes menacé, mais nous tâcherons de vous consoler.

— Vous êtes bien bonne, mademoiselle : mais il faut que je me résigne et que j'apprenne à subir cette nouvelle épreuve. Hélas ! elle n'est pas la plus cruelle que j'ai eue à supporter. Si le mal ne vient pas trop vite, je finirai peut-être par m'y habituer. J'ai connu, dans ma jeunesse, un professeur de l'Université qui fut frappé de la cruelle infirmité qui me menace. Grâce à sa femme qui lui sacrifia sa vie tout entière, il put continuer ses études et ses travaux, et il a laissé un nom célèbre dans la science... Pour moi, ajouta-t-il, je suis seul ici-bas, et la perte de mes yeux va rendre mon isolement encore plus cruel.

— Non, mon cher maître, vous ne serez pas isolé dans le monde. Il faut venir vous établir à Édimbourg ; vous me donnerez des leçons comme autrefois, et je tâcherai de faire assez de progrès dans l'étude des sciences pour pouvoir vous aider dans vos travaux. J'ai été bien méchante aujourd'hui. Voulez-vous me pardonner ?

Elle lui tendit ses petites mains d'un air suppliant. Le professeur la regardait, sans comprendre le changement qui s'était opéré en elle. Sortant enfin du profond état d'étonnement où il semblait plongé, il dit à la jeune fille :

— Mademoiselle Christine, ma chère petite Christine, ne vous moquez pas de moi. Vous êtes une jeune et heureuse enfant. Moi, je suis vieux, triste et presque aveugle ! N'ajoutez pas à mon malheur en torturant mon cœur.

— Moi, torturer votre cœur, Kennett !

Et en prononçant ces paroles, elle se baissa lentement, et posa sa tête sur les genoux du professeur, qui la regardait confondu. Il ne commença à se douter du bonheur qui lui était réservé que lorsqu'il sentit les larmes de la jeune fille baigner ses mains.

Ninian était assis dans son fauteuil, plongé dans ses réflexions, et ne faisait guère attention à ce qui se passait. Quand il s'en aperçut, il fit la seule chose qui fût raisonnable : il se leva sans bruit et quitta le salon.

XXVI.

Élisabeth rentra trop tard ce soir-là, pour qu'il fût possible de lui raconter les émotions de la journée : ce ne fut que le lendemain matin, en attendant l'arrivée de la poste, que Ninian pria sa sœur de venir causer un instant dans son cabinet. Elle le trouva debout devant la fenêtre, les yeux fixés sur un petit sentier du jardin, où se promenaient les deux nouveaux fiancés. Christine levait sans cesse les yeux sur Kennett, et il y avait dans son regard tant de tendresse, que Ninian se contenta de dire à Élisabeth en les lui montrant du doigt :

— Regarde-les tous deux ensemble. Il y a longtemps que je savais les sentiments de Reay pour Christine, mais j'étais loin de me douter qu'elle les partageât. Le dernier de nos enfants va donc nous abandonner, et nous allons rester seuls, toi et moi.

Élisabeth ne comprit pas immédiatement ce que

Ninian voulait dire, Il fallut lui donner des explications plus précises.

— Christine en est donc arrivée à aimer quelqu'un sérieusement ? La chère enfant ! C'est probablement à cause de cela qu'elle est venue hier soir m'embrasser dans ma chambre, riant et pleurant tout à la fois ; je croyais que c'était la joie que lui causait ton retour.

— Pas tout à fait, comme tu le vois, reprit en souriant Ninian.

— Mais pourquoi a-t-elle refusé d'épouser Kennett, puisqu'elle l'aimait ? Voilà ce que je ne peux pas comprendre.

— Cela est en effet fort singulier. Quoi qu'il en soit, il ne nous reste plus qu'à nous féliciter de ce qui arrive. Kennett sera un bien meilleur mari que tous ses autres adorateurs, et je crois qu'elle est destinée à être très-heureuse avec lui.

— Seulement il n'est plus jeune ; il a dix-sept ou dix-huit ans de plus qu'elle. Il y a trop de différence d'âge.

— Je ne trouve pas, dit Ninian en baissant les yeux ; et son teint se colora légèrement. Quand un homme a vécu et souffert seul pendant de longues années, il aime bien plus tendrement la femme qu'il choisit pour sa compagne. N'es-tu pas de cet avis, Élisabeth ?

Il la regardait avec une sorte d'embarras, parce qu'il se figurait qu'elle allait deviner le secret qu'il lui avait si longtemps caché ; mais elle était absorbée par la nouvelle du mariage de Christine.

— C'est un bien étrange caprice, bien étrange, répétait-elle.

— Non, ce n'est pas étrange. Kennett lui donnera son expérience et un amour longtemps éprouvé ; elle lui apportera en retour la jeunesse, la gaieté, l'espérance. Pense donc, Élisabeth , — et la voix de Ninian devenait presque tremblante , — pense donc avec quel bonheur un homme fatigué de son isolement doit serrer contre son cœur l'enfant qui vient se réfugier dans ses bras. Comme il doit l'aimer, la garder de tout mal, la porter dans les sentiers difficiles, comme cette petite brebis dont parle la Bible, « que le pauvre aimait autant que sa propre fille. »

Élisabeth l'écoutait en silence. Au bout d'un moment, elle dit :

— La poste arrive bien tard aujourd'hui. Qui sait si elle nous apportera une lettre de Jeanne ?

— Peut-être, dit Ninian.

Et il se tut. Cependant il était résolu à ouvrir son cœur à sa sœur; et à lui demander de recevoir bientôt dans sa demeure la femme qu'il s'était choisie. Mais il se sentait troublé et timide comme un enfant.

— Élisabeth, dit-il enfin, ne t'effraies-tu pas de l'isolement où nous allons tomber? nous allons être bien seuls d'ici à quelque temps.

— Hélas ! oui, mon ami ! et elle soupira. Mais Christine ne se mariera peut-être pas tout de suite.

— Tu dois bien penser que notre ami Reay va se montrer impatient de jouir du bonheur auquel il a rêvé depuis si longtemps.

Mademoiselle Græme soupira de nouveau.

— Tu as raison, dit-elle ; mais c'est bien dur de la

perdre. sitôt. Pourquoi tous nos enfants sont-ils si pressés de se marier?

— C'est qu'un bon mariage, répondit doucement Ninian, est ce qu'il y a de plus heureux en ce monde. Il ne faut pas que nous soyons assez égoïstes pour nous affliger.

— C'est vrai.

Élisabeth baissa la tête, et essuya une larme qui roulait dans ses yeux.

— Après tout, ma chère sœur, nous devons bénir Dieu qui nous envoie tant de bonheur. Nos trois sœurs seront bien mariées; Edmond fera son chemin, et il a déjà obtenu quelques succès littéraires. Reay m'a promis de le garder près de lui et de continuer à être son Mentor.

— Ce bon Kennett, murmura Élisabeth.

— Édouard réussit bien dans sa carrière ; il se fixera probablement près de nous. Quant à Charles, il faudra nous résigner à le voir s'embarquer. Il ne serait pas heureux ailleurs que sur un navire. Qui sait ! il deviendra peut-être amiral !

Élisabeth sourit.

— Comme je te disais tout à l'heure, ma bonne sœur, nous allons rester seuls aux Gowans.

— Mais peut-être pourrions-nous avoir ici Jeanne pendant quelque temps : cela me ferait tant de plaisir. Pourvu qu'elle ne fasse pas comme les autres, ajouta-t-elle tristement, et qu'elle ne nous quitte pas pour se marier.

— Cela ne sera peut-être pas nécessaire, répondit

Ninian, et sa voix mâle tremblait; le moment était venu où il allait avouer à sa sœur le secret qu'il avait si longtemps tenu caché dans son cœur.

Élisabeth l'interrompit.

— Ah! voilà le facteur! Il a peut-être une lettre de cette chère enfant. Je vais à sa rencontre.

Elle sortit précipitamment du salon. Ninian y resta seul, car il ne voulait pas montrer l'émotion qu'il éprouvait.

— Il y a une quantité de lettres. En voilà une de Jeanne pour moi. Veux-tu l'ouvrir? Ninian.

Il ne répondit pas; il resta immobile à la fenêtre, comme s'il n'osait pas étendre la main pour prendre cette lettre si impatiemment attendue.

Mademoiselle Græme ne remarqua pas le silence de son frère. Elle lut à voix basse la première page :

— Elle se porte à merveille, la chère enfant; elle paraît heureuse, et me dit combien tu as été bon pour elle.

Ninian alla s'asseoir près de la table, et se mit à feuilleter le premier livre qui lui tomba sous la main.

— Continue, Élisabeth; je suis bien aise de savoir si...

Elle s'écria tout à coup :

— Oh! Ninian! voilà une nouvelle, une bonne nouvelle! Jeanne va se marier!

Ninian tressaillit, jeta sur sa sœur un regard indicible, puis resta immobile sur sa chaise.

— Elle m'apprend, ajouta Élisabeth, que son mariage s'est décidé très-promptement. Mais qui aurait jamais cru cela de M. Ulverston? Ninian , tu ne m'écoutes pas?

Il releva la tête et la regarda fixement sans prononcer une parole. Ce qu'elle lut alors sur son visage, Élisabeth se le rappela jusqu'à l'heure de sa mort.

— Ninian? mon frère?

— Élisabeth !

Sa voix avait un accent qui la glaça de terreur.

— Oh ! mon pauvre frère ! s'écria-t-elle... Elle avait enfin tout compris.

Ninian avait caché sa tête dans ses mains. Pendant un moment, Élisabeth resta immobile et muette à ses côtés, n'osant ni lui faire une question ni même le serrer sur son cœur.

Il releva lentement la tête, passa plusieurs fois la main sur son front, comme s'il sentait sa raison sur le point de lui échapper, puis s'efforçant de sourire, il regarda sa sœur :

— Eh bien! mon Élisabeth?

Elle ne lui répondit pas, mais elle vint auprès de lui; cette sœur qui l'aimait si tendrement, lui prit la main et appuya sa tête sur son épaule ; tous deux restèrent longtemps ainsi, et il versa d'abondantes larmes, lui qui n'avait pas pleuré en apprenant la mort de son père.

Puis il prit sur la table la lettre qu'Élisabeth n'avait lue qu'à moitié, il la tendit à sa sœur en lui disant :

— Lis-moi tout.

Élisabeth hésitait.

— Je veux tout savoir, dit-il d'une voix calme.

Elle obéit.

« Je suis heureuse, moi, je crois que je suis heureuse. M. Ulverston m'a toujours plu, il était si bon pour moi. Seulement j'avais peur qu'il ne m'épousât que parce qu'il me croyait très-riche, comme mon père le lui avait toujours dit, et j'étais bien déterminée à repousser l'offre de sa main ; mais à présent que nous sommes ruinés, à présent que je suis une pauvre fille sans fortune, n'est-ce pas beau et généreux à lui de persister dans sa demande ? Je dois bien l'aimer, chère Élisabeth; et il me semble... oui, je me crois sûre de l'aimer.

» D'ailleurs, sans lui que deviendrais-je ? Votre frère a été bien généreux pour moi, mais je ne me dissimule pas combien il y aurait de l'indiscrétion à ajouter à toutes les charges qui pèsent déjà sur lui.

» M. Ulverston sera très-bon pour mon père ; il lui demande seulement d'aller s'établir en Amérique. Il lui en fournira les moyens, mais il ne peut rien faire pour lui, à ce qu'il paraît, jusqu'à ce que nous soyons mariés. Je ne sais pourquoi je tremble en prononçant ce mot de mariage ! mais je suis si seule, si malheureuse ! Et il m'aime tant !

» M. Ulverston va mettre lui-même cette lettre à la poste. Je n'écris pas aujourd'hui à notre frère. Que dira M. Græme de mon mariage ? Je crois qu'il en sera bien aise; M. Ulverston me l'assure. J'espère qu'il ne croira pas que je l'ai trompé jadis, en lui disant que je n'épouserais pas M. Ulverston. — Je le croyais alors.

» Écrivez-moi bientôt, mes bons amis, je ne serai tout à fait heureuse que quand j'aurai reçu de vos nouvelles. Adieu, je vous embrasse.

» *P. S.* M. Ulverston désire que notre mariage se fasse sur-le-champ ; mais le jour n'en est pas encore fixé. »

— Ce mariage n'est donc pas encore fait ? s'écria vivement Ninian. Si cette malheureuse enfant savait tout ce que je sais, il serait encore temps de l'empêcher de se perdre. Il faut la sauver, Élisabeth.

— Mais ne dit-elle pas qu'elle l'aime ? répondit tristement Élisabeth.

— Je ne peux pas le croire. Elle a du goût pour lui ; elle est touchée de son apparente magnanimité. Mais si elle le connaissait comme moi... Non, non, c'est impossible, Jeanne ne saurait aimer cet homme !

Il raconta alors en peu de mots à sa sœur, ce qui s'était passé entre lui et Ulverston, le jour où ils s'étaient vus pour la dernière fois.

— Ce jour-là, dit-il, j'ai lu dans ce cœur corrompu. Je l'ai vu rempli des plus infâmes désirs ; mais il m'a été impossible d'y découvrir la moindre trace d'un sentiment honnête et désintéressé. Il lui avait adressé ses hommages parce qu'il la croyait riche, mais il souriait de pitié à l'idée d'épouser la fille d'un homme ruiné. Je reste confondu qu'il le veuille aujourd'hui. Il y a là-dessous quelque affreuse machination dont je ne découvre pas la trame, mais ce dont je suis sûr, c’est qu’il la trompe.

Ninian s’arrêta ; son émotion l’empêchait de continuer. Il reprit, au bout d’un moment :

— Et pendant que cette machination s’ourdissait, j’étais à Londres... J’aurais pu la déjouer, et le malheur a voulu que j’aie tout ignoré !...

Élisabeth ne savait que lui dire ; l’agitation où elle le voyait, la consternait.

— Donne-moi cette lettre, ma sœur, que je voie la date. Elle est en retard... Oui, il y a six jours que nous aurions dû la recevoir. Il l’a gardée, le misérable, au lieu de la mettre sur-le-champ à la poste.

— Oh ! Ninian ! s’écria Élisabeth en voyant le visage de son frère se décomposer subitement.

— Laisse-moi, ne me dis rien !

Il lut et relut la lettre de Jeanne ; puis, faisant un violent effort pour retrouver un peu de sang-froid et rassembler ses idées :

— Voilà ce qu’il faut faire, Élisabeth. Nous allons partir à l’instant même pour Londres. Tu resteras près de cette enfant jusqu’à... jusqu’à son mariage. Et moi, je scruterai tout le passé de cet homme ainsi que je lui ai promis de le faire. Si c’est un misérable, comme je crois en être sûr, sans en avoir de preuve positive, il ne l’épousera pas. Si je m’abuse sur son compte... si elle l’aime... alors, Élisabeth, nous pourrons assister à leur mariage ! Maintenant, prépare-toi à partir. Il n’y a pas un moment à perdre. Il faut partir tout de suite. Tu seras bientôt prête, n’est-ce pas ?

— Nous pourrons partir ce soir, dit Élisabeth. Seulement, laisse-moi le temps d'envoyer prévenir Marie ou Esther.

— A quoi bon? répondit brusquement Ninian.

Puis tendant la main à sa sœur :

— Aie pitié de moi, Élisabeth, je ne sais plus ce que je dis.

Il s'approcha de la table, et jeta un rapide coup d'œil sur les autres lettres qui y étaient restées. Il en donna quelques-unes à sa sœur.

— Lis-les, je n'en ai pas la force.

Élisabeth ouvrit une de ces lettres ; à la première ligne qu'elle lut, elle jeta un regard désespéré sur son frère. Il était debout, le dos tourné. Elle eut la présence d'esprit de ne pas pousser un cri, de ne pas faire un geste qui lui révélât ce qu'elle venait d'apprendre. Pendant qu'elle s'approchait doucement de lui, il lui dit sans la regarder :

— Allons, dépêche-toi de lire ces lettres, et va faire les paquets.

— Vois cela auparavant, mon ami.

Et elle lui présenta l'enveloppe d'une lettre, dont la suscription était écrite de la main d'Ulverston.

Il devint d'une pâleur effrayante ; et serrant convulsivement le dossier de la chaise sur laquelle il s'appuyait :

— Qu'y a-t-il dans cette enveloppe? dis-le-moi.

Elle se taisait ; mais il répéta d'une voix étouffée :

— Dis-le-moi !

Elle ouvrit l'enveloppe qui contenait un billet de Jeanne.

« Avant-hier, disait-elle, j'ai cédé aux instances de mon père... et j'ai épousé M. Ulverston. »

Ninian resta un moment, le regard fixe, sans mouvement, sans voix ; puis il se leva et se dirigea vers la porte du salon : ses jambes pouvaient à peine le soutenir. Élisabeth voulut le suivre.

— Non, ma sœur, ma bonne sœur, lui dit-il, laisse-moi seul.

Elle obéit, et il s'éloigna, sans doute pour aller chercher, auprès de Dieu, la force que Dieu seul pouvait lui donner !

XXVII.

Depuis un an, Ninian vivait seul avec Élisabeth aux Gowans. Ce qu'il souffrit pendant ce temps-là, il ne le révéla à personne : mais on voyait à l'altération de ses traits, aux cheveux gris qui ombrageaient déjà son front, que sa douleur avait dû être bien profonde et bien amère.

Et bien des années après, Élisabeth, en ouvrant la Bible de son frère, y retrouva un passage souligné au crayon ; la date de l'année était indiquée à côté : « Quand je passerais par la vallée de l'ombre de la mort, je ne craindrais rien, car tu es avec moi ; c'est ton bâton et ta houlette qui me consolent. »

Il était assis, un soir, près de la table où travaillait Élisabeth. Il tenait un livre à la main, et semblait profondément absorbé par sa lecture. Tout à coup, il laissa tomber son livre, et dit à sa sœur :

— Ma chère Élisabeth, comme tout est tranquille autour de nous !

— Oui, mon ami, ce silence fait un grand contraste avec le tapage que tu as entendu pendant toute la journée ; les enfants d'Esther et de Marie ont terriblement crié aujourd'hui !

— Pas plus qu'à l'ordinaire, il me semble... Sais-tu bien, Élisabeth, que c'est un grand bonheur pour nous, d'être parvenus à la dignité d'oncle et de tante ?

Après ces quelques paroles échangées d'un air indifférent avec Élisabeth, Ninian reprit sa lecture. Toutes les soirées se passaient ainsi dans un petit salon des Gowans, où rien n'était changé, si ce n'est la joyeuse animation qui y régnait autrefois.

— Tu lis trop longtemps, Ninian, tu as l'air fatigué, reprit Élisabeth après un long silence, durant lequel elle avait remarqué l'air triste et distrait de son frère.

Il releva la tête et ferma son livre.

— Je crois que j'ai envie de dormir. Est-il tard ? Je vais aller me coucher.

— Il n'est encore que dix heures, mon ami ; mais je ne veux pas te retenir. Cependant, si tu n'étais pas trop fatigué, je serais bien aise de causer un moment avec toi.

— Qu'as-tu donc à me dire ?

— Je voulais te montrer cette lettre qu'Esther a reçue hier de Christine. Lis-la, je te prie.

Ninian prit la lettre qui, selon la coutume de la jeune madame Reay, était un bizarre mélange de folies et de remarques justes et sensées. Il sourit en la lisant; mais lorsqu'il arriva à la dernière page, son visage s'assombrit.

— Quelle peut être cette madame Armadale, qu'Edmond va voir si souvent, et qui alarme si fort Christine ?

—Je crois que c'est une actrice qui a aidé notre Edmond à faire recevoir sa pièce ; mais je n'ai aucun renseignement sur cette femme. Edmond m'écrit si rarement depuis quelque temps, et ses lettres sont toujours si courtes ! ajouta-t-elle en soupirant.

Christine aurait mieux fait de nous parler de cela plus tôt, ou bien elle aurait dû essayer d'empêcher Edmond de se lier avec cette femme. Ce garçon-là m'inquiète.

Élisabeth le regarda d'un air triste.

— Crois-tu réellement qu'il fasse des sottises ? Il a toujours aimé à s'amuser ; c'est de son âge. Il a beaucoup de goût pour le théâtre, mais il prétend qu'il n'y a point de mal à ça. Et qu'est-ce que c'est que cette réunion que Christine appelle un casino ? Je n'ai jamais entendu ce nom-là.

— Si fait, moi. N'aie pas l'air si effrayé, Élisabeth. C'est une salle où les jeunes gens vont danser, ou écouter de la musique. Cependant Edmond ferait mieux de ne pas y aller perdre son temps. Mais tu ne m'as pas donné lecture de toute la lettre de Christine !

— Il y a encore un feuillet.

Elle hésitait à le lire. Ninian la regarda un moment en silence, puis il lui dit d'un ton de voix suppliant :

— Voyons, chère Élisabeth, lis-moi la lettre tout entière.

— A quoi bon, mon ami ?

— Je t'en prie.

Élisabeth prit dans son tablier le feuillet qu'elle y avait caché, et lut ce qui suit :

« A propos, disait Christine, savez-vous si Jeanne est heureuse ? Elle ne parle pas de son mari dans ses lettres. J'en ai reçu une l'autre jour, datée de Florence, où ils sont établis depuis plusieurs mois : Jeanne s'étonne de ne pas recevoir de lettres de Ninian, et elle me demande s'il lui en veut de s'être mariée si précipitamment. »

Ninian interrompit Élisabeth, et lui dit d'un ton plein de calme :

— Tu devrais écrire à Jeanne , mon amie. Ton silence prolongé pourrait l'étonner et lui faire de la peine.

Puis, revenant à Edmond, dont la conduite l'inquiétait plus encore qu'il ne voulait le laisser voir à sa sœur, il se demanda ce qu'il pourrait faire pour l'arracher aux habitudes de dissipation qu'il avait contractées à Londres.

— C'est à toi d'en juger, Ninian, répondit Élisabeth. Peut-être si nous pouvions le décider à revenir ici, ou bien si tu allais le voir à Londres...

Ninian fit un geste négatif.

Au bout d'un moment de réflexion, il sembla changer d'avis, et il dit d'un ton plein de bonté à sa sœur :

— Eh bien ! pour te tranquilliser, j'irai voir Edmond, je partirai pour Londres après-demain.

Ninian tint fidèlement sa promesse. Deux jours après, il était à Londres et se dirigeait vers la rue où habitait Christine. C'était au milieu du mois de mai, par un beau jour de printemps. Londres semblait encore plus peuplé que de coutume, et Ninian se sentait presque étourdi au milieu de cette foule de brillants équipages, de cavaliers et de piétons qui circulaient bruyamment dans Regent'-Street.

— Tout le monde est sorti, il n'y a personne à la maison, monsieur Ninian, lui répondit la vieille Katie, qu'Élisabeth avait cédée à sa jeune sœur. Mes maîtres passent la soirée chez un de leurs amis, et M. Edmond est à quelque théâtre, je ne sais où, et je ne me soucie nullement de le savoir.

Katie prononça ces paroles en secouant la tête avec tristesse, et ne reprit un peu de bonne humeur que lorsqu'elle eut établi Ninian dans le salon de Christine.

— Ça me fait du bien de vous revoir, monsieur, dit-elle. J'ai bien peur qu'aucun des fils de votre père ne vous ressemble.

— Pourquoi parlez-vous ainsi, Katie ?

— Ça ne me regarde pas, monsieur Ninian, mais vous avez bien fait d'arriver ici. Il était temps qu'on vînt chercher cette brebis égarée pour la ramener au bercail.

— Mais que fait donc ce pauvre Edmond, ma bonne Katie ?

— Dame, monsieur, je ne voudrais pas vous indisposer contre lui, et le faire gronder.

— N'ayez pas peur, Katie ; mais il faut que je sache la vérité.

— Ah ! moi je ne peux pas tout vous dire. Mais c'est mauvais signe quand un jeune homme court tout le jour, et même toute la nuit, sans que personne sache où il va ; quand il rentre après minuit, ou qu'il ne rentre même pas du tout. Lui qui était si gentil, il y a de ça une vingtaine d'années.

La vieille servante secoua de nouveau la tête, avec un regard chagrin et inquiet. Ninian ne la questionna plus ; il voulait voir par ses propres yeux ce qu'il en était.

— J'aurais dû le surveiller davantage, se disait-il ; je l'ai trop négligé, j'ai eu le tort grave de ne penser qu'à moi et à mes chagrins.

Ce fut l'esprit plein de ces réflexions, qu'il se dirigea vers le théâtre où on devait représenter, à ce que Katie avait fini par lui dire, une pièce dont Edmond était l'auteur.

Ninian s'assit au parterre ; la salle était pleine, et l'auditoire semblait attendre avec impatience le lever du rideau. L'affiche portait que la pièce était d'un auteur célèbre.

— Katie s'est trompée, dit Ninian, ce n'est pas aujourd'hui qu'on joue la pièce de mon frère. N'importe, puisque je suis venu, je resterai pour voir cette madame Armadale, qui cause tant d'alarmes à Christine, et qui, d'après l'affiche, doit jouer le principal rôle de la pièce nouvelle.

Après une demi-heure d'attente, la toile se leva, et, dès la première scène, l'actrice qui jouait le principal rôle du nouveau drame s'avança vers la rampe, et fut saluée à son entrée par une triple salve d'applaudissements. C'était une femme d'une taille élevée et d'une beauté pleine de grâce et de noblesse. Elle portait un costume de princesse du moyen âge, qui lui seyait à ravir ; sa démarche était imposante, et il y avait dans son regard un éclat un peu étrange, qui convenait admirablement bien au personnage qu'elle représentait. Au son de sa voix, Ninian tressaillit. L'accent en était grave et sonore ; mais, cette voix-là, où donc l'avait-il entendue ?

— Est-ce madame Armadale ? demanda-t-il à un jeune homme qui semblait la contempler avec admiration.

— Oui, c'est elle, dit-il. Elle est bien belle ! n'est-ce pas ? Vous allez voir comme elle joue. On dit qu'elle aura un grand succès ce soir. Vous savez que la pièce est d'un Écossais, d'Edmond Græme ?

Ninian remercia le jeune homme de son obligeance ; mais ne poursuivit pas la conversation. Ses yeux étaient fixés sur la jeune actrice. Au premier acte, son jeu lui avait paru presque froid ; mais, peu à peu, elle s'était animée, et le second acte se termina par une scène de passion, où elle déploya un immense talent. Les applaudissements éclatèrent alors de tous les points de la salle. Le succès de la représentation était assuré. Ninian se sentait fier, en songeant que c'était l'œuvre de son frère qui obtenait ce succès, mais pour-

tant il était encore plus préoccupé de madame Armadale. Le costume que portait l'actrice et l'illusion que
produisait la scène, entretenaient encore quelques
doutes dans son esprit, mais ces doutes ne tardè-
rent pas à se dissiper. Au dernier acte, la princesse,
dédaignée par celui qu'elle aimait, arrachait sa couronne, la foulait aux pieds, et éclatait en imprécations
passionnées. Le jeu de la tragédienne, parfois un peu
rude, était admirable de force et de vérité : l'auditoire était transporté. Passant tout à coup des reproches les plus amers aux supplications les plus tendres,
la malheureuse princesse tombait aux pieds de celui
qu'elle s'efforçait en vain de retenir... En ce moment,
ses longs cheveux tombèrent à grands flots sur ses
épaules, son visage devint d'une pâleur mortelle, elle
tourna vers le parterre un regard d'une expression
dont le souvenir était resté gravé en traits ineffaçables
dans l'esprit de Ninian. Il ne pouvait s'y méprendre
plus longtemps : il avait enfin reconnu la folle de
Musselburgh... Rachel Armstrong !

Quand le rideau tomba, des applaudissements una-
nimes et frénétiques éclatèrent dans toute la salle. Rachel avait disparu, les regards se reportaient vers une
loge d'avant-scène, et tout le parterre demandait à
grands cris l'auteur. Un jeune homme se leva alors et
salua la foule enthousiaste : c'était Edmond.

Ninian s'empressa de quitter sa place, et se dirigea
vers la loge où son frère venait de se montrer : le jeune
auteur était entouré d'un grand nombre de célébrités
littéraires et recevait leurs félicitations. Ses yeux bril-

laient d'un éclat fiévreux ; il avait perdu ce charme en-
fantin qu'autrefois sa sœur aimait tant à retrouver sur
son doux visage. Il parlait avec vivacité, quand tout à
coup il aperçut, au milieu du groupe qui l'entourait, la
pâle et grave figure de son frère aîné.

Edmond tressaillit et jeta sur Ninian un regard
troublé. Celui-ci était trop heureux pour remarquer
l'embarras du jeune homme.

— Tu ne t'attendais pas à me voir ici, mon cher enfant ; je suis venu à Londres par hasard, mais je bénis
ce hasard, car je me sens bien heureux et bien fier de
ton succès.

Les amis d'Edmond jetaient sur Ninian des regards
curieux et un peu moqueurs, en remarquant ses allures
de provincial.

— Je vous présente mon frère, messieurs, dit Edmond en rougissant, mon frère aîné, qui arrive
d'Écosse.

Ninian salua poliment. Il jeta un regard sur toutes
les figures qui l'entouraient, et il n'en remarqua pas
un seule qui lui plût.

Il prit Edmond à part et lui dit :

— Pourquoi, mon ami, ne nous as-tu pas fait part de
tes succès ?

— Je craignais que cela ne te fît aucun plaisir.

— Tu vois que tu t'étais trompé, dit Ninian d'un
ton de reproche. Et il se mit à faire l'éloge de la pièce,
avec un discernement qui annonçait un esprit distin-
gué.

Les amis d'Edmond avaient quitté la loge les uns

après les autres, en faisant au jeune poëte des signes d'intelligence. Quand ils furent tous partis, Edmond demanda pour la première fois des nouvelles d'Élisabeth et de ses autres sœurs.

— Elles se portent bien et elles seront charmées de ton triomphe. J'avais bien dit que tu serais l'homme de génie de la famille. Mais tu n'as pas l'air de te bien porter, mon ami ; tu ne te soignes pas, je parie.

— Autant que je peux, avec la vie que je mène, répondit Edmond d'un air de lassitude où se mêlait un peu aussi l'habitude, si répandue de nos jours, de paraître ennuyé de tout.

— Aimes-tu cette vie que tu mènes ? Es-tu vraiment heureux ?

— Heureux ! c'est un mot passé de mode, et qui n'a jamais appartenu qu'au vocabulaire de l'Arcadie. Qui est-ce qui est heureux en ce monde ? Mais je mène une vie agréable et agitée, cela me suffit.

Il se mit à rire, et s'efforça de changer de conversation.

— Étais-tu déjà venu à ce théâtre ? demanda-t-il. Les pièces y sont bien jouées. Mais dis-moi donc, comment as-tu trouvé madame Armadale ?

— Elle a beaucoup de talent. C'est certainement une personne distinguée. Il y a longtemps que je le sais, ajouta Ninian en jetant un regard d'intelligence sur son frère.

— Il y a longtemps, dis-tu ? Ce n'est donc pas la première fois que tu la vois ? répondit Edmond.

— Pourquoi veux-tu me cacher le véritable nom de

madame Armadale? Crois-tu que j'ai pu m'y tromper?

— Eh bien! oui, c'est elle. Je ne voulais pas t'en parler le premier, parce qu'elle m'avait supplié de ne jamais t'apprendre qu'elle se fût engagée au théâtre.

— Pauvre Rachel! dit Ninian en soupirant.

— Prends garde, ne prononce pas ce nom. Tu la désolerais. Nous sommes les seuls ici qui connaissions son histoire. La pauvre femme! elle m'a raconté l'infâme guet-apens dont elle a été victime : elle m'a tout dit, sauf le nom du misérable.... Je voudrais le savoir, je voudrais...

Il fut interrompu par un ordre qui se fit entendre dans le couloir, et bientôt après on frappa à la porte de la loge. Edmond se leva précipitamment pour ouvrir. Ninian devina que ce devait être Rachel.

C'était elle, en effet. Elle venait de quitter son costume : un voile de dentelle noire était jeté sur son chapeau, et laissait apercevoir son visage, qui était d'une pâleur et d'une immobilité effrayantes.

— J'espérais vous voir sur le théâtre après la chute du rideau, dit-elle en s'adressant au jeune homme sans apercevoir Ninian. Mais puisque vous n'avez pas daigné monter jusqu'à ma loge, je viens moi-même vous offrir mes félicitations.

— Pardonnez-moi de n'être pas venu vous remercier, vous à qui seule je dois mon triomphe, répondit-il en se baissant pour lui baiser la main.

Elle le repoussa doucement en apercevant Ninian, qu'elle ne reconnut pas.

— Oui, votre succès, mon cher monsieur, a été

complet. Il n'y a qu'une voix sur le mérite de votre pièce. Mais je vois que vous n'êtes pas seul, et je ne veux pas vous importuner.

Elle allait se retirer, quand Ninian s'avança en lui tendant la main.

Elle se retourna vivement. Une profonde émotion se peignit un instant sur ses traits ; elle jeta sur Ninian ce regard perçant et profond qu'il connaissait si bien, mais qui aujourd'hui semblait glacé.

— Je suis charmée de vous voir, monsieur Græme, dit-elle, en faisant un salut cérémonieux à Ninian.

La froideur avec laquelle ces mots furent prononcés étonna étrangement Ninian. Rachel avait-elle donc oublié le passé, ou bien voulait-elle seulement qu'il n'en fût plus question entre eux ? Évidemment elle voulait garder son incognito et n'être, pour lui comme pour le monde, que l'actrice en réputation de Hay-Market, madame Armadale.

— Quel beau succès n'est-ce pas, monsieur ? reprit-elle. Vous avez le droit d'être fier de votre frère.

Puis, s'adressant à Edmond :

— Maintenant que je vous ai félicité, je vous dis adieu ; ma servante m'attend dans le couloir.

Elle ouvrit la porte de la loge, et Ninian aperçut la figure ridée de la vieille Jeanne Sedley.

— Est-ce que je ne vous reverrai pas ce soir ? murmura Edmond à voix basse. Serez-vous assez cruelle ?

Elle hésita un moment.

— Eh bien ! puisque vous avez l'air de le tant désirer, je viendrai.

Et elle quitta la loge, avec un air glacé qui contrastait étrangement avec la passion qu'elle venait de déployer sur le théâtre.

— Est-elle toujours ainsi ? demanda Ninian à Edmond.

— Toujours, sauf quand elle est en scène.

— Pauvre femme !

Ninian n'en dit pas davantage ; il avait deviné, à la façon dont son frère avait regardé Rachel, qu'il l'aimait, et il se sentait profondément attristé en songeant à l'avenir qu'il se préparait.

Après un moment de silence, Edmond dit à Ninian :

— Il faut que je te quitte, mon frère, car je suppose que tu restes pour la seconde pièce. J'ai une course à faire.

— Où donc vas-tu ?

— Je suis invité à une petite réunion, tout à fait entre amis.

— Ne peux-tu pas m'y présenter ?

— Mais cela ne t'amuserait pas. Il s'agit d'un souper qu'il est d'usage d'offrir aux acteurs et aux actrices, quand une pièce a réussi. Tu es un homme trop sérieux pour te plaire dans une pareille société.

— Tu n'en sais rien. Laisse-moi en faire l'expérience. Tu ne me refuseras pas une place à ta table ?

Edmond ne put résister à cette insistance, et il comprit qu'il fallait se résigner de bonne grâce : il prit donc le bras de son frère, et ils quittèrent ensemble le théâtre.

XXVIII.

— Le souper est-il prêt au n⁰ 3 ? demanda Edmond,
en entrant dans un élégant café de Covent-Garden.

Il conduisit son frère dans un salon magnifiquement
éclairé, où se trouvaient déjà réunis plusieurs des in-
vités.

— Madame Armadale n'est donc pas encore arrivée,
Lyonell ?

— Non, répondit le jeune homme auquel s'adressait
Edmond. Mais puisqu'elle vous a promis de venir, elle
tiendra parole.

Ninian écoutait en silence ; il était résolu à ne pas se
montrer le censeur rigoureux de tout ce qui se passerait autour de lui. Mais il s'étonnait de voir Edmond
se lancer dans des plaisirs aussi dispendieux et peu en
harmonie avec le petit revenu dont il pouvait disposer ;
et en entendant les propos qui circulaient, en voyant
les manières au moins légères des jeunes femmes qui
arrivaient peu à peu, Ninian commençait à trouver

étrange que Rachel eût consenti à venir dans une pareille réunion. Elle ne tarda cependant pas à paraître. Elle était vêtue de noir, et toute sa toilette était d'une sévère simplicité. Elle ne portait pas le plus petit bijou ; et quand elle ôta son gant, Ninian ne vit briller à sa main gauche que cet anneau qu'elle ne quittait jamais.

Sa présence sembla d'abord commander une certaine retenue ; on discuta plus sérieusement ; les histoires scandaleuses avaient cessé, et madame Armadale était l'objet de l'attention générale. Elle causait beaucoup, mais toujours avec une réserve froide et polie, qui la faisait respecter des moins respectueux ; son langage était simple et élégant ; longtemps on l'écouta avec admiration.

Mais à mesure que le repas se prolongeait, les têtes s'échauffaient, et au dessert, le salon retentissait de bruyants éclats de rire, les voix s'élevaient peu à peu, et Edmond, au lieu de contenir la gaieté trop expansive de ses convives, les animait par la vivacité de ses discours. Rachel avait gardé sa retenue et son sang-froid ; elle était silencieuse et promenait un regard indifférent et presque méprisant sur ceux qui l'entouraient. Ninian s'approcha d'elle et lui dit :

— Vous avez l'air fatigué, et il est déjà tard. Voudriez-vous me permettre de vous reconduire chez vous ?

— Je vous rends mille grâces, répondit-elle ; je ne veux pas encore partir. J'ai pris l'habitude de veiller fort tard.

Ces paroles furent dites, de manière à faire comprendre à Ninian que Rachel ne voulait pas continuer la conversation. Cependant la réunion devenait tout à fait bruyante ; les propos qui circulaient étaient de plus en plus inconvenants, et Ninian ne comprenait pas qu'une femme qui avait quelque respect pour elle-même pût consentir à les entendre.

— Tout ce qui se dit ici doit vous choquer et vous paraître odieux ? lui dit-il à voix basse.

— Non, cela m'amuse, répondit-elle froidement ; cela fait passer le temps.

— Il est triste pourtant de voir des gens d'esprit, des hommes qui devraient avoir des goûts plus relevés, se dégrader ainsi à plaisir.

— C'est vrai ! Mais que voulez-vous ? C'est leur affaire, que m'importe ?

— Je veux bien admettre cette triste nécessité, répondit Ninian, mais laissez-moi insister, ma chère Rachel, pour vous faire quitter ce souper, qui menace de dégénérer en orgie.

En entendant prononcer son véritable nom, Rachel avait tressailli.

— De grâce, dit-elle, appelez-moi madame Armadale.

— Pardonnez-moi mon étourderie, dit Ninian, et laissez-moi demander une voiture.

— Non, pas encore ; j'attends Jeanne Sedley qui doit venir me chercher. Elle ne tardera pas à arriver, si elle n'est déjà là.

Ninian ne pouvait comprendre le plaisir que trouvait Rachel à rester au milieu d'une réunion, où ses manières graves et dignes contrastaient si étrangement avec les allures pleines de liberté et d'impudence des autres femmes qui y assistaient.

Après un moment de silence, Ninian se rapprocha d'elle de nouveau, et lui dit encore à voix basse :

— Pardonnez-moi d'insister, mais regardez autour de vous, et vous verrez que vous ne pouvez rester plus longtemps ici.

En disant ces mots, il fixait sur la jeune femme ce regard calme et ferme qui, pendant sa folie, avait si souvent et si puissamment agi sur elle.

Rachel se leva, comme si ce regard lui avait rappelé quelques souvenirs du passé.

— Vous êtes bien bon pour moi, monsieur Græme, je vais partir.

Ninian sortit pour chercher une voiture. Quand il revint pour emmener Rachel, il la trouva entourée des compagnons de son frère, qui déclaraient hautement qu'ils s'opposeraient à son départ. Ils formaient un cercle autour d'elle, et lui fermaient le passage. Lyonell B.., surtout, jeune homme à l'air hardi et au regard impudent, semblait résolu à la retenir, même contre son gré.

Ninian essaya de faire entendre raison à ces jeunes écervelés. N'y pouvant parvenir, il s'adressa directement à son frère :

— Edmond, c'est à vous de faire cesser l'inconvenante insistance de vos amis.

Edmond s'avança d'un pas chancelant, un verre à

la main, et jeta sur madame Armadale un coup d'œil qui la conjurait de rester. Elle le regarda d'un air de tendre commisération, et elle resta immobile, visiblement contrariée d'être ainsi persécutée.

— C'en est assez, messieurs, dit enfin Ninian ; puisque mon frère a oublié toutes les convenances, jusqu'à participer à votre ridicule insistance, c'est moi qui vous prie de laisser partir madame Armadale.

— Ne vous fâchez pas contre votre frère ; il n'est pas le plus coupable, dit Rachel avec l'expression d'une bonté compatissante. Puis, s'avançant vers Edmond, elle lui dit à demi-voix : — Voyons, mon ami, soyez raisonnable, laissez-moi partir, et congédiez le plus tôt possible tous vos convives.

Elle se dirigea ensuite vers la porte, et faisant un geste plein d'autorité aux jeunes gens qui se pressaient autour d'elle :

— Messieurs, dit-elle, il est temps que ce badinage finisse : soyez assez bons pour me laisser passer.

Sa voix avait un tel accent d'autorité, que les jeunes gens laissèrent à l'instant le passage libre, et elle sortit suivie de Ninian. Ils avaient à peine franchi le seuil du restaurant, que celui-ci, incapable de se contenir plus longtemps, lui dit avec vivacité, sans songer à la promesse qu'il venait de lui faire de ne jamais prononcer son nom :

— Rachel, pardonnez à un vieil ami sa franchise. Dites-moi pourquoi vous êtes venue dans une pareille réunion?

— Edmond me l'avait demandé. Je n'ai pas voulu l'affliger en lui refusant cette satisfaction.

Ninian la regardait attentivement, mais rien, dans les manières de Rachel, ne semblait indiquer qu'elle eût pour Edmond un sentiment plus vif qu'une tendre affection.

— C'est pousser trop loin la bonté, et mon frère est bien coupable d'en avoir abusé comme il l'a fait. Je vous en conjure, soyez plus prudente à l'avenir. Pardonnez-moi ma sincérité; vous n'avez pas oublié que nous sommes de vieux amis !

— Oui, c'est vrai, vous avez été toujours excellent pour moi, dit-elle, mais sans que son visage prît une expression plus animée.

— Laissez-moi donc vous traiter encore comme une amie. Puis-je aller vous voir ?

— Demain, si vous voulez.

— J'irai certainement. Mais, au nom du ciel, ne vous exposez plus à paraître désormais dans le monde où je vous ai rencontrée aujourd'hui. Sachez bien que, quelque irréprochable que puisse être la conduite d'une femme, sa réputation ne saurait résister à une pareille compagnie.

— Vous savez bien, dit-elle, que je n'ai pas de réputation à perdre.

Ces paroles, prononcées avec amertume, contenaient le secret de l'étrange existence que menait désormais cette malheureuse femme.

Ninian en reçut une telle impression, qu'il conduisit Rachel à sa voiture sans prononcer une parole.

— Adieu, je ne vous accompagne pas. Il vaut mieux que vous retourniez seule chez vous.

— Je ne suis pas seule, comme vous le voyez. Jeanne est là qui m'attend.

Ninian tourna la tête, et reconnut la vieille suivante de Rachel.

— Vous voilà! madame Sedley; me reconnaissez-vous? lui demanda-t-il.

La vieille femme poussa un cri de joie, et lui serra la main avec effusion. Elle monta en voiture à côté de sa maîtresse, et Ninian les quitta.

Ne voulant pas donner aux amis de son frère le droit de prétendre qu'il n'avait emmené Rachel que pour l'accompagner ensuite chez elle, Ninian rentra dans la salle du souper, où il assista pendant deux longues heures à un spectacle qui le jeta dans une muette stupéfaction.

Quand le jour commença à paraître, il fallut enfin songer à mettre fin à cette dégoûtante orgie; les convives se retirèrent les uns après les autres, et Ninian resta seul avec Edmond, qui était dans un état qui faisait mal à voir : il était à demi couché sur un fauteuil, et semblait avoir perdu le sentiment de tout ce qui se faisait autour de lui. Le garçon du restaurant entra pour lui remettre la carte à payer, mais il ne put pas se faire entendre. Ninian prit la carte et la solda.

Voilà où en était venu l'enfant chéri d'Élisabeth ! Ah ! si elle l'avait vu en ce moment, qu'aurait-elle dit, cette sœur qui l'aimait tant ?

Ninian parvint à grand'peine à ramener son jeune frère jusque chez le professeur Reay, où ils logeaient tous les deux. Katie, la vieille servante, vint ouvrir la porte, et en voyant l'état de désordre où était son jeune maître, elle allait commencer un sermon, mais Ninian lui imposa silence.

— Pas de discours, Katie, dit-il, et ne racontez à personne ce que vous venez de voir.

La vieille bonne conduisit le jeune homme dans sa chambre, et le mit sur son lit, où il ne tarda pas à s'endormir d'un profond sommeil. Ninian resta longtemps assis, le cœur navré, et oubliant au chevet de son frère ses propres douleurs pour ne songer qu'au moyen de l'arracher aux dangers qui le menaçaient de toutes parts.

XXIX.

Le professeur Reay et Christine venaient de se mettre à table le lendemain matin pour déjeuner, quand Ninian, qui avait recommandé à Katie de ne pas leur apprendre son arrivée, ouvrit doucement la porte de la salle à manger. La jeune femme bondit de joie en apercevant son frère.

— Mon bon Ninian, s'écria-t-elle, que tu es aimable de nous faire cette surprise ! Mais depuis quand es-tu arrivé à Londres ? Es-tu bien fatigué ? Et en faisant ces questions, elle courait de son frère à son mari, riant et pleurant tout à la fois.

Ninian la serra dans ses bras ; et s'adressant à son beau-frère :

— Eh bien ! Kennett, dit-il, comment se comporte cette petite femme que vous avez voulu à toute force nous enlever ? Si vous n'en êtes pas content, je suis tout prêt à la reprendre.

Le professeur sourit en regardant Christine, et

l'expression de son sourire et de son regard disait mieux que tous les discours combien il était heureux.

Le mariage semblait l'avoir entièrement transformé. Ce n'était plus cet ennuyeux savant, dont les habits négligés annonçaient beaucoup plus les préoccupations de l'académie que celles du beau monde : ses cheveux ne flottaient plus à l'aventure sur ses épaules ; il avait une tenue sévère, mais extrêmement soignée, et Ninian était émerveillé du changement produit par l'amour conjugal. Lui qui avait été si surpris du choix de Christine, il le comprenait aujourd'hui, et il se pencha à son oreille pour lui dire tout bas :

— Tu es une petite fée et tu fais des miracles.

Puis s'adressant au professeur :

— Et vos yeux, mon cher Reay, comment se comportent-ils ?

— Ils vont à merveille, grâce à mon Antigone, répondit-il. Depuis que cet ange est entré dans cette maison, je n'ai plus eu besoin de lire et d'écrire. Elle m'aide même à faire mes observations astronomiques, et elle sait manier un télescope aussi bien que le plus habile professeur de Greenwich. La sœur d'Herschell n'était rien auprès d'elle.

— Allons, Kennett, cessez vos exagérations, dit Christine en faisant la moue. Mon frère va se figurer qu'il n'avait pas découvert tous mes mérites, et il voudra à toute force me ramener aux Gowans. Qu'en dis-tu, mon Ninian, ajouta-t-elle d'un ton plus sérieux, est-ce que je te manque beaucoup ?

— Pas le moins du monde ! petite vaniteuse, dit Ninian en lui pinçant le bout de l'oreille ; je suis au contraire enchanté d'avoir pu me débarrasser de toi. Je ne croyais pas qu'il pût se trouver un homme assez fou pour vouloir t'épouser.

— Eh bien ! puisque tu me maltraites ainsi, je ne te dirai pas une bonne nouvelle.

— Dis toujours.

— Reconnais-tu cette écriture ?

Ninian pâlit en jetant les yeux sur la lettre que sa sœur tenait à la main. Puis, dominant son émotion, il dit d'une voix calme :

— Oui ; c'est l'écriture de madame Ulverston.

— Précisément ; et sais-tu ce qu'elle m'annonce ? continua la jeune femme gaiement. Esther et Marie n'auront plus le droit d'être si fières de leurs enfants : Jeanne vient de donner un fils à son mari.

Ninian détourna vivement la tête, et s'appuya contre la fenêtre qu'éclairaient les rayons d'un brillant soleil.

— Le jour me fait mal aux yeux, murmura-t-il ; il baissa le store, resta un moment sans parler, puis il vint se rasseoir à côté de Christine.

— Eh bien ! Ninian, c'est bizarre, tu n'as pas l'air enchanté de cette bonne nouvelle. Jeanne, cette Jeanne que tu aimais tant, est cependant si heureuse ! Tiens, lis sa lettre, et tu verras combien elle est heureuse.

Il prit la lettre et la lut tout entière, puis il la rendit à sa sœur, sans oser lever les yeux sur elle, de peur qu'elle n'y découvrît l'expression du désespoir qui bouleversait son âme.

— Eh bien ! n'est-elle pas heureuse, la pauvre petite?

— Que Dieu la bénisse, répondit Ninian.

Il se leva en disant ces mots ; il sentait que son émotion allait déborder, et il voulait la cacher aux yeux de sa sœur.

— J'ai besoin de voir Edmond, dit-il, et je vais aller le trouver dans sa chambre. Je reviendrai bientôt. Et il sortit précipitamment de la salle à manger.

Edmond dormait encore, quand son frère entra dans sa chambre, mais dans son sommeil, il murmurait sans cesse le nom de Rachel. Ninian se rappela alors que celle-ci l'avait engagé à aller la voir, et après avoir de nouveau recommandé à Katie de ne pas raconter à Christine dans quel état Edmond était rentré la veille, il se dirigea vers la rue où demeurait madame Armadale.

Il trouva la jeune tragédienne assise dans un petit salon meublé avec goût, mais avec une grande simplicité. Cette simplicité lui parut d'un bon augure et dissipa une partie des appréhensions que lui avait fait concevoir, la veille, la présence de Rachel au souper donné par Edmond.

Elle était assise dans un grand fauteuil et tenait à la main un manuscrit.

— Soyez le bienvenu, mon cher monsieur Græme, vous voyez que je repasse mon rôle, dit-elle en lui tendant la main. Je n'en ai pas encore tiré tout le parti possible, et je cherche à me rendre compte de quelques nuances qui m'ont échappé à la première représentation. — Mais dites-moi, vous devez être bien content du début de votre frère ?

— Oui, sans doute, mais c'est à vous qu'il doit le succès de son œuvre ; vous avez été admirable de vigueur et de passion, vous m'avez fait pleurer comme un enfant.

— Cet aveu me touche beaucoup. Je me soucie fort peu des louanges du vulgaire, mais je me sens fière, quand un homme comme vous me dit que je l'ai véritablement ému. Les larmes que nous faisons répandre sont la preuve la plus sûre de notre triomphe et la plus douce récompense de nos études et de nos efforts.

— Je comprends l'enivrement que doit causer un succès comme celui que vous avez obtenu hier. Les applaudissements de tout un auditoire ému et transporté d'admiration doivent profondément remuer le cœur d'un artiste ; mais dites-moi, êtes-vous heureuse ? aimez-vous votre profession ?

— Elle donne un aliment à mon esprit, et les études auxquelles je suis obligée de me livrer m'apportent l'entier oubli du passé.

Sa voix, en prononçant ces mots, était tremblante : Ninian s'enhardit à lui demander pourquoi elle avait choisi la carrière du théâtre.

— Permettez-moi de ne pas répondre à votre question, il faudrait revenir sur un sujet dont je ne veux plus parler. La blessure est encore trop récente pour que je puisse y toucher sans la rouvrir et la faire saigner. Si vous désirez connaître mon histoire, depuis le jour où nous nous sommes quittés, interrogez ma fidèle Jeanne Sedley, elle vous dira tout ce que vous voudrez savoir ; mais qu'il ne soit pas question entre nous du passé. Je ne veux être pour vous, comme pour tout le monde, que l'actrice qui a débuté au théâtre sous le nom de madame Armadale. Voyons, causons de la pièce d'Edmond et d'Edmond lui-même. J'ai pour lui une tendre affection ; je m'intéresse à ses succès, à son avenir, comme s'il était mon fils ou mon frère.

Ninian allait lui répondre et lui faire part des inquiétudes que lui inspirait son jeune frère, quand la vieille Jeanne entra pour prévenir sa maîtresse qu'on lui apportait des costumes à essayer.

— Mon Dieu ! quelle contrariété ! dit-elle. J'aurais tant de plaisir à causer encore avec vous, et je suis obligée de vous renvoyer. Il faut que j'essaie le nouveau costume que je dois mettre ce soir, et je n'aurai plus qu'une heure pour repasser mon rôle. Jamais je ne me laisse déranger. Et c'est pour cela que je ne reçois presque personne.

— Je vous remercie d'avoir fait une exception pour moi.

— Vous n'avez pas besoin de me remercier. J'étais heureuse de vous recevoir, vous que je respecte, et auquel je dois tant de reconnaissance. Voulez-vous revenir dans une heure ?

Ninian la laissa seule, et, après avoir fait quelques courses, il revint à l'heure qu'elle lui avait indiquée. Un élégant cabriolet attendait à la porte de sa demeure.

— Ma maîtresse est occupée en ce moment ; mais elle m'a bien recommandé de vous faire entrer ici, monsieur Græme, lui dit la vieille Jeanne, en le conduisant dans un petit salon qui n'était séparé de celui où Rachel l'avait reçu dans la matinée, que par des rideaux en tapisserie.

Ninian remarqua que la porte était restée entr'ouverte, il voulut la fermer ; la vieille duègne l'arrêta en lui disant :

— Non, monsieur, ma maîtresse est avec un jeune étourdi du grand monde, et j'ai l'ordre, quand une pareille circonstance, fort rare du reste, se présente, de laisser toutes les portes ouvertes. Cette pauvre femme, monsieur Græme, vit dans un vilain monde, mais vous qui la connaissez, vous devez être convaincu d'avance, n'est-ce pas ? qu'elle est restée pure. Que Dieu la garde toujours !

Et la vieille Jeanne se retira en grommelant des phrases inintelligibles entre ses dents.

Ninian se trouvait dans une situation qui ne lui plaisait guère, forcé d'entendre tout ce qui allait se dire dans la pièce voisine ; il s'assit en attendant que Rachel vînt le tirer de sa prison. Il reconnut bientôt la voix d'un homme, qui se confondait en phrases sonores pour offrir des excuses à madame Armadale.

— Je vous le répète, monsieur Lyonell, ces longs discours sont parfaitement superflus ; je ne me sens nullement offensée de ce qui s'est passé hier soir, et je ne sais vraiment pas pourquoi vous avez cru devoir me faire cette visite. Il me semble que je ne vous y avais pas autorisé.

— C'est vrai, madame, mais je me sentais si coupable que j'ai mieux aimé risquer de vous déplaire que de vous laisser sous une fâcheuse impression. Le croirez-vous? c'est l'exaltation de notre admiration pour vous, qui nous avait monté à la tête et qui nous a fait commettre hier soir à ce maudit souper cette série d'inconvenances dont, pour ma part, je me sens aujourd'hui si honteux.

— Ah! vraiment c'est bizarre? Et moi, qui avais eu la simplicité d'attribuer tous ces écarts aux fumées du vin de Champagne! dit madame Armadale d'un ton ironique.

— Je ne mérite que trop ce sarcasme, madame. Mais laissez-moi espérer que vous, qui rendez si bien sur le théâtre les effets variés des passions humaines, vous en devinez aussi tous les égarements. Si vous ne vous fussiez pas assise hier à cette table ; si en vous regardant nous n'eussions pas tous éprouvé ce que j'appellerai le vertige de l'admiration, nous eussions conservé notre sang-froid, et le vin n'aurait pas fait sur nos esprits l'effet d'un poison enivrant.

— Mon Dieu, monsieur, je ne veux pas contester l'explication un peu étrange que vous me donnez de votre conduite d'hier, à ce souper qui a si mal fini. Je me serais abstenue d'y assister, si je m'étais cru le pouvoir de griser les gens par l'effet de ma seule présence. Mais en voilà assez sur ce triste sujet, et permettez que je continue les études que vous êtes venu interrompre d'une manière si inattendue pour moi.

— Vous êtes bien cruelle, et laissez-moi vous dire que vous n'êtes pas aussi intraitable pour mon ami Edmond Græme.

— Je connais M. Edmond Græme depuis son enfance, et j'ai pour lui un attachement qui l'autorise à venir me voir, dit la jeune femme avec une simplicité digne et calme.

— Vous ne permettrez pas à ceux qui n'ont pu vous voir, vous admirer sans vous aimer, de venir aussi vous offrir leurs hommages?

— Comment ! monsieur, vous passez des excuses que vous veniez me présenter, à une déclaration d'amour? Laissez-moi vous dire que, depuis que je suis entrée au théâtre, je me trouve exposée à en entendre beaucoup, et qu'elles me touchent autant que celle que m'adressait mon amoureux dans le drame que j'ai joué hier soir. Vous aurez beau faire, vous ne serez pas plus éloquent que lui, et puisqu'il m'a trouvée insensible, vous risquez fort d'être aussi malheureux que lui. Mais c'est assez plaisanter sur ce sujet, monsieur, et si vous vouliez sincèrement m'être agréable, vous abrégeriez cet entretien...

— Vous êtes bien dure et bien sévère, madame, et vous traitez avec trop de rigueur un homme qui venait mettre à vos pieds son cœur et sa fortune.

Après un silence qui dura quelques instants pendant lesquels madame Armadale tenait ses yeux fixés sur le jeune homme, elle finit par lui dire :

— Puisque vous le prenez si sérieusement, monsieur, je vous dois une réponse sérieuse. Vous m'offrez, me dites-vous, votre cœur et votre fortune. Cette offre m'honore infiniment, mais je suis obligée de vous déclarer que je n'ai pas la moindre envie de me marier.

— De vous marier ? Mais je me suis sans doute fort mal expliqué, et vous n'avez pas compris ce que je voulais vous dire. Le mariage a des chaînes trop pesantes, et il risquerait d'entraver votre génie. Je veux espérer...

— Espérer quoi, monsieur ?

— Que vous accepterez ce que je vous offre, mon cœur, ma fortune qui est considérable, et un dévouement sans bornes...

Rachel se leva sans répondre à cette injurieuse proposition et se dirigea vers la porte entr'ouverte du salon. Ses yeux n'exprimaient pas l'indignation, mais un sentiment contenu de mépris et de fierté blessée. Elle souleva le rideau, et entra dans le petit salon où l'attendait Ninian, qui avait entendu bien involontairement la conversation qui venait d'avoir lieu entre madame Armadale et M. Lyonell B***.

— Veuillez, monsieur Græme, dit-elle, me suivre dans le salon. Le hasard vous a sans doute fait entendre l'étrange proposition qu'on vient de m'adresser, et je serais bien aise que vous voulussiez bien assister à la réponse que je veux faire à monsieur.

En disant ces mots, elle prit le bras de Ninian et entra avec lui dans le salon où se trouvait le jeune homme interdit et consterné.

— Monsieur que voici, reprit Rachel d'une voix stridente, m'a fait, il y a un instant, l'honneur de m'adresser ce que j'ai eu la bonhomie de prendre d'abord pour une demande en mariage ; je m'étais hâtée de la décliner, mais je dois dire que M. Lyonell n'a pas voulu me laisser longtemps dans le doute sur ses véritables intentions. Ce n'était pas sa main et son nom qu'il m'offrait, c'était seulement son amour et sa fortune. Vous, monsieur Græme, qui connaissez toute ma vie passée, vous savez si j'ai jamais fait quoi que ce soit qui pût me valoir une injure aussi sanglante. Je prierai donc à l'avenir M. Lyonell et ses amis de bien vouloir ne voir en moi qu'une actrice, et de ne jamais intervenir dans la vie privée ou dans les sentiments intimes de la femme.

En parlant ainsi elle avait étendu le bras vers le cordon de la sonnette, qu'elle tira violemment. Jeanne Sedley entra.

— M. Lyonell demande ses gens et sa voiture, dit-elle froidement.

Le jeune homme était confondu ; il fit un profond salut et se retira, sans oser même hasarder une excuse.

— Quand il fut parti, Rachel resta un moment silencieuse.

— Rachel, s'écria Ninian, pourquoi vous exposez-vous à de pareilles scènes? Pourquoi ne prenez-vous pas plus de soin de votre réputation et de votre honneur ?

— Mon honneur !... Avec quelle expression déchirante elle prononça ces mots. Quelle profondeur d'humiliation et d'angoisse révélaient ces seules paroles !

— Vous êtes donc décidée à rester toujours au théâtre ?

— Et si je le quittais, que ferais-je de la dévorante activité de mon esprit ? J'ai besoin de la puissante excitation du théâtre pour échapper à mes souvenirs et oublier le passé. Si vous saviez...

En ce moment, on frappa à la porte du salon, et Edmond entra. Il parut surpris et embarrassé de rencontrer Ninian chez madame Armadale ; mais l'accueil amical qu'il reçut le rassura promptement.

— Je suis charmée de vous voir, Edmond, lui dit Rachel avec enjouement, en lui tendant la main. Tenez, lisez ces journaux, et voyez de combien d'éloges on vous accable !

Edmond parcourut d'un air distrait les feuilletons où on parlait de son succès, et il les laissa bientôt de côté.

— Dans quel état vous avez vu hier soir celui à qui on prodigue tant de félicitations et de témoignages d'estime ! dit-il, en rougissant et les yeux baissés. Je me présente à vous comme un coupable bien repentant et bien honteux, qui vient vous demander pardon de la triste soirée que vous avez passée hier.

— Je ne vous en garde aucune rancune, mon ami ; mais laissez-moi vous dire combien je suis affligée de vous voir fréquenter une société de jeunes gens aussi grossiers et aussi dégradés. Promettez-moi de vous en éloigner complétement.

Edmond baissa la tête sans répondre.

— Mais ce sujet vous afflige, reprit Rachel ; voyons, n'en parlons plus et causons de votre pièce.

— Mon Dieu ! dit le jeune homme que la présence de son frère embarrassait, nous en causerons une autre fois, car j'ai absolument besoin de vous quitter. Je viens de rencontrer Lyonell au bout de votre rue, et je lui ai promis de venir le rejoindre sans délai.

— Ah ! dit Rachel froidement, vous allez trouver M. Lyonell ? Il sort d'ici. Vous l'a-t-il dit ?

Edmond leva sur elle des yeux inquiets.

— Non, il ne m'en a pas parlé, et je ne savais pas que vous l'eussiez autorisé à venir chez vous.

— Il a cru pouvoir prendre cette permission, dit Rachel avec un sourire amer ; mais je l'ai reçu aujourd'hui pour la première et pour la dernière fois. Je n'ai aucun plaisir à recevoir votre ami, M. Lyonell, mon cher Edmond.

— Et moi, Edmond, dit Ninian, je te conseille de ne pas te lier avec ce jeune homme. Ce n'est pas une relation digne de toi, et si tu voulais m'en croire, tu n'irais pas au rendez-vous qu'il t'a donné aujourd'hui.

— Et pourquoi donc ? Lyonell est un bon garçon, qui mène une vie un peu désordonnée peut-être, mais qui a néanmoins de bonnes et d'aimables qualités. Il me semble d'ailleurs que je suis d'âge à choisir moi-même mes amis.

— Sans doute, reprit Ninian, mais si tu me permets de t'adresser une observation, je te dirai que j'ai de fortes raisons de regretter tes relations avec ce jeune homme, et si je te communiquais ces raisons, tu serais probablement de mon avis. Voyons, mon ami, quel motif peux-tu avoir de te lier si intimement avec M. Lyonell ?

Edmond regarda son frère d'un air alarmé. Ninian avait-il appris, par hasard, que Lyonell lui avait souvent prêté de l'argent, et qu'il était résolu à ne pas se brouiller avec lui ?

— Je sais, encore une fois, dit-il d'un air impatienté, tout ce qu'on peut dire contre lui ; je connais ses extravagances, ses excentricités, ses folies, mais je l'aime avec tous ses défauts, peut-être même à cause de ses défauts, et je suis décidé à le voir aussi souvent que cela me fera plaisir.

— Prends garde, mon enfant, dit son frère.

— Oui, Edmond, prenez garde, répéta Rachel d'une voix grave.

Il tourna la tête de son côté.

— Que voulez-vous dire ? D'où vient donc cette conspiration, cet acharnement contre ce pauvre Lyonell ?

— Écoutez-moi, Edmond, reprit Rachel d'un ton encore plus sérieux, vous pouvez rester en bons termes avec ce jeune fou, si cela vous amuse ; croyez-moi, cependant, n'en faites pas votre ami.

— Mais encore une fois, dites-moi pourquoi.

— J'aurais bien des raisons à vous donner, mais je ne veux que vous en dire une seule, qui m'est personnelle. Vous avez pour moi, je crois, quelque attachement, et vous me défendriez sans doute si j'étais insultée devant vous. Eh bien ! sachez qu'il y a quelques instants à peine M. Lyonell était à la place où vous êtes, et qu'il n'a pas craint de me proposer de devenir sa maîtresse.

Edmond bondit de colère.

— N'allez pas maintenant vous jeter dans un autre extrême. M. Lyonell, après tout, ne me connaît pas, et il a pu croire que la proposition qu'il me faisait était la plus simple du monde, et que je devais me tenir pour heureuse de l'accepter.

Ces paroles, dites de la voix la plus tranquille, ne firent qu'augmenter l'indignation du jeune homme.

— Le lâche ! le scélérat ! s'écria-t-il, je le punirai de cette infamie.

— Quoi ? Allez-vous vous battre en duel pour moi ! reprit Rachel avec un sourire amer. Risquer de vous faire tuer pour moi...

Edmond l'interrompit en s'écriant :

— Ah ! que n'ai-je le droit de mourir pour vous défendre !

Dans son irrésistible émotion, il oubliait jusqu'à la présence de son frère, et laissait éclater la violente passion qui remplissait son âme.

Rachel secoua tristement la tête.

— Oh ! je le vois, reprit le jeune homme, vous ne m'aimez pas. Mais vous êtes seule au monde, et cet isolement vous expose à mille dangers. Laissez-moi vous offrir mon nom, ma protection, un abri sous mon toit.

Il entendit un soupir ; mais ce n'était pas Rachel qui soupirait. Ninian écoutait avec une profonde douleur l'aveu de cet amour sans espoir.

— Oui, je le répète devant mon frère, reprit Edmond, je serai pour vous ce qu'il vous plaira, un ami, un frère ; mais qu'aux yeux du monde, je sois votre mari, afin de vous assurer le respect et l'estime de tous.

Rachel lui prit les mains, et fixa longtemps sur lui un de ces regards qui ont la puissance de la fascination.

— Pauvre enfant ! dit-elle ; vous m'aimez donc, et vous voulez m'épouser !

La voix lui manqua, ses yeux se remplirent de larmes, mais elle fit un effort pour dire encore :

— Non, Edmond, je ne puis pas être votre femme. Si j'avais pu prévoir que vous m'aimeriez.... Mais vous êtes jeune, et vous guérirez de ce fol engouement.

Elle s'approcha du jeune homme, qui s'était jeté sur un canapé, la tête cachée dans les coussins :

— Cher Edmond, ne vous désolez pas ainsi, je vous en conjure ; votre chagrin me causerait un véritable désespoir. Je ne peux être pour vous qu'une amie, et, croyez-le bien, une amie qui vous affectionne beaucoup. Mon cher monsieur, ajouta-t-elle en se tournant vers Ninian, qui avait été le témoin muet de cette scène douloureuse, prenez soin de votre frère et emmenez-le aux Gowans ; il m'oubliera, je l'espère, au milieu du calme atmosphère de la famille. Pour moi, je ne veux pas le revoir de longtemps.... Adieu, Edmond. Nous nous retrouverons quand vous serez plus raisonnable...

En disant ces mots, elle s'avança vers la porte de sa chambre. Edmond se leva comme pour la retenir; elle se tourna vers lui, en lui faisant un signe et en lui jetant un regard qui le rendirent immobile. La porte de la chambre se referma sur elle, et Edmond retomba anéanti sur le canapé.

Ninian se tenait debout devant lui sans prononcer une parole. Quand il le vit plus calme, il lui prit le bras, et ils se dirigèrent vers la demeure du professeur Reay.

XXX.

En arrivant chez son beau-frère, Edmond quitta
Ninian et se retira dans sa chambre. Il se fit excuser
de ne pouvoir descendre pour dîner, et resta enfermé
pendant une grande partie de la soirée. Vers neuf
heures, il quitta sa chambre ; mais au lieu de se rendre
au salon, il sortit de la maison. Ninian avait entendu
ses pas sur l'escalier, et en le voyant prendre la porte
de la rue, il résolut de le suivre. Dans l'état d'exaltation
où était ce malheureux jeune homme, il eût été plus
dangereux de le laisser seul, que de mettre en liberté,
dans les rues de Londres, un fou de Bedlam. Ninian
ne perdit pas son frère de vue ; il marchait derrière
lui, à une certaine distance, restant dans l'ombre, afin
de n'en être pas reconnu à la clarté des réverbères.
Comme il l'avait bien présumé, Edmond prit le chemin du théâtre, où avait lieu la seconde représentation
de son drame. La salle était comble. Edmond entra
dans une baignoire, et Ninian se plaça en face, au par-

terre, de manière à voir son frère sans en être aperçu. On jouait le quatrième acte de la pièce, et madame Armadale était en scène. Au moment où Ninian et son frère entraient dans la salle, elle venait de dire sa grande scène de jalousie, et les applaudissements les plus frénétiques éclataient à faire croire que le théâtre allait s'écrouler.

Edmond s'assit tristement sur le devant de sa loge ; il paraissait indifférent à l'enthousiasme que manifestait le public. Ses yeux brûlants étaient fixés sur l'héroïne de la pièce, vivante personnification de tous ses rêves. De toutes les fascinations qui peuvent s'emparer d'une jeune et ardente imagination, il n'en est pas de plus entraînante que celle qu'exerce une actrice, quand elle réunit à une grande beauté, ce don si rare du véritable génie dramatique. En elle s'identifient tous les sentiments, toutes les passions, toutes les grandes vertus des personnages qu'elle représente tour à tour, et involontairement on se sent animé, saisi pour elle d'une sorte d'idolâtrie. Et quand le charme enivrant de la scène s'est évanoui, quand l'actrice a disparu et que l'on retrouve une femme d'une rare distinction, d'un noble caractère, comment un cœur de vingt ans pourrait-il résister à tant de causes de fascination et d'amour ? Ninian lui-même se sentait si profondément remué par la beauté et l'immense talent de Rachel, qu'il cessait de s'étonner de la passion de son frère.

Quand le rideau tomba sur la dernière scène, des cris partis du parterre et de toutes les loges, rappelèrent madame Armadale. Le rideau se releva à moitié, et elle parut plus belle encore que dans son rôle. Ses cheveux flottaient épars sur ses épaules, son front était pâle, et elle paraissait accablée sous le poids de son triomphe. Un tonnerre d'applaudissements l'accueillit, et une pluie de bouquets vint tomber à ses pieds. Elle ne daigna pas se baisser pour en ramasser un seul, et, après avoir fait au public enthousiasmé un salut qui ressemblait à celui d'une reine recevant les hommages de ses sujets, elle disparut dans la coulisse. Ninian avait été tellement absorbé par l'attention qu'il avait prêtée à cette ovation triomphale, qu'il avait cessé pendant un moment de regarder la loge où se tenait Edmond. Quand il y jeta les yeux, il avait disparu. Il se hâta d'aller dans le couloir, mais la foule était si compacte qu'il ne put pas l'apercevoir. Il courut au péristyle ; il regarda partout ; il ne vit pas son frère. Il se rendit alors à la porte par laquelle les acteurs quittent le théâtre, pensant qu'Edmond en sortirait bientôt avec Rachel. Après avoir attendu une demi-heure, il vit la déesse du jour, enveloppée d'un grand châle, comme une simple mortelle, marchant à côté de sa fidèle duègne, Jeanne Sedley. Il se hâta de la suivre, et quand elle eut tourné le coin de la rue, il s'approcha d'elle et lui dit :

— Madame Armadale...

Rachel fit un mouvement de surprise.

— Ne craignez rien, c'est moi, Ninian Græme. Je ne veux point vous arrêter, pas même vous féliciter, malgré l'admiration dont vous m'avez rempli tout à l'heure ; je veux seulement vous demander si vous n'avez pas vu Edmond, et si vous ne savez pas ce qu'il est devenu.

— Non, je ne l'ai pas vu, et je ne reverrai pas ce pauvre jeune homme, j'y suis bien déterminée.

— Je vous remercie de cette résolution, dit Ninian ; il faut, pour qu'Edmond puisse guérir, qu'il ne conserve plus aucun espoir. Mais, dites-moi, vous connaissez ses habitudes, et peut-être pourrez-vous me dire où il a pu aller en sortant du théâtre.

— Comment ! il est venu au théâtre ce soir ? Je ne l'ai pas aperçu dans la salle.

— Il y était, cependant, caché dans une baignoire et vous dévorant des yeux.

— Pauvre garçon ! dit-elle. Ah ! je le plains bien, et je suis désespérée d'être la cause involontaire de ses souffrances. Ne le laissez pas seul en ce moment, mon cher monsieur Græme ; veillez sur lui, je vous en conjure.

— C'est ce que je voudrais faire, dit Ninian ; mais où le trouver ce soir ?

— Connaissez-vous, monsieur, dit la vieille Jeanne, une maison, un cercle où se réunissent les jeunes gens pour souper et fumer, quand le spectacle est fini ? Tenez, vous apercevez d'ici les fenêtres illuminées de cette maison.

— C'est un lieu qui ne jouit pas, ce me semble, d'une bonne réputation, dit Ninian. Il me coûte beaucoup de m'y montrer ; mais, n'importe, je vais y aller.

Il serra affectueusement la main de Rachel, qui, pendant qu'il retournait sur ses pas, reprenait silencieusement le chemin de sa modeste demeure.

Arrivé au cercle, Ninian entra dans une grande salle, toute garnie de petites tables, où étaient assis des jeunes gens et de jeunes femmes, riant et causant à haute voix. Un nuage de fumée de tabac enveloppait la salle, et une forte odeur de vin de Porto et de Sherry montait jusqu'au plafond. Ninian se sentait humilié et honteux de se trouver en pareil lieu et en pareille compagnie, mais il était décidé à tout faire pour sauver son malheureux frère. Il parcourut vainement toute la salle, jeta les yeux sur tous les groupes attablés, il n'aperçut pas Edmond... « Il n'est pas ici, se disait-il, mais il viendra peut-être. » Il s'assit et attendit, les yeux fixés sur la porte. Quand minuit sonna, Ninian se leva et sortit. A peine avait-il fait quelques pas dans la rue, qu'il aperçut un groupe de trois jeunes gens qui se donnaient le bras et se promenaient de long en large sur le trottoir, en parlant à haute voix. Ninian crut reconnaître au milieu de ces voix celle d'Edmond ; il s'enfonça dans l'embrasure d'une porte cochère qui se trouvait dans l'ombre et attendit que le groupe se fût approché de lui. Il reconnut alors très-distinctement Edmond, qui parlait avec animation à son voisin de droite. Quand ils arrivèrent près de Ninian, celui-ci répondait à Edmond :

— Tu ne peux, mon cher ami, aller proposer à Lyonell de se battre avec toi, avant de l'avoir payé. Il t'enverrait promener, et il aurait raison.

— Mais comment faire? reprit Edmond. Il faut cependant que je le tue ou qu'il me tue.

— D'où te vient donc cette rage contre ce pauvre garçon? Vous étiez si bien ensemble hier soir encore! Voyons, que s'est-il passé entre vous? T'a-t-il enlevé une maîtresse? Vouloir tuer un honnête homme pour une femme qui se joue de vous deux probablement, cela n'en vaudrait pas la peine.

— Ne m'interroge pas sur le sujet de notre querelle. Ce secret doit mourir avec lui ou avec moi.

— Mais encore, il faut que je sache la cause du duel pour te servir de témoin. Du reste, je le répète, avant d'aller porter ton cartel à Lyonell, il faut que tu lui aies payé les deux cents guinées que tu lui dois.

— Cela m'est malheureusement impossible, s'écria Edmond. J'ai à peine trois ou quatre livres sterling dans ma poche; c'est toute ma fortune.

— Mais, n'as-tu pas un brave homme de frère, qui semble être arrivé tout exprès d'Écosse pour te tirer d'affaire... Un frère aîné, c'est un caissier donné par la nature... Hier soir, à notre souper, il tenait son habit boutonné jusqu'au menton, comme un capitaliste qui a les poches garnies de billets de banque, et qui veut en dérober le fumet aux voleurs. Il a bien à ton service deux cents guinées, n'est-ce pas?

— Ne te moque pas de mon frère, Charlie, dit Edmond d'un air grave. Il est sans fortune, il a constamment dépensé tout ce qu'il gagnait pour pourvoir à nos besoins. J'aimerais mieux, vois-tu, mourir que d'avouer à mon pauvre frère la triste situation où je me trouve.

— Et alors comment feras-tu? Je ne vois plus qu'un moyen de te tirer d'affaire.

— Et ce moyen quel est-il?

— Tu as, me dis-tu, trois ou quatre livres sterling dans ta poche?

— Oui.

— Eh bien ! suis-moi.

Les trois jeunes gens quittèrent le trottoir où avait eu lieu cette conversation, et se dirigèrent vers Regent-Street. La rue était déserte, les boutiques étaient fermées depuis longtemps, et Ninian, qui marchait de l'autre côté de la rue, apercevait de temps en temps, à la pâle clarté des réverbères, la figure pâle et maigre d'Edmond qui semblait agitée par la fièvre. Arrivés au *Regent-Circus*, ils descendirent la rue de Hay-Market et ils s'arrêtèrent devant une maison de médiocre apparence, dont les fenêtres du second étage étaient éclairées.

— Tiens, dit Charlie à Edmond, nous voici devant *un enfer* [1]. Si tu veux y entrer avec moi, tu tenteras la fortune avec tes trois livres sterling. Si tu gagnes, tu paieras Lyonell et tu pourras en toute sûreté de conscience lui donner un coup d'épée; si tu perds, nous verrons demain le parti qu'il faudra prendre.

Edmond hésita un moment, puis il entra dans la maison de jeu avec ses deux amis.

Ninian, qui n'avait pas perdu son frère de vue,

1. Nom donné aux maisons de jeu clandestines à Londres.

voyait tout ce qui se passait. Il voulait d'abord suivre
Edmond pour le retenir, mais la réflexion lui fit rejeter
ce parti. Il craignit qu'Edmond, humilié de se voir
épié et surpris, pût se révolter contre son autorité ; il
pensa qu'il valait mieux rester dans la rue, et attendre
qu'il eût quitté ses amis.

Il ne l'attendit pas longtemps. Au bout d'un quart
d'heure, le jeune homme sortit seul de la maison de
jeu ; il avait l'air ivre de joie, comme un joueur novice
favorisé par les faveurs inaccoutumées de la fortune.
Au moment où il allait monter dans un fiacre, Ninian
se présenta devant lui, et lui posant la main sur l'é-
paule, il lui dit :

— D'où viens-tu et où vas-tu, mon enfant ?

Edmond fut interdit à la vue de son frère, et resta
partagé entre deux sentiments : celui de la honte et
celui de la colère. Enfin la colère prit le dessus, et il dit
avec emportement :

— Ninian, je ne peux pas supporter plus longtemps
l'espèce d'inquisition que tu exerces à mon égard. Je
suis trop âgé aujourd'hui pour être surveillé comme
un enfant.

— Mon cher Edmond, répondit Ninian avec douceur, c'est précisément à ton âge que ma sollicitude
fraternelle doit s'exercer avec le plus d'activité. Ta
conduite m'inquiète...

— Et ton espionnage m'irrite...

— Mon espionnage ! Edmond ; as-tu bien réfléchi
avant de m'adresser ce reproche outrageant ?

Le ton avec lequel ces mots furent prononcés fit

entrer le remords dans le cœur du jeune homme.

— Je te demande pardon de ma vivacité, Ninian ; mais si tu savais combien je suis malheureux. D'ailleurs j'ai besoin d'être seul en ce moment, laisse-moi, je t'en conjure.

— Non, je ne te laisserai pas, car je vois ce que tu vas faire : tu veux aller au *Casino* où tu espères trouver Lyonell ; tu as gagné au jeu la somme que tu lui dois, tu veux le payer et le provoquer.

— Qui est-ce qui a donc pu t'apprendre toutes ces choses ?

— Que t'importe ? Mais sache bien que je suis déterminé à t'empêcher de commettre une action très-coupable en elle-même, et qui de plus porterait une atteinte mortelle à la réputation de la femme que tu prétends venger. Ne sais-tu pas que tu n'as aucun droit de te battre pour madame Armadale ?

— Eh bien ! je ne me battrai pas ! Mais je lui dois de l'argent ; il faut au moins que je le paie. Il y a une heure encore, cette dette faisait mon tourment, mais par le plus grand des bonheurs, je peux m'acquitter à l'instant même.

En disant ces mots, il tira de sa poche un paquet de billets de banque.

— Tiens, vois ce que je viens de gagner à la roulette... deux cent vingt livres sterling.

Ninian prit les billets de banque, et après les avoir déchirés en plusieurs morceaux, il les jeta au vent.

Edmond, consterné, regarda sa fortune s'envoler de toutes parts et se perdre dans l'obscurité de la nuit.

— Que viens-tu de faire, malheureux ? s'écria-t-il,
en poussant un cri de désespoir.

— Ce que je ferai toujours de l'argent volé, répondit froidement Ninian.

— Qu'entends-tu dire par de l'argent volé ? Ne
l'ai-je pas légitimement gagné ?

— Tu l'as gagné au jeu, et le jeu, dans ces antres
de perdition qu'on nomme si justement des *enfers*,
est un vol, et j'aimerais mieux te savoir emprisonné
pour dettes que de te les voir payer à l'aide de ces
ressources infâmes.

Edmond baissait les yeux et n'osait répondre. Sa
colère s'était évanouie. Il se sentait subjugué par
l'ascendant de la sévère parole de son frère, et sans
opposer une plus longue résistance, il le suivit, et ils
regagnèrent ensemble leur demeure.

Dès le lendemain matin de bonne heure, Ninian
était au chevet du lit d'Edmond. Celui-ci était plus
calme. On voyait à ses yeux rougis qu'il avait beaucoup pleuré. Sa tête était appuyée sur l'épaule
de son frère aîné, et il lui faisait l'aveu de toutes
ses fautes. Tous les mystères de sa vie déréglée furent déroulés avec une scrupuleuse sincérité; il raconta comment il s'était laissé aller à faire quelques
dettes insignifiantes, puis enfin à emprunter de l'argent à Lyonell et à suivre ce jeune homme corrompu, dans toutes ses dissipations et toutes ses dé-
bauches.

— Tu vois, dit-il en achevant cette longue et douloureuse confession, tu vois, mon cher Ninian, ce

qu'est devenu celui que tu appelais le génie de la famille ! Voilà comment il finit.

— Il ne finira pas ainsi, grâce à Dieu, répondit Ninian qui avait écouté la triste histoire de son frère sans donner un signe d'improbation, sans faire un geste de dédain.

— Dieu ne veut plus de moi. La vie que j'ai menée m'a usé le corps et l'âme. Je n'ai plus longtemps à vivre. Vous serez bientôt délivrés du fardeau de ma présence.

— Ne parle pas ainsi, mon cher enfant. Ce dont il s'agit, ce n'est pas de l'avenir, c'est du présent ; et si tu veux m'en croire, tu viendras passer avec moi quelques semaines aux Gowans.

— Et comment cela se pourrait-il ?

— Et qui pourrait t'empêcher d'y venir ?

— Qui ? mes créanciers, mon ami. Si je quittais Londres, je m'exposerais à être pris et mis en prison, comme un débiteur insolvable qui veut échapper à ses dettes par la fuite. Comprends-tu, maintenant ?

Ninian n'avait pas songé à cette difficulté. Il garda le silence pendant quelques instants, puis il dit à son frère :

— Edmond, donne-moi la clef de ton pupitre. Veux-tu te confier entièrement à moi ?

Le jeune homme lui répondit d'un air abattu :

— Fais ce que tu voudras : d'ailleurs, il est bon que tu connaisses le véritable état de mes affaires, car je me sens sérieusement atteint ; je crois que je ne tarderai pas à aller rejoindre notre pauvre père.

Ninian , sans lui répondre, ouvrit le pupitre qui était plein de manuscrits, de pièces commencées, de lettres inachevées. Il les mit de côté et prit seulement tout ce qui pouvait établir la situation financière de son frère. Les dettes d'Edmond, l'argent emprunté à Lyonell, pouvaient s'élever à la somme de trois cents livres sterling, somme peu considérable en elle-même, mais énorme relativement à l'état de gêne de la famille Græme.

Ninian prit les comptes ; et, comme la chambre d'Edmond était mal éclairée, il s'approcha en silence de la fenêtre entr'ouverte pour les examiner de plus près. L'air du matin pénétrait doucement dans la chambre, et sur le rebord de la fenêtre étaient venus se fixer deux petits oiseaux. En les voyant sauter gaiement près de lui, Ninian ne put s'empêcher de penser à cette promesse de la Parole de Dieu : « Regardez les oiseaux de l'air, ils ne sèment, ni ne moissonnent, ni n'amassent dans des greniers, et votre Père céleste les nourrit. Ne craignez donc point ! vous valez plus que beaucoup de passereaux. »

Il s'assit et resta longtemps silencieux. Après avoir réfléchi sur ce qu'il y avait à faire, il arrêta un plan qui, la veille déjà, lui avait paru le seul praticable. Donner à Edmond tout ce qu'il était parvenu à amasser à force de travail et d'économie, lui sacrifier cette somme qu'un an auparavant il avait été sur le point d'abandonner à M. Ansted, voilà ce que Ninian avait résolu. Par suite du mariage de sa fille avec M. Ulvers-ton, le père de Jeanne n'avait point eu besoin d'accepter l'offre généreuse de Ninian, et cette petite fortune était donc restée disponible. Recueillie jadis dans des jours plus heureux, la somme que Ninian avait destinée à embellir sa demeure pour y recevoir celle qu'il aimait, pouvait suffire à tirer Edmond d'embarras. En payant ses dettes, en l'éloignant de Londres, Ninian pouvait encore espérer de sauver le malheureux jeune homme. L'enfant chéri d'Élisabeth ne devait pas périr !

Ninian s'approcha du lit où son frère était encore couché :

— Allons, Edmond, lève-toi. Laisse-moi tout ceci, dit-il en lui montrant les comptes qu'il tenait dans sa main, et puisque tu ne peux pas les payer, il faut bien que je me charge de ce soin. Ce sera pour moi, mon ami, un lourd fardeau, un grand sacrifice ; tu connais trop bien ma position pour ne pas le comprendre ; mais j'ai pleine confiance que cette leçon te profitera, et qu'à l'avenir, je n'aurai plus à rougir de toi.

Sa voix, d'abord grave et assurée, était devenue tremblante. Il tendit la main à son frère ; Edmond le regarda d'un air stupéfait.

— Mon frère, mon bon Ninian, s'écria-t-il enfin, je ne souffrirai pas que tu te mettes dans l'embarras pour moi.

— Non, mon ami, j'ai, grâce à Dieu, fait quelques petites économies que je destinais à un tout autre usage qu'à payer des folies de jeune homme ; mais je suis heureux de pouvoir te sacrifier cette somme,

Plus tard, nous réglerons nos comptes, si tu deviens assez célèbre dans les lettres pour y faire ta fortune.

Edmond leva les yeux sur son frère ; Ninian le regardait avec une douce gravité,

— Oh Ninian ! Oh mon frère ! s'écria-t-il ; et, saisissant la main que lui tendait M. Græme, il se mit à pleurer comme un enfant.

XXXI.

Edmond était sauvé ; mais pendant bien des semaines encore, il se ressentit de la violente secousse qu'il avait reçue. Malade et forcé de garder le lit, il avait auprès de lui celle qui l'avait si souvent veillé dans son enfance : Élisabeth ne le quittait pas. Elle était accourue à la nouvelle de sa maladie, sans que Ninian eût cru nécessaire de lui révéler dans quel état d'abaissement il avait trouvé son frère. Dès qu'Edmond fut en état de voyager, il partit avec Élisabeth pour les Gowans ; Ninian les laissa aller seuls, ne voulant pas gêner, par sa présence, la confiante intimité qui s'était établie entre eux : il resta à Londres chez Christine.

Il était un jour paisiblement occupé à lire dans un coin du salon, quand il entendit sa sœur l'appeler de toutes ses forces. Elle parut bientôt le visage radieux.

— Figure-toi, mon bon frère, que... Et Élisabeth qui vient de partir... Si elle avait su...

— Si elle avait su quoi?

— Devine un peu ! je ne veux pas te le dire.

— Mais quoi donc, Christine? qu'est-ce que tu ne veux pas me dire?

— Ah ! je suis si contente ! Nous irons la voir aujourd'hui même ! Mais que ce sera drôle de revoir cette petite Jeanne avec un enfant !

Ninian sentit tout son sang affluer vers son cœur; il pâlit et s'appuya sur la chaise la plus proche. Quelque empire qu'il eût sur son âme, une telle nouvelle l'avait vivement ému. Mais il savait lutter, et il triompha. Au bout d'un moment, il demanda d'une voix calme à sa sœur :

— Jeanne se porte-t-elle bien? Y a-t-il longtemps qu'elle est revenue?

— Elle m'écrit qu'elle est souffrante, que le climat de l'Italie ne lui convenait pas, et qu'on l'a renvoyée en Angleterre avec son enfant. Mais, lis sa lettre, et dans une heure, si tu veux, nous irons la voir à Brompton.

— Non, répondit Ninian, je ne peux aller avec toi.... J'ai des affaires. D'ailleurs, il vaut mieux que tu la revoies d'abord seule.

— Quelle idée! Jeanne qui t'aime tant ! C'est parce que son mari est absent ; as-tu peur qu'il ne soit jaloux ?

Ninian regarda Christine d'un air si grave, qu'elle eut honte de sa plaisanterie. Il ajouta :

— Tu ne sais peut-être pas que je suis brouillé avec M. Ulverston. J'ai peur qu'il ne trouve mauvais que j'aille voir sa femme.

— Allons donc ! les nuages qui ont pu s'élever entre toi et M. Ulverston ne peuvent influer sur tes relations avec Jeanne. Si tu ne veux pas venir avec moi la voir, je te préviens que je vais la chercher et que je l'amène ici.

Ninian ne répliqua pas ; il ne savait à quoi se résoudre.

— La pauvre Jeanne a déjà été assez malheureuse, ajouta Christine, quand elle se figurait que tu lui en voulais de s'être mariée sans te consulter ! Elle va croire que tu es encore fâché, et que c'est pour cela que tu ne viens pas la voir. C'est très-mal à toi, Ninian. Moi qui étais si contente ! Et tu restes là parfaitement indifférent, comme si tu ne portais aucun intérêt à Jeanne et à son enfant ! Voyons, dis-moi que tu vas venir.

Il se leva lentement en disant :

— J'irai, puisque tu le veux absolument.

Puis, murmurant qu'il avait à sortir un moment, il prit son chapeau et descendit. Quand il revint, Christine l'attendait sur le seuil de la porte : ils partirent ensemble pour Brompton. En descendant de l'omnibus qui les y avait portés, ils furent assez longtemps avant de trouver la demeure de Jeanne.

Après avoir sonné à plusieurs portes, ils arrivèrent devant un petit cottage qui attira l'attention de Christine.

— Ah ! voilà la maison : je reconnais ces acacias. Regarde quel beau magnolier il y a devant la porte.

Christine sonna et demanda si madame Ulverston était chez elle.

On répondit affirmativement. Ils entrèrent dans le jardin. Ninian suivait sa sœur en silence. Son cœur battait à lui briser la poitrine. Il allait revoir ce charmant visage dont le souvenir ne l'avait jamais quitté !

Christine traversa le salon, jolie pièce qui donnait sur une petite pelouse entourée de grands arbres.

— Elle n'est pas ici, dit-elle. Où peut-elle être ? J'espère qu'elle ne va pas nous faire attendre trop longtemps. Je meurs d'impatience de la revoir.

Et elle s'avança vers la porte du jardin.

— La voilà ! la voilà ! s'écria-t-elle tout à coup.

Ninian leva les yeux et vit une jeune femme assise à l'ombre d'un grand arbre. A côté d'elle une bonne portait un petit enfant. Jeanne (car c'était elle) se leva pour le prendre dans ses bras ; elle tourna la tête quand elle entendit des bruits de pas, et ses boucles, ses longues boucles brunes que Ninian avait si longtemps admirées, retombèrent sur les cheveux blonds de son fils.

Naguère Ninian l'avait vue ainsi, dans ses rêves de bonheur ! Il la revoyait maintenant la femme d'un autre. Dieu avait voulu qu'il en fût ainsi. Un instant il se sentit défaillir, et ses genoux tremblèrent sous lui. Il était resté seul, car Christine s'était mise à courir comme une folle au-devant de Jeanne. Il eut le temps de se remettre, et il put aller à la rencontre de madame Ulverston, sans trop laisser voir le trouble de son âme. Cependant, à mesure qu'il approchait d'elle, son cœur battait plus fortement. La pâleur répandue sur les joues de la jeune mère donnait une expression encore plus intéressante à ses traits. Elle aussi était très-émue, et ses yeux se remplirent de larmes lorsque Ninian lui tendit la main.

— Comme vous êtes bon d'être venu me voir ! dit-elle. Cela m'aurait fait tant de peine si vous n'étiez pas venu !

Il pressa affectueusement la petite main de Jeanne sans lui répondre, et en jetant sur elle un regard qui la remerciait de son tendre accueil.

— Tiens, regarde, Ninian, dit Christine en écartant le châle qui enveloppait l'enfant que Jeanne portait dans ses bras ; n'est-il pas charmant ? Il n'a encore que quatre mois !

— Quatre mois et douze jours, reprit Jeanne avec ce sentiment d'orgueil d'une mère qui ne permet pas qu'on oublie la date exacte où a commencé son bonheur.

Elle éleva son enfant dans ses bras, et, le présentant à Ninian :

— Regardez-le bien. N'est-ce pas un beau garçon ?

— Prends-le, Ninian, s'écria Christine en riant. Tu ne lui feras pas de mal ; tu commences à avoir beaucoup d'expérience, car j'ai remarqué que tu tenais très-bien le *baby* de Marie.

Ninian se baissa en silence et embrassa l'enfant, qui posa doucement ses petites mains sur la figure de cet étranger qu'il ne connaissait pas. Ninian tressaillit ; il l'embrassa de nouveau, et murmura d'une voix étouffée : que Dieu le bénisse !

— Comment s'appelle-t-il ? dit Christine qui, avec

l'étourderie qui la caractérisait, prolongeait comme à plaisir le supplice de son pauvre frère. — Il s'appelle comme son père, je suppose?

— Non, M. Ulverston n'aime pas son nom de baptême...

— Que je ne connais pas, par parenthèse. Il a donc un bien vilain nom.

Ici l'enfant fit un mouvement si brusque qu'il faillit échapper des bras de sa mère : elle pâlit de frayeur et s'assit pour éviter qu'un pareil accident pût se renouveler.

— J'ai à peine la force de le tenir à présent, dit-elle; il est devenu si remuant et si volontaire. J'ai bien peur que M. Walter ne devienne très-entêté et n'ait un bien mauvais petit caractère.

— Walter est donc son nom?

— Oui, j'aurais bien voulu l'appeler Ninian, dit-elle en baissant les yeux, mais mon mari n'aime pas les noms écossais, et il n'a pas voulu me donner cette joie-là. J'aurais été si heureuse de donner à mon fils le nom de mon frère.

— C'eût été trop de bonté, dit Ninian, en conservant toujours un grand calme apparent.

— Et dites-moi, s'écria Christine, pourquoi avez-vous laissé votre mari en Italie? Reviendra-t-il bientôt? Est-ce que vous ne vous ennuyez pas beaucoup, toute seule ici?

Toutes ces questions se succédèrent rapidement et semblèrent embarrasser Jeanne. Un nuage passa sur ses traits, et elle répondit en hésitant :

— M. Ulverston n'a pas pu m'accompagner ; il viendra me rejoindre dès que cela lui sera possible.

Et elle s'efforça de changer de conversation. Au bout d'un moment, le petit Walter se mit à pleurer, et sa mère le confia à sa bonne qui l'emporta.

Quand l'enfant fut parti, Jeanne fit asseoir Ninian à ses côtés. Il remarqua seulement alors combien elle était changée. Elle était pâle et maigre, et quoiqu'on ne pût pas dire positivement qu'elle eût l'air malheureux, il y avait dans son regard un sentiment de douloureuse tristesse qui ne put échapper à celui qui pendant si longtemps avait su lire sur ce doux visage, les plus secrètes émotions de cette âme candide et pure.

Elle lui demanda mille détails sur tous ses amis des Gowans ; sur Élisabeth surtout, à laquelle elle avait voué une sorte de culte ; elle rappela les scènes de son existence de jeune fille, qui avaient laissé une douce et profonde trace dans son souvenir. Christine, avec sa loquacité ordinaire, dispensait Ninian de parler et de répondre, ce qui l'arrangeait fort, car il n'aurait peut-être pas pu parvenir à maîtriser son émotion. Enfin, la conversation amena Jeanne à parler du séjour qu'ils avaient fait à Gare-Loch et de la singulière façon dont le professeur Reay faisait la cour à sa femme.

— C'était bien drôle, en effet, dit Christine, riant et rougissant à la fois. Quand on pense que vous et moi, ma chère Jeanne, nous avons parcouru ces rives enchantées de la Clyde avec nos futurs maris ! Vous n'auriez certes pas deviné que j'aimais déjà ce pauvre

Kennett, et moi j'étais à cent lieues de me douter que vous fussiez éprise de M. Ulverston. Le fait est que, dans ce temps-là, c'est à moi qu'il faisait la cour, et, qui plus est, des déclarations passionnées. Vous l'aimiez déjà, n'est-ce pas? Vous pouvez bien l'avouer maintenant.

— Je l'aimais quand je l'ai épousé, répondit gravement Jeanne, sans cela je ne l'aurais pas épousé. C'était l'expression du devoir accompli, ce n'était pas lo timide aveu d'un amour qui ne saurait jamais entièrement se déployer au grand jour.

En ce moment-là, lady Ulverston entra dans le jardin, et après les premiers compliments échangés avec Jeanne, celle-ci la laissa seule avec Christine et engagea Ninian à faire un tour dans une des allées du jardin. Quand ils furent seuls, elle lui dit :

— Je ne puis assez vous répéter combien je suis heureuse de vous voir. Vous ne m'écriviez plus, et je craignais que vous ne m'en voulussiez beaucoup.

— Vous en vouloir! Et pourquoi?

— Mon Dieu, il me semblait que vous deviez m'accuser de dissimulation... Huit jours avant le grand événement qui a changé toute mon existence, je vous avais dit que je n'épouserais pas M. Ulverston, et vous avez pu croire que j'avais voulu vous tromper... Si vous saviez tout ce qui s'est passé, dans le court intervalle de temps qui s'est écoulé entre votre départ et mon mariage, je suis sûre que vous ne pourriez plus me blâmer...

Elle s'arrêta, comme si elle hésitait à en dire davantage.

— Je n'ai rien su, en effet, dit Ninian ; mais j'ai toujours pensé que vous aviez dû avoir des motifs très-impérieux, pour contracter une union si précipitée.

— Oui, reprit-elle ; mon père était dans la détresse, et M. Ulverston ne consentait à lui venir en aide qu'après notre mariage. J'espérais que j'aurais le temps de vous prévenir ; mais M. Ulverston était obligé de quitter l'Angleterre pour aller en Italie, et il ne voulait pas partir sans m'emmener avec lui. J'avoue aussi que j'étais très-touchée de l'amour désintéressé qu'il me témoignait... Enfin, pressée par ses instances, par celles de mon père, j'ai consenti à me marier du jour au lendemain. Je ne saurais vous dire combien j'ai été malheureuse de penser qu'un aussi grand événement se passait dans ma vie, sans que mon frère fût là pour l'approuver et le bénir.

En disant ces mots, Jeanne tendit la main à Ninian ; mais, comme si elle se repentait d'avoir trop parlé, elle alla s'asseoir près de madame Reay, qui s'amusait à décrire à lady Ulverston l'étonnement de son mari, quand, en rentrant pour le dîner, il ne trouverait pas sa femme au logis.

— Cela vous arrive donc bien rarement, dit Jeanne en souriant. Vous ne sortez donc jamais sans sa permission ?

— Jamais ! Sachez, ma chère amie, que je suis devenue la meilleure des femmes, comme Kennett est le meilleur mari de la Grande-Bretagne. Figurez-vous qu'il ne saurait pas dîner sans moi.

— Vraiment !

— Et je crois qu'il n'a jamais passé une soirée loin de moi, depuis notre mariage.

Jeanne soupira sans répondre.

— Il faut que vous veniez bientôt passer toute la journée chez moi avec votre *baby*, reprit Christine. Nous parlerons à notre aise du temps passé, de notre douce vie de jeunes filles. Cela sera charmant, n'est-ce pas, Ninian ?

— Certainement, si cela ne dérange pas trop madame... Ulverston.

Ce nom semblait avoir beaucoup de peine à sortir de sa bouche. C'était la première fois qu'il le prononçait.

— Je serai charmée d'y aller, dit Jeanne en courant au-devant de son fils, qui venait de reparaître dans les bras de sa nourrice ; et toi *baby* ? Tu ne sais pas encore ce que c'est que de faire des visites ; et ta mère n'est pas sortie beaucoup plus souvent que toi depuis bien des mois.

— Comment donc ? Edmond m'avait dit que M. Ulverston passait sa vie dans le monde le plus élégant à Paris, à Rome et à Florence. Vous ne sortiez donc pas avec lui ?

Elle rougit.

— Pas toujours... Cela ne m'amusait pas, et les usages ne sont pas les mêmes sur le continent qu'en Angleterre. Mais, sérieusement, faudra-t-il que j'emmène Walter? continua-t-elle avec vivacité, comme pour mettre un terme à cet interrogatoire.

Christine murmura à l'oreille de son frère :

— Je ne voudrais pas changer mon mari contre le sien.

Puis s'adressant à Jeanne :

— Certainement, ma chère amie, il faudra nous amener Walter. M. Ulverston doit être bien fier de ce bel enfant !

— Oui, répondit la jeune femme en rattachant la ceinture rose qui ornait le bonnet du *baby*.

— Certainement, ajouta lady Ulverston. Avec la grande fortune qu'il possède, ce serait bien dommage qu'il n'eût pas un fils. Ce petit garçon s'appellera un jour sir Walter Ulverston.

— Il doit donc devenir baronnet? demanda Christine, qui semblait décidée à se mettre au courant de tout.

— Comment ! vous ne le saviez pas? dit lady Ulverston. Notre oncle, voyant que nous n'avions pas d'enfants, a adopté un de ses neveux qui portait un autre nom que nous. Ce neveu est précisément le père de Walter. A la mort de mon mari, il prendra le titre de baronnet et s'appellera sir Geoffrey Ulverston.

Jeanne retournant vivement la tête :

— Chère lady Ulverston, dit-elle, je crois que mon mari ne désire pas qu'on raconte tout au long ses affaires de famille.

— J'avais cru que nos amis savaient... Jeanne lui jeta un regard qui l'obligea à garder le silence.

Ninian avait écouté le bavardage de lady Ulverston avec indifférence, et il allait se retirer avec Christine, quand tout d'un coup il vit Jeanne tressaillir : une voiture venait de s'arrêter devant la grille. Elle avait pâli, et son visage avait pris la même expression que lorsque, quelques années auparavant, elle avait vu entrer son père dans le salon des Gowans.

— Qui ce peut-il être ? s'écria lady Ulverston, en courant à la fenêtre. Ce n'est pas le médecin, il est venu ce matin voir mon mari, et nous ne connaissons que lui à Londres.

— C'est M. Ulverston, dit Jeanne en pâlissant. Elle donna son fils à la nourrice, et alla au-devant de son mari.

— Quel contre-temps ! dit tous bas Christine, d'un air troublé. Comme c'est désagréable ! Ninian, qu'allons-nous faire ?

— Nous allons rester ici, dit-il froidement.

Et il se tut. Le souvenir de la scène qui avait eu lieu entre lui et Ulverston augmentait le déplaisir qu'il éprouvait de se retrouver face à face avec le mari de Jeanne. Mais il était résolu à ne pas se retirer brusquement, comme s'il avait eu peur de se trouver en présence de M. Ulverston.

Un quart d'heure s'écoula, la porte s'ouvrit enfin, et Ulverston entra : sa femme lui donnait le bras, elle était très-pâle, mais paraissait calme. Ninian leva les yeux sur eux ; Ulverston s'avança vers lui d'un air dégagé.

— Je suis bien aise de vous voir, monsieur Græme. Les amis de madame Ulverston seront toujours les bienvenus chez moi.

En disant ces mots, il lui tendit la main. Jeanne était là ; Ninian ne pouvait refuser la sienne à son mari.

Après quelques minutes d'une conversation à bâtons rompus, Ninian donna le signal du départ à Christine, qui se leva et embrassa Jeanne. Ninian fit un salut cérémonieux à Ulverston, et ils se retirèrent.

A peine étaient-ils dans la rue, que Christine, incapable de se contenir plus longtemps, dit à Ninian :

— As-tu remarqué la tristesse de Jeanne et l'expression de terreur, répandue sur ses traits, quand elle aentendu rouler la voiture qui lui ramenait son mari?... Elle a beau dire, elle n'est pas heureuse, la pauvre enfant. J'ai la conviction qu'elle cache dans son cœur des secrets qu'elle ne révèle à personne, mais que je crains bien de deviner ! Toujours est-il que j'aimerais mieux vivre de privations avec mon mari dans une hutte des montagnes de l'Écosse que dans un palais à Londres avec M. Ulverston ?

— Que Dieu la protége ! dit Ninian en poussant un profond soupir.

XXXII.

— Comment ! Ninian, tu veux déjà nous quitter !
Tu m'avais promis de passer deux mois à Londres,
et maintenant tu prétends que tu es forcé de retourner sur-le-champ aux Gowans ! C'est très-mal
à toi.

M. Græme écoutait patiemment les reproches de sa
sœur, et se bornait à lui dire qu'il était, à son grand
regret, obligé de partir.

— Mais dis-moi pourquoi ? Tu n'as rien qui te
presse, puisque tu as un associé qui te remplace à ton
bureau. Tu as besoin d'un congé, je t'assure. Tu n'es
pas aussi robuste qu'autrefois. Je crois vraiment que
tu deviens vieux.

— C'est bien possible, ma chère amie, mais sois
tranquille, ton tour viendra. Si j'ai l'air souffrant, c'est
la faute de la vie que je mène à Londres. Crois-moi,
laisse-moi partir !

— Attends encore quelques jours, je t'en prie.

Jeanne va venir me voir cette semaine. Et M. Forsyth ! Si tu ne restes pas pour venir à mon aide, que veux-tu que je fasse d'un illuminé comme celui-là ? Je n'ose plus le taquiner, et il me fait peur avec ses éternels sermons. Sais-tu pourquoi il est venu à Londres ?

— Il passe sa vie à courir le monde, mais je ne savais pas qu'il fût ici ; c'est Kennett qui m'a dit l'avoir rencontré ce matin. Il nous racontera cela ce soir.

M. Forsyth vint en effet, mais la curiosité de Christine ne fut point satisfaite, car il parla peu, et la jeune femme n'osa pas faire subir un interrogatoire à cet homme au visage austère, aux manières graves et presque dures, qui semblait n'avoir qu'une seule pensée qu'il poursuivait sans relâche. Lorsque M. Forsyth se leva pour partir, Ninian s'approcha de lui et lui dit :

— Je sors avec vous, Jean ; j'ai une course à faire.

— Où donc vas-tu, Ninian ? Tu devais passer la soirée avec nous, s'écria Christine.

Il lui répondit qu'il ne pouvait rester, prit le bras de son ami et sortit avec lui. Il ne se souciait pas d'avouer à Christine qu'il allait au théâtre entendre madame Armadale.

En arrivant dans le voisinage du théâtre, Ninian vit, à sa grande surprise, Jean Forsyth s'arrêter tout d'un coup devant une affiche de spectacle qu'il lut attentivement. Le jeune pasteur lui demanda bientôt :

— Où est situé ce théâtre ?

— Tout près d'ici ; à vous dire vrai, je comptais y aller ce soir ; je ne crois pas qu'il y ait le moindre mal à voir jouer une bonne pièce.

— Eh bien ! permettez-moi de vous accompagner.

Ninian le regarda d'un air stupéfait.

— Avez-vous donc changé d'avis ? lui dit-il. Naguère encore, vous regardiez les théâtres comme des lieux de perdition et de scandale.

— Je suis toujours convaincu que c'est la porte de l'enfer ; mais j'y entrerai pour arracher une âme des griffes du démon.

— Vous dites d'étranges choses, Jean. Je ne comprends rien à votre conduite et à votre langage.

— Puisque vous voulez le savoir, je vous dirai que je vais dans ce lieu maudit, moi, ministre de Dieu, pour y chercher une âme que je veux à toute force sauver.

Une idée soudaine traversa l'esprit de Ninian.

— Et pouvez-vous me dire quelle est la personne qui vous inspire cette sollicitude ?

Forsyth lui montra sur l'affiche le nom de madame Armadale, et lui demanda s'il avait jamais vu cette actrice.

— Oui, répondit Ninian en l'observant soigneusement, pour s'assurer s'il avait découvert le véritable nom de la jeune tragédienne ; c'est une femme très-remarquable.

— Peu m'importe ! Mais j'ai appris dernièrement, par hasard, que cette femme faisait partie de la troupe de comédiens qui se trouvait à Durham, quand j'y ai préché l'année dernière. Cette madame Armadale passe, me dit-on, pour être moins corrompue ou plus malheureuse que ses compagnes. C'est probablement elle qui m'a écrit l'année dernière. Depuis plusieurs mois, je cherche à la retrouver, dans l'espoir que Dieu daignera se servir de moi pour l'arracher à la vie de dépravation qu'elle mène.

— Comment comptez-vous parvenir jusqu'à elle ? demanda Ninian.

— J'irai à ce théâtre et je tâcherai d'obtenir son adresse. Je ne crains pas d'entrer dans une salle de spectacle ; j'ai vu pis que cela ; j'étudierai le visage de cette femme, à travers le fard et les oripeaux dont elle se couvre, je parviendrai à lire dans son cœur. Oui, j'y parviendrai, car Dieu m'a donné le pouvoir de le faire, continua-t-il avec l'accent d'un enthousiaste et d'un inspiré.

— Et ensuite ?

— Si je découvre dans ses traits une lueur de repentance, je l'arracherai à ce repaire d'iniquités. C'est elle qui m'a adressé la lettre signée : Une pécheresse, et elle a fait preuve de cette charité qui couvre une multitude de péchés. Le démon ne m'arrachera pas l'âme de cette femme. En disant ces mots, ses yeux brillaient d'un feu étrange.

— Mais connaissez-vous cette femme ? L'avez-vous jamais vue ? Moi qui la connais...

— Vous la connaissez ! et comment est-elle ? Est-elle vieille ou jeune ? Est-elle depuis longtemps dans les voies du péché? Et si vous pensez qu'il puisse exister quelque espoir de la sauver, pourriez-vous me fournir les moyens d'arriver jusqu'à elle ?

— Non, mon ami, je ne le puis pas. Mais sachez que cette actrice n'est pas, comme vous paraissez le croire, une personne corrompue et perverse ; c'est, au contraire, une pauvre jeune femme, innocente aux yeux de Dieu, mais qui ne peut plus être heureuse dans ce monde. Croyez-moi, renoncez à votre projet; vous ne lui ferez aucun bien.

Jean Forsyth sourit avec amertume.

— Voilà bien le langage du monde : il ne croit pas à l'efficacité de nos efforts pour sauver les âmes. Je n'attendais pas cela de vous, Ninian.

Et il fit un mouvement comme pour abandonner le bras de son ami.

— Vous n'allez pas me quitter ainsi, mon cher Jean?

— Si, répondit-il, allez où bon vous semble. Moi, j'irai seul à ce théâtre. Rien ne m'en empêchera.

— Écoutez-moi, mon ami, je vous en conjure au nom de notre vieille amitié, s'écria Ninian. Laissez-moi vous dire encore un mot. Vous ne savez pas qui est madame Armadale !

— Non, mais cela m'est égal. Ce que je sais, c'est qu'elle peut être arrachée à l'abîme où l'entraîne infailliblement sa honteuse profession de comédienne. Dieu ne l'aurait pas placée sur mon chemin, s'il n'avait pas voulu que je fusse pour elle un instrument de salut. Je veux absolument la voir.

— Vous l'avez vue bien des fois déjà...

Le jeune pasteur tressaillit.

— Si elle vous a écrit, si elle vous a envoyé de l'argent pour l'employer en aumônes, continua Ninian, c'est qu'elle savait bien à qui elle l'envoyait. Elle vous a toujours estimé, quoiqu'elle vous ait fait beaucoup souffrir. Avez-vous donc oublié...

Le jeune ministre restait immobile. L'enthousiasme du fanatique avait disparu, et sur ses traits on pouvait retrouver la trace effacée de ses anciennes larmes.

— Mon ami, lui dit Ninian, il y a bien longtemps que je ne vous ai parlé d'un douloureux passé, de peur de rouvrir les plaies de votre cœur; mais il le faut aujourd'hui. Comment ne devinez-vous pas que ce nom d'Armadale n'est qu'un nom de théâtre, comme en prennent souvent les acteurs... le nom véritable de cette femme est...

— Ne craignez rien. Dites-le-moi...

— Eh bien ! le nom de cette femme, c'est... Rachel !...

Jean Forsyth laissa tomber sa tête sur sa poitrine. Ses lèvres s'entr'ouvrirent, comme pour prier. Mais une minute ne s'était pas écoulée que son visage avait repris son austérité inflexible.

— Ce n'est donc pas en vain que le ciel a dirigé mes pas de ce côté, dit-il d'une voix rude. J'ai ici un devoir d'autant plus impérieux à remplir, que je suis attaché à cette malheureuse créature par les liens du sang... Venez donc avec moi...

Et il se dirigea vers le théâtre ; évidemment sa ré-solution était inébranlable. Ninian n'avait d'autre parti à prendre que de le suivre ; ils entrèrent ensemble dans la salle, et tous deux s'assirent en silence, jusqu'au moment où l'entrée de Rachel attira leur attention.

Elle jouait ce soir-là le rôle de Bianca, ce même rôle dont, quelques années auparavant, elle récitait des scènes dans le salon des Gowans. Ninian se rappela tout d'un coup le sujet de la pièce, en voyant l'actrice entrer en scène. Il jeta aussitôt les yeux sur son ami : l'amour semblait éteint dans le cœur du jeune pasteur ; il contemplait madame Armadale avec une profonde attention, mais sans le moindre senti-ment extérieur d'émotion : il semblait avoir tout ou-blié, sauf la mission qu'il se persuadait que Dieu lui avait confiée.

En promenant ses regards dans la salle, Ninian aperçut, dans une loge voisine, lady Ulverston qui lui fit un signe d'amitié. Jeanne était derrière elle. Il crut ne pouvoir pas se dispenser de se lever et d'aller saluer ces dames.

— Où allez-vous ? lui demanda M. Forsyth d'un air distrait.

— Je vais voir l'amie de mes sœurs, mademoiselle Ansted, qui est maintenant madame Ulverston. Vous vous la rappelez sûrement. Vous avez vu aussi M. Ulverston le jour du mariage de mes sœurs.

— Ulverston ? J'avais oublié ce nom, mais je me rappelle sa figure. Ce doit être un méchant homme ; j'ai vu cela tout de suite à sa physionomie.

— Vos jugements, mon cher ami, me paraissent bien prompts et bien sévères.

— Je ne juge pas : j'use du pouvoir d'intuition que l'Esprit-Saint a mis en moi pour lire dans les cœurs. Je vous le répète, c'est un méchant homme, et qui finira mal.

— Dieu nous en garde ! à cause de sa pauvre femme, murmura Ninian, involontairement terrifié de cette sinistre prédiction. Mais M. Ulverston n'est pas dans la loge de sa femme ; venez avec moi.

En voyant entrer Ninian, Jeanne se retourna vivement.

— Comme je suis contente de vous voir ! Je ne m'attendais pas à vous trouver ici. Où est donc Christine ?

— Elle est restée à la maison. Son mari n'aime pas le spectacle, et elle n'a pas voulu le quitter.

— Jeanne, elle aussi, n'aime guère le spectacle ; elle n'y est venue que pour faire plaisir à son mari, dit lady Ulverston, et je suis sûre qu'elle aimerait mieux rester auprès de son petit Walter.

La jeune mère sourit.

— Mais non, je suis très-heureuse, M. Ulverston m'a fait grand plaisir en me donnant cette loge. Il va venir, et il sera charmé de vous voir.

Elle ignorait évidemment la rupture violente qui avait eu lieu entre son mari et son ancien tuteur, et celui-ci cherchait vainement à découvrir par quel motif Ulverston cachait sous une affectueuse politesse la haine qu'au fond du cœur il avait pour lui.

La pièce continuait, sans que Jeanne parût y pren—

dre grand intérêt. La tragédie qu'on jouait, et surtout le personnage de Bianca, ses accès de jalousie, ses reproches passionnés au mari qui l'avait trahie, n'inspiraient que peu de sympathie à madame Ulverston, et elle ne reconnaissait pas Rachel, qu'elle n'avait vue que très-rarement. M. Ulverston entra bientôt dans la loge, et salua Ninian avec une politesse empressée. Au moment où il parut dans la loge, la jeune actrice était en scène, la tête couverte d'un long voile ; les yeux baissés, elle s'avançait lentement pour porter témoignage contre son parjure époux.

— Est-ce madame Armadale ? demanda Ulverston. On dit que cette actrice est une nouvelle miss Siddons, mais je n'ai pas grande confiance dans ces prodiges récents. Elle a pourtant une belle tournure.

Il s'assit nonchalamment en disant ces mots, à côté de sa femme, et promena sa lorgnette tout autour de lui. Lorsqu'il eut regardé un instant la salle, il se mit à lorgner madame Armadale, qui venait de relever son voile. A peine eut-il regardé la jeune actrice avec attention, qu'il sembla changer de visage : il fronça les sourcils, et prenant des mains de Jeanne le *libretto* de la pièce, il parcourut avec une fiévreuse précipitation le nom des acteurs, puis il reporta ses regards sur le théâtre.

Bianca était debout, immobile, attendant l'entrée de son mari. Ses yeux avaient une fixité effrayante. Tout d'un coup, après avoir regardé dans la salle, une expression d'angoisse passa sur son visage. Elle chancela, et devint pâle comme la mort. On disait de toutes parts que son jeu était d'une vérité merveilleuse. Un frémissement général parcourut l'assemblée, lorsqu'au moment de prendre la parole, Bianca sembla incapable de prononcer un seul mot. Elle essaya de se faire entendre; sa voix semblait la trahir; elle hésitait et s'arrêtait à chaque mot, comme si elle sentait sa raison près de lui échapper. La salle, transportée d'admiration pour un talent qui reproduisait l'excès du désespoir avec une telle vérité, éclatait en applaudissements frénétiques.

Jeanne, profondément émue, s'écria, en essuyant ses yeux remplis de larmes :

— Cette femme me fait peur; il me semble presque que je l'ai vue quelque part ! Je crois que je reconnais ce regard.

— Allons donc ! reprit durement Ulverston. Vous êtes absurde, avec vos inventions.

Jeanne rougit sans répondre.

— Mais, ma chère, continua lady Ulverston, vous vous trompez certainement. Vous n'avez jamais pu voir une actrice dans le monde.

— Non, c'est vrai, dit Jeanne avec douceur. Je n'ai certainement jamais vu cette madame Armadale, et cependant...

— C'est un faux nom, dit Jean Forsyth, qui jusquelà avait gardé le silence. Je ne veux pas autoriser ce mensonge. Cette femme est ma cousine, Rachel Armstrong.

M. Ulverston se retourna brusquement, comme frappé de la foudre. Puis, se remettant peu à peu :

— Je vous demande mille pardons, dit-il en s'adressant au pasteur, je ne vous avais pas aperçu, monsieur. Mais qui aurait pu s'attendre à vous rencontrer dans une loge de théâtre, et à voir sur la scène une actrice qui a l'honneur d'être votre cousine?

Ninian, qui craignait que Jean Forsyth ne se laissât aller à de nouvelles révélations, s'empressa de dire :

— Oui, cette actrice est une cousine de notre ami. Madame Ulverston peut se souvenir de l'avoir vue aux Gowans. C'est une malheureuse jeune fille, appartenant à des parents pauvres qui habitaient la frontière qui sépare l'Écosse et l'Angleterre. L'histoire de sa vie est un triste et étrange roman.

— Dispensez-vous de la raconter, dit Ulverston avec humeur et en se levant précipitamment. Ma femme ni moi ne nous soucions d'entendre la biographie de cette reine de théâtre.

Et en disant ces mots, il sortit de la loge et il ne reparut pas de toute la soirée.

La pièce allait finir. Bianca, folle et exaspérée, parcourait la scène en proférant de furieuses imprécations contre la rivale qui lui avait enlevé le cœur de son mari ; elle semblait de préférence s'arrêter en face de la loge où se trouvaient les Ulverston, et ses yeux lançaient des éclairs. Jeanne était terrifiée.

— Cette Rachel Armstrong m'a toujours fait peur, dit-elle. Quelle étrange femme !

— Elle est bien malheureuse ! dit Ninian à voix basse.

— Vraiment ! Vous la voyez donc encore ? Est-ce que vous ne parvenez pas à répandre un peu de baume sur les blessures de son cœur ? vous qui faites du bien à tout le monde.

— Il y a des douleurs que rien ne peut calmer, dit tristement Ninian.

— Pauvre femme ! amenez-la-moi donc ; elle doit se souvenir de m'avoir vue aux Gowans. Je pourrai peut-être la consoler, si elle souffre.

Ninian allait répondre, mais Jean Forsyth lui prit le bras en lui disant :

— Il faut que vous veniez avec moi ; je veux absolument aller voir Rachel.

Ninian, craignant de le laisser aller seul, se décida à l'accompagner. Après avoir pris congé de Jeanne, qui lui fit promettre de venir le lendemain la voir, ils se dirigèrent vers la loge où madame Armadale se reposait en général après les représentations. On leur dit qu'elle venait de partir, après avoir eu une violente attaque de nerfs : on ne l'avait jamais vue dans un pareil état ; elle semblait souffrir beaucoup, car, disait-on, elle avait peine à contenir ses gémissements.

— Ne cherchez pas à la voir ce soir, mon ami, ce serait de la cruauté. Qu'est-ce que vous voulez lui dire ?

— Je veux la forcer à quitter cette vie de péché. C'est mon devoir vis-à-vis de toute créature humaine, bien plus encore quand il s'agit d'un membre de ma famille. Et si je sauve son âme, continua-t-il en baissant la voix, Dieu acceptera peut-être cette offrande ; il me pardonnera ces jours de folie, où j'oubliais une vocation sainte, pour ne songer qu'à cette créature périssable. Dieu m'a sauvé ; je la sauverai à son tour.

En parlant ainsi, ils étaient arrivés devant la porte de Rachel. Ils frappèrent ; la vieille madame Sedley vint ouvrir.

— Ah ! c'est vous, monsieur Græme ? que je suis heureuse de vous voir ! Entrez, je vous en prie, ma maîtresse a bien besoin de vous voir.

Ninian entra ; et comme M. Forsyth s'apprêtait à le suivre, la vieille duègne ferma la porte, sans écouter ses pressantes réclamations.

Madame Armadale était au milieu du salon ; elle n'avait pas encore ôté son manteau, et semblait incapable de se mouvoir : elle fit signe à Ninian de s'asseoir, et lui dit enfin :

— Vous étiez au théâtre ce soir. Je vous y ai vu. Avec qui étiez-vous ?

— J'étais avec votre cousin, Jean Forsyth.

— Je le sais bien, je l'ai vu, lui aussi. Mais il y avait d'autres personnes dans la loge : une femme... et un jeune homme. Dites-moi leurs noms... tout de suite, tout de suite !

— Il y avait un M. Ulverston que vous avez souvent entendu nommer aux Gowans.

Elle frappa du pied avec impatience.

— Qui encore ?

— Une jeune femme que vous avez probablement reconnue, mademoiselle Jeanne Ansted, qui est maintenant madame Ulverston. Son mari était debout derrière elle.

— Tout près d'elle, n'est-ce pas? Il s'appuyait sur sa chaise? Son nom .est Ulverston? Elle est sa femme?

Les questions de Rachel se succédaient sans interruption ; ses yeux brillaient d'un éclat surnaturel, et lançaient comme des éclairs de flamme. Un horrible soupçon, la cruelle vérité, hélas! traversa en ce moment l'esprit de Ninian.

— Rachel... avez-vous déjà vu cet homme quelque part? Le connaissez-vous? dit-il avec émotion.

Elle ne répondit pas, elle semblait plongée dans une complète stupéfaction.

— Peut-être ne voulez-vous pas me répondre? Mais, vous devinez sans doute ma pensée?..... Est-ce?...

— Vous me disiez, répondit Rachel, que ce jeune homme était le mari de mademoiselle Ansted? Et il s'appelle Ulverston? Et c'est un de vos amis? Je voudrais bien le connaître. Ne pourriez-vous pas me le présenter?

Sa voix avait quelque chose de strident, et son accent était plein d'une ironie pénétrante ; on voyait qu'elle ne songeait plus qu'à une chose, à se venger.

— Oh! ma pauvre Jeanne! malheureuse enfant! murmurait Ninian.

Qu'avait-il besoin de nouvelles preuves? La lumière s'était fait jour dans son esprit : une foule de faits oubliés se pressaient dans son souvenir; il n'y avait plus à en douter, c'était Ulverston qui avait séduit et abandonné la malheureuse Rachel Armstrong.

Mais cette découverte ne pouvait amener aucun bon résultat ; il n'y avait pas de remède possible au malheur des deux innocentes victimes de ce misérable. Ulverston avait légalement épousé Jeanne Ansted ; Rachel n'avait été que sa maîtresse. Tout ce qu'on pouvait espérer, c'était que jamais madame Ulverston ne saurait l'infâme conduite de son mari.

Ninian ne songeait plus qu'aux moyens de cacher à Jeanne l'affreuse vérité qui venait de lui être révélée, quand Rachel, qui était restée assise, se leva en disant :

— Eh bien ! avez-vous fixé le jour où vous m'amènerez M. Ulverston ? Je vous le répète, ajouta-t-elle, avec un sourire infernal, je désire beaucoup faire la connaissance de ce jeune homme...

— Pourquoi ? N'essayez pas de me cacher votre secret. Votre seul regard me l'avait révélé. A quoi bon chercher à revoir ce... ce misérable?

Peut-être une réminiscence de son ancien amour vint-elle frapper le cœur de Rachel ; elle reprit vivement :

— Ce *misérable!* C'est un mot bien dur, surtout quand il s'applique à un ami.

— Ce n'est pas mon ami ; il ne l'a jamais été, Dieu m'en est témoin. Mais, Rachel, que voulez-vous faire ou plutôt que pouvez-vous faire ?

— Tout au monde ! Je veux tout faire ! J'ai vu *cet*

homme pendant que j'étais en scène, et j'ai eu la force d'aller jusqu'au bout de mon rôle. Et ce public imbécile qui m'applaudissait, se figurant qu'il assistait à une fiction et que j'étais une grande actrice !

Elle s'arrêta un moment en laissant éclater un sourire de mépris ; puis se retournant vers Ninian :

— Encore un coup, monsieur Græme, voulez-vous me présenter votre ami, ou faudra-t-il que j'aille le chercher dans sa demeure, auprès de sa femme qu'il aime?... Sa femme ! que Dieu la maudisse !

— Écoutez, Rachel, dit froidement Ninian, vous n'avez pas le droit de maudire cette femme... Elle est encore plus malheureuse que vous... car vous n'êtes pas l'épouse de cet homme. Vous pouvez le maudire et le mépriser ; elle, au contraire, elle est condamnée à lui rester éternellement attachée... J'espère bien que vous ne ferez pas un éclat. Qu'y gagneriez-vous? Vous perdriez votre réputation, en faisant le malheur d'une pauvre jeune femme qui ne vous a jamais fait aucun mal.

— Elle est donc heureuse?... Ils s'aiment, n'est-ce pas? Elle est assise auprès de lui, peut-être même, en ce moment, elle le regarde, elle lui sourit, elle l'embrasse... Ah !

Rachel ne pouvait presque plus articuler une parole. Après un moment de silence, elle reprit avec un sourire ironique :

— On dirait vraiment que je m'amuse à répéter mon rôle de Bianca ! Quel dommage que nous n'ayons pas un auditoire ! Si nous pouvions seulement avoir ici cette petite Jeanne, qui avait l'air si effrayé le soir où j'ai récité, dans le salon des Gowans, ces quelques vers de la tragédie de Milman. Elle que la fiction effrayait tant, que dirait-elle si je faisais luire à ses yeux la terrible réalité?

— Vous ne le ferez jamais, dit Ninian ; vous avez de trop nobles sentiments pour vouloir frapper d'un coup mortel une femme innocente de tous vos maux. Pourquoi la condamneriez-vous à mépriser le père de son enfant? Écoutez-moi, Rachel. Je veux admettre que vous puissiez, en faisant un éclat, séparer Ulverston de sa femme ; quel avantage y trouverez-vous? Irez-vous implorer cet homme pour qu'il fasse de vous, non pas sa femme, ce n'est pas possible, mais sa maîtresse? C'est là tout ce que vous pouvez espérer, quand même il vous aimerait encore comme vous paraissez l'aimer...

— Moi, l'aimer ! s'écria-t-elle en faisant un bond vers Ninian. Sachez bien que je le verrais étendu mourant devant moi; il me tendrait la main pour implorer son pardon, que je ne le lui accorderais pas.

Après avoir prononcé ces mots, elle croisa ses bras avec une telle frénésie, que ses veines semblaient près d'éclater.

— Mais alors que désirez-vous? insensée que vous êtes !

— Je veux qu'il soit puni !

— Je vous le répète, reprit froidement Ninian, la révélation de son crime ne serait pas pour lui un châtiment. Mais c'est à sa malheureuse femme que vous ferez un mal affreux. Vous n'aurez pas la cruauté de venir briser le cœur de ma sœur d'adoption. Vous ne savez pas avec quelle bonté elle a parlé de vous ! Comment, quand elle vous a reconnue...

— Elle m'a reconnue ! elle lui parlera donc de moi ! murmura Rachel.

— Oui, reprit Ninian ; supposant que vous étiez, dans cette grande ville, éloignée de tous vos amis et malheureuse peut-être, Jeanne m'a prié de vous conduire chez elle.

— Eh bien ! j'irai, répondit-elle si bas que Ninian ne put distinguer ses paroles. Puis, s'asseyant dans un coin du salon, pâle comme un marbre, elle resta muette et immobile, sans qu'il fût possible de lui arracher un seul mot.

— Vous feriez mieux de la laisser, je crois, dit madame Sedley qui venait d'entr'ouvrir la porte. Souvent elle reste ainsi pendant des jours entiers. Laissez-la, je vous prie. Je connais ma pauvre maîtresse mieux que personne.

Ninian trouva qu'elle avait raison. Il s'approcha de Rachel :

— Bonsoir, lui dit-il. Je reviendrai vous voir demain. Pardonnez-moi tout ce que je vous ai dit. Ah ! Rachel, si vous saviez tout !

Elle baissa la tête sans lui répondre. Ninian sortit du salon. Il demanda à madame Sedley ce qu'était devenu Jean Forsyth, qu'il avait complétement oublié pendant sa conversation avec Rachel.

— Vous ne le trouverez pas, lui répondit la vieille femme. Je n'ai voulu à aucun prix le laisser entrer avec vous ; il est revenu il y a un moment, mais il avait l'air si étrange que je lui ai dit que vous étiez parti, et que madame Armadale ne pouvait pas le recevoir. Empêchez-le de la voir, je vous en prie ; ma pauvre maîtresse n'est pas de force à supporter ses extravagances.

Madame Sedley avait raison ; car tandis qu'elle parlait ainsi, Rachel répétait des paroles sans suite, d'une voix entrecoupée de sanglots.

Ninian voulut rentrer dans le salon pour chercher à la calmer ; mais, sur les conseils de madame Sedley, il jugea qu'il valait mieux la laisser seule exhaler sa douleur.

XXXIII.

Le lendemain matin de bonne heure, Ninian se dirigeait vers Brompton. Après une longue nuit d'insomnie, il avait pris le parti de rester encore quelques jours à Londres. Il sentait que lui seul pouvait avoir quelque influence sur Rachel, et il était résolu à tenter tout au monde pour la détourner de ses projets de vengeance.

Il trouva Jeanne seule avec son enfant qui était assis sur ses genoux, et dont les petites mains s'efforçaient d'attraper les longues boucles que la jeune mère secouait en souriant sur sa figure d'ange.

— Que vous êtes bon de venir me voir sitôt! dit-elle en apercevant Ninian. J'espère que vous allez me faire une longue visite. Faut-il que je renvoie cet enfant? N'avez-vous pas peur de ses cris?

La proposition était faite d'un ton qui demandait un refus; Ninian le comprit aussitôt. D'ailleurs, il sentait que pour lui, il valait mieux qu'elle conservât son enfant près d'elle : cela écartait un peu plus de sa pensée le souvenir de Jeanne Ansted... de la charmante jeune fille qu'il avait autrefois tant aimée!...

Jeanne était assise sur un canapé, tenant son fils pressé contre son sein, et cherchant à l'endormir en le berçant doucement. Il prit un siége en face d'elle, et resta quelques instants à contempler ce touchant tableau de tendresse maternelle. Il ne pouvait maîtriser un frémissement qui parcourait tous ses membres, en songeant que ces deux innocentes créatures appartenaient à un homme si indigne d'une aussi pure félicité.

— Combien de temps restez-vous encore à Londres? demanda-t-il à Jeanne.

Et elle soupira tristement.

— Nous devions y rester un an ; mais mon mari m'a dit ce matin qu'il avait changé d'avis, et que nous allions partir pour aller aux bords de la mer, ou peut-être même sur le continent. Cela ne me fait pas grand plaisir ; j'aurais voulu laisser mon enfant grandir et s'élever en Angleterre, mais il faut que j'obéisse...

— Quand cela se décidera-t-il? demanda Ninian, qui songeait avec joie que Jeanne aurait probablement quitté Londres avant que Rachel ait pu découvrir sa demeure.

— Mon mari m'a dit qu'il le saurait ce soir. Il est allé à Londres de bonne heure ce matin. Des affaires pressantes l'y appelaient à ce qu'il paraît. Il sera probablement de retour avant votre départ.

Puis elle se mit à lui raconter tous ses projets pour son fils, et combien elle désirait qu'il lui ressemblât.

— Vous n'oublierez pas, j'espère, que Walter est votre neveu adoptif, et vous le protégerez à son tour, comme vous avez protégé sa mère. Mais ne parlons plus de mon fils, car je risque fort de vous paraître bien ennuyeuse avec mes constantes préoccupations maternelles. Et d'abord, dites-moi l'histoire de Rachel Armstrong, de madame Armstrong, comme vous l'appelez, je crois. Est-elle veuve?

Cette question si naturelle embarrassa beaucoup Ninian. Il murmura quelques mots inintelligibles sur un mariage qui avait mal tourné, puis il ne sut plus que dire. Jeanne avait rougi en voyant son embarras. Il reprit :

— Je ne peux pas vous raconter son histoire, car le secret qui s'y rattache ne m'appartient pas. Tout ce que je puis vous dire, c'est que madame Armstrong a été très-malheureuse, et qu'elle a droit à votre pitié et à votre estime.

— Cela me suffit. Mon mari me demandait hier soir, si vous aviez beaucoup vu madame Armstrong en Écosse... Il avait l'air contrarié que nous... c'est-à-dire vous et moi... nous eussions eu des relations avec elle. Il ne veut pas me permettre d'aller la voir.

— Vous le lui aviez donc demandé? dit Ninian qui ne pouvait se résoudre à lever les yeux sur cette pauvre jeune femme, si cruellement menacée d'un malheur irréparable.

— Oui, je voulais y aller aujourd'hui même ; mais en présence de la défense de mon mari, je dois renoncer à ce projet.

— Vous faites bien. Promettez-moi que vous n'irez pas la voir.

— Il me semble, dit Jeanne avec un air surpris, que je n'ai pas besoin de vous promettre de ne pas désobéir à mon mari.

— C'est vrai, c'est vrai. Pardonnez-moi mon insistance.

En ce moment, on entendit sonner à la porte d'entrée : l'enfant se réveilla en sursaut, et se mit à crier.

— Il faut que je l'emporte bien vite ! s'écria Jeanne ; c'est sans doute mon mari, et il n'aime pas les cris des enfants. Je crois que tous les hommes sont de même. Viens, mon chéri ; sauvons-nous !

Elle disparut.

Un laquais vint ouvrir la porte, et Ninian l'entendit dire dans l'antichambre, que M. Ulverston était sorti :

— Puisqu'il est sorti, répliqua une voix que Ninian reconnut avec effroi, je désire voir madame Ulverston. Voulez-vous lui dire qu'il y a ici quelqu'un qui veut lui parler ?

— Qui dois-je annoncer, madame ?

Elle hésita un moment :

— Dites que c'est madame Armadale.

Et sans attendre que le laquais vînt lui rendre réponse, elle entra résolûment dans le salon. Elle fit un mouvement en reconnaissant M. Græme.

— Déjà ici ! Je croyais arriver la première, dit-elle en l'abordant d'un air tranquille.

La tempête de la nuit précédente avait fait place à un calme profond. Rachel ne paraissait pas plus émue que si elle venait faire une visite ordinaire pour remplir un devoir de société. Elle s'assit tranquillement sur le canapé que venait de quitter Jeanne, en face du fauteuil qu'avait occupé Ninian.

Rachel était dans toute sa personne le type le plus complet de la grande dame. Elle portait un chapeau de couleur foncée que recouvrait un voile épais de dentelle, une robe de soie noire et un mantelet garni de blondes. Cette toilette était à la fois d'une simplicité sévère et d'une parfaite élégance. Sa figure n'était pas d'une beauté régulière, parce que les traits de la bouche étaient peut-être trop fortement accusés'; mais, sous des lèvres d'un brillant incarnat, on apercevait des dents d'un si bel ivoire, ses yeux répandaient un éclat si brillant, il y avait enfin, dans tout l'ensemble de sa physionomie, une telle distinction, une telle noblesse, qu'aucune autre beauté ne pouvait être comparée à la sienne. Et puis elle possédait, au plus haut degré, ce don si précieux de la grâce, qui semble comme le rayonnement extérieur des qualités de l'âme et de l'intelligence. C'est avec tous ces avantages que Rachel Armstrong apparut dans la demeure de l'homme qui l'avait séduite et abandonnée, alors qu'elle n'était encore que la fille naïve et inculte d'un des plus modestes fermiers d'un petit village des frontières de l'Écosse.

En s'asseyant, elle releva son voile; et, promenant son regard sur tous les objets qui l'entouraient :

— C'est une jolie maison que celle-ci, dit-elle froidement.

Ninian était beaucoup moins calme qu'elle; et, s'approchant du canapé où elle était assise, il lui dit à demi-voix :

— Comment pouvez-vous espérer de me tromper par l'indifférence que vous affectez en ce moment? Pensez-vous que je puisse me méprendre sur le motif qui vous amène dans cette demeure dont, par délicatesse, vous devriez vous tenir toujours éloignée ?

— Et pourquoi donc ? N'ai-je pas le droit de faire une visite à madame Ulverston? Et n'est-ce pas un devoir pour moi que de répondre au message bienveillant que vous m'avez transmis de sa part ?

— Plût à Dieu que je ne l'eusse pas fait! s'écria Ninian. Mais votre visite est inutile; elle ne vous recevra pas; son mari ne veut pas qu'elle vous voie.

— Ah vraiment! son mari... Nous verrons cela.

— Rachel, s'écria Ninian, dont l'anxiété augmentait, s'il vous reste quelque bonté dans le cœur, si vous êtes encore susceptible d'un peu de pitié, songez à ce que vous allez faire. Vous ne pouvez pas vous venger du lâche qui vous a trahie; il répondra par l'insulte aux reproches que vous pourriez lui adresser. Le seul résultat de la démarche que vous faites en ce moment sera de détruire inutilement le bonheur d'une femme qui est innocente de tous les maux que vous avez soufferts. Si vous l'aviez vue tout à l'heure, assise à la place où vous êtes, avec son enfant dans ses bras ! N'avez-vous pas pitié d'elle et de cet enfant ?

Rachel tressaillit et se leva brusquement.

— Comment pourrais-je avoir pitié d'eux ?... Le ciel m'a refusé la consolation d'avoir un enfant qui peut-être l'eût retenu près de moi...

— Rachel, écoutez-moi. J'ai toujours eu beaucoup d'amitié pour vous. Vous avez eu confiance en moi, et j'ai gardé fidèlement votre secret. Si j'avais pu vous rendre des services plus efficaces, je vous les eusse prodigués avec un dévouement absolu. Sachez encore une fois qu'aux yeux du monde, vous ne pouvez être qu'une femme coupable d'une faute irréparable, et en cherchant à vous venger avec éclat, vous ne parviendrez qu'à publier votre honte. Renoncez donc à ce projet, et je promets de veiller sur vous comme sur une sœur. Conduisez-vous comme doit le faire une femme qui a des sentiments élevés, une femme vraiment chrétienne.

Ninian s'arrêta soudainement, en apercevant Jeanne qui entrait dans le salon : il était trop tard pour conjurer la fatale rencontre de ces deux malheureuses femmes. Madame Ulverston s'avança d'un air embarrassé et timide, et Rachel se leva en l'apercevant : ses yeux, fixés sur le visage de la jeune femme, semblaient contempler avidement chaque trait de cette douce figure ; son regard avait quelque chose de si perçant, que madame Ulverston ne put s'empêcher de rougir. Mais, en se remettant de ce premier sentiment d'embarras, elle lui tendit la main en lui disant :

— Vous me reconnaissez sans doute, madame? Pour moi, je me suis tout de suite rappelé que je vous avais vue aux Gowans.

Rachel prit machinalement la main qui lui était tendue, puis la laissa brusquement retomber. Elle s'efforça de parler; mais sa langue était comme paralysée. Jeanne la regardait avec étonnement, et lisant dans ses yeux qu'elle souffrait, elle s'approcha vivement d'elle et l'embrassa.

Soit que le mouvement de Jeanne eût été trop prompt pour être prévenu, soit que Rachel, fascinée par le doux regard de cette innocente créature, sentit se tarir sa soif de vengeance, elle reçut le baiser qui lui était offert sans faire un geste pour le repousser. Elle fit alors un effort pour parler, et finit par dire :

— Mademoiselle Ansted, ou plutôt madame Ulverston, M. Græme m'a dit que vous aviez manifesté le désir de me voir. De mon côté aussi, j'avais hâte de faire avec vous plus ample connaissance. Je me suis procuré votre adresse, et je suis venue sans me faire annoncer. J'espère que ma visite ne vous surprend pas désagréablement.

— Oh ! non, certainement, s'écria Jeanne, qui oubliait la défensé de son mari.

Un regard de Ninian vint la lui rappeler ; et celui-ci, par une soudaine inspiration, résolut d'aborder franchement cette difficulté avec Rachel, espérant que, blessée dans sa fierté, elle se hâterait de se retirer.

— Au moment où vous entriez, madame, dit-il en s'adressant à Jeanne, j'allais apprendre à madame Armadale que votre mari vous avait défendu d'aller la voir.

— Oh! ne dites pas cela, s'écria Jeanne désespérée. Puis se tournant vers Rachel : Pardonnez, madame, à mon mari ses injustes préjugés contre les artistes; s'il vous connaissait, ils s'évanouiraient complétement, j'en suis convaincue.

—Vous croyez, dit Rachel avec un sourire effrayant; eh bien! je suis curieuse d'en faire l'expérience.

— Vous ne resterez pas, s'écria Ninian d'un ton impérieux. Puis prenant un accent plus doux : Madame Armstrong a trop de bonté, trop de droiture dans le cœur et dans l'esprit, pour vous soumettre à une pareille épreuve. Je suis convaincu qu'elle voudra bien consentir à revenir à Londres avec moi.

—Qu'en dites-vous? dit Rachel en se tournant vers Jeanne. Voulez-vous me chasser de votre maison, comme M. Græme prétend le faire? Croyez-vous que ma seule présence sous votre toit ait l'air d'une révolte contre l'autorité de votre mari ?

— Non, non, dit Jeanne; vous paraissez épuisée de fatigue; il faut vous reposer avant de me quitter. Je suis sûre que mon mari lui-même vous le demanderait.

— En êtes-vous bien sûre ? reprit Rachel avec un sourire ironique. A-t-il le cœur si généreux ? Peut-être que, par amour pour vous, il laissera fléchir ses préjugés ; vous devez nécessairement avoir beaucoup d'influence sur lui ; on dit qu'il vous aime tant !

Jeanne se sentait toute tremblante, sous l'influence de ce regard étrange qui la fascinait : elle pâlit et se troubla. Rachel crut distinguer dans son embarras un secret qu'elle voulait approfondir à toute force. Elle regarda Ninian d'un air de triomphe.

— Il serait vraiment dommage, dit-elle, de venir jeter des éléments de discorde dans un ménage qui paraît si tendrement uni. Je crois pourtant que si M. Ulverston me trouvait ici, il me serait facile de lui expliquer la cause de ma présence.

— Madame, dit Ninian d'une voix tremblante d'émotion... je vous en supplie, évitez de rencontrer ici M. Ulverston.

— Je suis toute prête à vous suivre, si madame Ulverston m'en manifeste le désir...

— Mais non, dit Jeanne, vous viendrez vous promener un peu avec moi dans le jardin. D'ailleurs, ajouta-t-elle dans son innocente vanité de mère, je veux vous montrer mon fils.

Ninian jeta sur Rachel un regard désespéré. Elle restait calme et impassible ; et s'adressant à Jeanne :

— Vous me paraissez une bien heureuse mère, madame. Je serais enchantée de voir votre fils. Est-ce votre seul enfant ?

— Oui, dit Jeanne.

Et elle sonna pour que la nourrice lui descendît l'enfant.

— Il n'y a donc pas longtemps que vous êtes mariée?

— Il y a dix-huit mois.

— Vous êtes la première femme de **M.** Ulverston, n'est-ce pas?

Jeanne la regarda d'un air surpris et embarrassé.

La conversation prenait un ton qui pouvait laisser entrevoir à Jeanne la cruelle vérité. Heureusement, la nourrice arriva, et mit un terme à ce dangereux interrogatoire.

Jeanne prit son fils dans ses bras d'un air triomphant. Rachel, sur les traits de laquelle s'était répandue une pâleur livide, le contemplait sans dire un mot.

— Calmez-vous, Rachel, je vous en supplie, murmura Ninian à son oreille.

Qui pouvait mieux que lui sympathiser avec l'angoisse de cette malheureuse femme? Elle se leva au bout d'un moment; et faisant un effort sur elle-même, elle dit avec une apparente indifférence :

— C'est un bien bel enfant, madame.

— Voulez-vous le prendre un moment dans vos bras?

A ces mots, Rachel resta immobile et interdite. On eût dit que tout son sang affluait vers son cœur, et que mille pensées s'entre-choquaient dans sa tête. Après une lutte de quelques instants :

— Non, non, s'écria-t-elle, comme si elle venait de

triompher d'une horrible tentation ; je serais capable de le laisser tomber... Ne me le donnez pas. Il se tuerait peut-être...

La jeune mère frémit à cette seule pensée.

— Pardonnez-moi, reprit Rachel d'un ton plus calme ; je suis si peu habituée aux enfants !

— Pauvre femme ! dit Jeanne en serrant contre son cœur le petit Walter.

— Laissez-moi le regarder ; je ne lui ferai pas de mal.

Et Rachel s'efforça de sourire.

— Ressemble-t-il à son père ?

— Je ne trouve pas.

— Non, reprit-elle en le regardant, il ne lui ressemble pas, ce n'est pas sa bouche. Les yeux de cet enfant sont bleus, et les siens étaient noirs, et si brillants !

— Comment, vous connaissez donc mon mari ?

— Oui, dit Ninian, madame n'a-t-elle pas vu M. Ulverston l'autre soir, au théâtre, dans sa loge ?

— Comment, reprit Jeanne, en s'adressant toujours à madame Armadale, vous avez pu, pendant que vous jouiez, regarder mon mari assez attentivement pour avoir pu remarquer la couleur de ses yeux ? S'il apprenait ce succès, il en serait bien fier.

— Vous croyez ? Eh bien ! dites-le-lui. Dites-lui que je l'ai vu, et que cela m'a décidée à venir aujourd'hui. Mais que cela, madame, ne vous inspire aucune jalousie. Demandez-lui plutôt si sa femme a le droit d'être jalouse de moi ?

Jeanne ne comprit pas la cruelle ironie cachée sous ces paroles, et elle sourit.

— Dites-lui aussi, continua Rachel, que la visite que je vous ai faite m'a procuré le plus grand plaisir, que je serai charmée de la renouveler, et que j'espère me faire connaître complétement à lui et à sa femme. Veuillez ajouter aussi que je fais des vœux pour la prospérité de son fils. Et comment s'appelle-t-il ?

— Il se nomme Walter.

— C'est peut-être le nom de son père ?

Elle poussa un profond soupir.

— Non, le nom de baptême de mon mari n'est pas si joli. Il trouve... Mais le voilà... Il traverse en ce moment le jardin. Il va être ici dans un instant.

Et la jeune femme, se rappelant la défense de son mari, jetait sur Rachel un regard mêlé d'embarras et de frayeur.

Ninian, faisant un nouvel effort, chercha à emmener Rachel.

— Non, dit-elle avec une fermeté résolue, il est trop tard. Je veux rester.

Elle s'assit en tournant le dos à la porte du jardin. M. Ulverston entra d'un air souriant et dégagé. Il aperçut sa femme qui était assise dans un fauteuil, et s'empressa de s'approcher pour la saluer. Rachel, apercevant son mouvement, se leva tout à coup et se dressa devant lui comme un fantôme menaçant.

A sa vue, il pâlit et fit un pas en arrière. Sa femme s'avança vers lui, comme pour apaiser la colère dont elle le supposait animé.

— Madame Armadale, lui dit-elle, est cette Rachel Armstrong que nous avons connue aux Gowans. Elle est venue me voir, et j'ai cru... il m'a semblé... Madame Armadale, permettez-moi de vous présenter mon mari.

Ulverston reprit courage en voyant que sa femme ignorait tout encore... Il releva la tête, et ses yeux rencontrèrent le regard perçant de Rachel... Que de haine il y avait dans ce regard !

— Je suis heureuse de faire votre connaissance, et de la faire ici, monsieur, dit-elle.

Le son de cette voix, le ton avec lequel ces paroles furent prononcées jetèrent Ulverston dans un tel trouble, qu'il recula jusqu'au fond de la pièce, et en se retournant, il aperçut Ninian Græme.

— Et vous aussi ici, monsieur ? Je vois que madame Ulverston a, ce matin, une réunion complète...

Mais Ninian ne lui répondit que par un regard de mépris qui fit comprendre qu'il savait tout, et qu'il était sous sa dépendance aussi bien que sous celle de Rachel. Troublé et effrayé de l'orage qui s'amoncelait sur sa tête, il recula de nouveau ; et dans quelque coin du salon qu'il essayât de se réfugier, il se sentait comme poursuivi par l'implacable regard de la femme qu'il avait séduite et abandonnée, et il tremblait de voir ses lèvres s'ouvrir pour dévoiler son crime.

Mais elle gardait le silence, comme si elle voulait faire durer sa vengeance.

Jeanne, qui ne comprenait rien à ce qui se passait, s'approcha de Rachel, et lui dit à voix basse :

—, Pardonnez à mon mari, madame, je vous prie, la froideur de sa réception. Il a été si surpris de vous trouver ici ! Mais, j'en suis convaincue, il sera charmé de vous voir dans un autre moment, et très-disposé à vous recevoir comme une amie...

— Dites cela tout haut, répondit Rachel avec calme. Il ne doit pas y avoir de secrets entre un mari et une femme. Je désire que M. Ulverston vous entende.

— Il se retourna brusquement en entendant son nom prononcé par Rachel.

— Je disais, reprit Jeanne, que vous seriez bien aise de faire plus ample connaissance avec madame Armadale.

Ulverston jeta un regard suppliant sur Rachel et dit en balbutiant :

— Oui, certainement.

— Je vous remercie, madame, dit Rachel en affectant de ne répondre qu'à Jeanne. Vous devez trouver que la position que je prends ici est bien étrange, mais tout finira par s'expliquer, et si M. Ulverston voulait me le permettre, je vous raconterais...

— C'est inutile, c'est inutile, s'écria M. Ulverston. Je serai trop heureux de recevoir madame Armadale toutes les fois que cela pourra lui être agréable.

— Je vous rends mille grâces, dit Rachel avec un sourire de dédain, mais ce n'est pas là ce que je désire. Elle leva la tête et rencontra à la fois les yeux d'Ulverston et ceux de Ninian. Le regard d'Ulverston était suppliant et abject ; celui de Ninian, au contraire, semblait lui commander le silence.

— Que désirez-vous? lui demanda à voix basse Ulverston.

— Je veux avoir l'honneur de venir quelquefois rendre visite à madame Ulverston, qui m'a témoigné une amitié dont je suis touchée et que je veux cultiver. J'espère, je suis sûre même, que son mari ne s'y opposera pas, en souvenir des jours passés.

— Oh! non certainement, répondit Jeanne. Il sait quel plaisir cela me fait de revoir mes amis d'Écosse. Vous parviendrez, je n'en doute pas, à lui faire abandonner les injustes préjugés qu'il a conçus contre les actrices. Allons, madame, daignez offrir votre main à mon mari, pour lui montrer que vous ne lui gardez pas rancune.

M. Ulverston se leva et s'approcha de Rachel, d'un air timide et embarrassé. Pour la première fois, il osa fixer son regard sur cette femme, qu'il avait rencontrée jeune et naïve dans les solitudes de l'Écosse et qu'il avait cruellement trompée, en lui faisant croire à un mariage supposé... Il se rappela, en cet instant, les courses qu'elle avait faites, les pieds dans la neige, pendant de longues nuits d'hiver, pour venir le trouver dans la chaumière de Jeanne Sedley, qui croyait n'être que la complice d'un hymen contrarié, mais légitime. Il osa enfin lui tendre la main.

Ninian observait attentivement Rachel; elle ne bougea pas. Sa main pendait sur sa robe, tout son être semblait plongé dans une immobile stupeur.

— Voulez-vous me donner la main? dit le jeune homme, avec cette voix si douce et si pénétrante qu'il prenait quelquefois, et que Rachel avait si souvent entendue retentir à son oreille.

Elle tressaillit au son de cette voix. Il lui prit la main ; elle parut un instant transportée d'ivresse et de bonheur, en se sentant de nouveau près de lui, sa main dans la sienne... Était-ce donc un rêve que cet abandon cruel, que cette vengeance si longtemps poursuivie? Était-elle encore jeune, innocente, heureuse? Était-elle assise près des tours ruinées du vieux château, muets témoins de leurs premiers serments, écoutant encore la douce voix de celui qu'elle aimait?

Jeanne, en s'approchant d'elle, fit disparaître cette illusion d'un moment.

— Nous voilà donc tous réconciliés maintenant, dit-elle. Vous viendrez souvent nous voir, n'est-ce pas? Cela me fera tant de plaisir et à mon mari aussi.

Rachel restait immobile, comme une statue de marbre.

— Oui, oui, mais maintenant il faut nous quitter, dit Ninian, qui voyait les yeux de Rachel briller d'un éclat qui ressemblait à de la folie : une autre personne la voyait aussi, près de s'abandonner au délire de sa passion, c'était Ulverston. Il ne put résister à son émotion, et il quitta précipitamment le salon.

Jeanne, qui, par une grâce du ciel, assistait à ce drame émouvant sans en comprendre le premier mot, sans même concevoir un soupçon, s'approcha de Rachel en lui disant :

— Vous paraissez souffrante ; voulez-vous prendre quelque chose ? Je vais chercher moi-même un verre d'eau sucrée avec un peu d'éther.

— Vous avez raison ; allez vite, dit Ninian.

Puis, dès qu'elle eut disparu, il dit à Rachel d'un ton plein d'autorité :

— De grâce, venez vite avant qu'elle revienne. Vous devez sentir que vous ne vous gouvernez plus. Il faut m'obéir. Suivez-moi.

Il l'entraîna rapidement hors du jardin ; Jeanne se présenta bientôt sur le seuil de la porte, les appelant d'un air étonné. Quittant le bras de Rachel, Ninian s'avança vers madame Ulverston.

— Il faut nous excuser, lui dit-il, madame Armadale est une personne étrange et bizarre ; ses longs chagrins ont affaibli sa raison. Permettez-nous de nous retirer. Demain, je vous expliquerai la cause de son départ si subit.

Puis il alla en toute hâte rejoindre Rachel, et ne la quitta plus que pour la remettre aux soins fidèles et dévoués de la vieille madame Sedley, qui l'attendait à la porte, dans une voiture de place.

XXXIV.

Ninian, le lendemain, qui était un dimanche, se préparait à se rendre à l'église, lorsqu'on vint l'avertir que madame Sedley demandait à le voir.

— Eh bien ! lui dit-il dès qu'il l'aperçut, Rachel est-elle plus calme ? Vous savez certainement tout ce qui s'est passé hier ?

— Oui, monsieur, je sais tout. Mais j'ai absolument besoin d'avoir une conversation avec vous. Ma pauvre maîtresse a été très-malade cette nuit ; mais elle dort maintenant, et je me suis échappée pendant son sommeil, pour venir vous trouver.

On entendit, à ce moment-là, sur l'escalier, la voix de Christine qui criait à son frère de se dépêcher, car l'heure du service approchait.

— Me retiendrez-vous longtemps, madame Sedley ?

— Très-probablement, monsieur, car j'ai bien des choses à vous dire, et il faut que je vous les dise aujourd'hui même.

— C'est donc bien important?

— Vous allez en juger vous-même.

Christine accueillit assez mal son frère, quand il vint lui dire de partir sans lui.

— Tu m'avais promis de venir entendre notre vieux pasteur d'Édimbourg, qui prêche aujourd'hui à Londres. Cela m'aurait rappelé toute notre bonne vie d'autrefois.. Je suis très-fâchée contre toi, Ninian.

Il laissa bouder sa sœur, et retourna précipitamment dans le salon. Madame Sedley commença alors son récit; elle l'entremêla de répétitions et de longueurs qu'il essaya vainement de lui faire supprimer.

Elle lui apprit que sa maîtresse avait fait un long séjour en Irlande, il y avait un an. Rachel avait donné plusieurs représentations sur le théâtre de Limerick, et là madame Sedley avait appris qu'il existait dans le comté une famille irlandaise du nom de Sabine.

— Sabine! s'écria Ninian. N'est-ce pas le nom de M. Ulverston, le faux nom qu'il avait choisi pour faire son simulacre de mariage?

— Oui, dit-elle, il l'a indignement trompée, la pauvre enfant! et Dieu l'en punira! Mais, monsieur, quoique ce mariage n'ait été qu'une abominable comédie, je ne suis pas sûre que ce nom de Sabine n'ait pas été le véritable nom de ce misérable suborneur.

— Comment donc?

— Je m'en vais vous le dire, car voici l'histoire qui m'a été racontée, et dont j'ai vérifié la parfaite exactitude. Un baronnet anglais avait épousé une jeune fille de Limerick qui appartenait à une honnête famille de la haute bourgeoisie de la ville. Il n'avait pas eu d'enfants de cette union, et il n'avait d'autre héritier direct qu'un neveu marié depuis longtemps, et qui lui aussi n'avait pas d'enfants. Pour perpétuer son nom, il fit venir de Limerick un petit neveu de sa femme, et il l'adopta. Ce petit neveu s'appelait Geoffrey Sabine, et il ne prit le nom d'Ulverston qu'à la mort du vieux baronnet qui lui légua sa fortune.

Ninian se rappela alors qu'Ulverston lui avait dit en effet qu'il était né en Irlande. Il se souvint aussi d'avoir entendu lady Ulverston raconter à Jeanne qu'Ulverston avait été adopté et élevé par un oncle. Il n'y avait donc plus à en douter : le nom sous lequel il s'était fait connaître à Rachel était bien celui de sa famille, c'était son véritable nom.

— Mais tout cela ne prouve rien, ma chère madame Sedley, reprit-il après un moment de réflexion; peu importe que ce nom de Sabine soit vrai ou supposé ; cela ne fait pas que votre maîtresse puisse établir légalement que le mariage a eu lieu. Si elle avait conservé ce certificat écrit, dont elle vous a peut-être parlé...

— Oui, certainement, monsieur, répondit la vieille femme, ma maîtresse a eu bien tort de le lui laisser entre les mains.

— S'il n'avait pas gardé ou détruit cette déclaration, s'il existait une preuve quelconque, une lettre, par exemple, n'eût-elle que quelques lignes, dans laquelle Geoffrey Sabine l'aurait appelée sa femme, il serait peut-être possible d'établir la preuve d'un mariage...

Madame Sedley releva vivement la tête :

— Vous dites, monsieur ? Pardon, je ne vous comprends pas bien.

Il s'expliqua plus catégoriquement encore.

— Vous dites donc que, si je pouvais montrer une ligne de l'écriture de cet homme, où il reconnaîtrait ma maîtresse pour sa femme, ce serait un commencement de preuve légale. Eh bien ! cette preuve, elle existe, et je la fournirai. Je prouverai que Rachel est sa femme légitime, et que la personne qui vit avec lui maintenant, n'est que sa...

Une réflexion horrible vint frapper Ninian, à ces paroles. Si on parvenait à prouver la légalité du mariage de Geoffrey Sabine avec Rachel Armstrong, qu'était donc Jeanne ?

Mais ce n'est pas possible, se disait-il pour se rassurer ; cette vieille femme ne peut avoir la preuve dont elle parle. Ninian ne pouvait se résoudre à croire qu'Ulverston eût pu avoir l'infamie d'épouser Jeanne, après avoir contracté avec Rachel un mariage sérieux.

Toutes ces pensées se pressaient en foule dans son esprit, quand la voix de madame Sedley vint l'arracher à ses réflexions.

— Monsieur, dit-elle après avoir retiré de sa poche un livre, qu'elle avait soigneusement enveloppé d'une forte toile cachetée avec de la cire rouge, vous m'avez dit qu'une seule ligne suffirait pour prouver le mariage. Veuillez regarder ce petit volume, et voir ce qui est écrit sur cette page.

En disant ces mots, elle plaça devant Ninian une petite Bible, qu'elle ouvrit à la première page. Ninian y lut les lignes suivantes, écrites de la main d'Ulverston :

« Donné à ma chère femme, Rachel Armstrong, par son mari, Geoffrey Sabine, 7 février 18... »

Plus bas, on lisait le texte que choisissent souvent les fiancés écossais, tracé d'une main de femme :

« Tu ne te parjureras point, mais tu t'acquitteras envers le Seigneur de ce que tu auras promis sous la foi du serment. »

Au-dessous, était la signature de « Rachel Sabine. »

Ninian relut trois fois ces lignes, qui ne permettaient plus le moindre doute ; la vérité lui apparaissait tout entière, mais que de douleurs n'amènerait pas la constatation de ce premier mariage !

— Eh bien ! monsieur, cela suffit-il ? répétait madame Sedley, qui ne pouvait maîtriser son agitation. Puis-je aller dire à ma maîtresse qu'elle est bien légitimement mariée ? Mais pourquoi gardez-vous le silence ?

— Je ne puis pas encore vous répondre. Laissez-moi le temps de réfléchir un moment, murmura Ninian, qui s'efforçait de conserver un peu de sang-froid et de juger la question légale qui se posait devant lui aussi froidement que s'il n'y attachait aucun intérêt personnel.

Il s'assit, la tête appuyée sur sa main. Pendant quelques instants, le silence ne fut interrompu que par la petite toux sèche de la vieille femme, ou par le joyeux gazouillement des oiseaux de Christine. Enfin, il reprit avec calme :

— Depuis quand ce livre est-il entre vos mains?

— Je l'ai trouvé, en nettoyant la chambre que M. Sabine et sa femme ont longtemps occupée chez moi. Il était enfoui sous un tas de vieux journaux.

— Vous avez donc fait cette découverte après les conversations que nous avons eues ensemble sur ce douloureux sujet à Édimbourg?

— Oui, monsieur.

— Comment Ulverston, voulant nier son mariage, a-t-il pu laisser ce livre chez vous?

— Il est parti précipitamment, un beau jour, et il n'aura pas songé à l'emporter. Je me rappelle bien qu'il m'a demandé, en partant, si je n'avais pas vu des livres à lui, une Bible ou un Nouveau Testament qui lui manquait. Cela m'a surpris, parce que je ne le voyais pas souvent lire sa Bible ; je n'ai pas bien compris pourquoi il tenait tant à la retrouver. Il m'a recommandé de chercher ce livre, mais ce n'est que très-longtemps après que je l'ai trouvé.

— Avez-vous montré cette Bible à Rachel, ou lui avez-vous seulement dit que vous l'aviez trouvée ?

— Non, non, monsieur, je m'en serais bien gardée. Cela l'aurait trop exaltée. J'ai caché ce livre, ou plutôt je l'ai toujours porté sur moi. Bien des fois même, j'ai pensé à le brûler ; mais je ne pouvais pas me décider à détruire la sainte Parole de Dieu !

— Croyez-vous que ce soit là le certificat écrit, dont Rachel m'a parlé ?

— Non, monsieur. Il y avait un autre papier constatant le mariage de la manière la plus explicite , mais
celui-là, il a eu bien soin de le garder. Je vous avouerai que je n'avais pas attaché une grande importance
à ces quelques lignes écrites sur cette Bible ; j'étais
bien loin de me douter qu'elles pussent servir de
preuve légale. Mais vos lois écossaises sur le mariage
sont si différentes des lois anglaises ! Mais que m'importe, pourvu que cela suffise, et que ma chère maîtresse recouvre son honneur ! En êtes-vous bien sûr ,
monsieur Græme?

Ninian ne pouvait se décider à dire toute sa pensée.
Il savait que, s'il disait nettement à cette vieille femme
que ces quelques lignes suffisaient pour établir la validité du mariage de Rachel, il pourrait en résulter un
grand malheur. On irait peut-être raconter à Jeanne,
sans qu'il eût le temps de l'y préparer, ce secret fatal
qui devait briser toute sa vie.

— Voulez-vous me répondre , monsieur? reprit la
vieille femme avec impatience ; {voilà une heure que
vous m'interrogez pour me faire dire tout ce que je
sais. Et qui sait, si vous ne vous servirez pas de mes
paroles, pour venir au secours de M. Ulverston, qui
est, dit-on, votre ami?

— Moi, son ami ! s'écria Ninian incapable de contenir plus longtemps son indignation contre Ulverston.
Si cet homme était ici, et que la loi de Dieu ne défendît
pas le meurtre...

Puis, s'arrêtant tout à coup, il reprit d'un ton plus
calme :

— Je ne suis pas l'ami de M. Ulverston. Mais, dans une affaire aussi grave, il ne faut pas trop se hâter de porter un jugement ; j'ai besoin d'examiner attentivement cette question. Quand même il nous serait prouvé que M. Ulverston a épousé Rachel, il n'est pas également certain que le nom qu'il a pris dans cet acte soit réellement le sien. Il a peut-être emprunté celui d'un de ses amis, ajouta-t-il, en cherchant à ralentir la marche des événements, par tous les moyens qui s'offraient à son esprit.

— Mais, monsieur, est-ce que ce fait d'une supposition de nom rendrait le mariage nul ?

— Non ; mais cela augmenterait la difficulté de le prouver. Il y aurait un procès à soutenir devant les tribunaux, qui coûterait beaucoup d'argent, et durerait peut-être plusieurs années. Je vous le répète, il ne faut pas vous hâter, et je vous engage même à ne pas parler de tout ceci à votre maîtresse.

— Il ne faut pas lui en parler ! Il ne faut pas lui dire qu'elle est une honnête femme, bien légitimement mariée ? Je ne peux vous comprendre, monsieur Græme : malgré votre conseil, je vais sur-le-champ annoncer à ma pauvre maîtresse, que j'aime comme j'aimais la fille que Dieu m'a reprise, qu'elle peut désormais marcher la tête haute, et que le misérable qui l'a trahie, abandonnée, est un infâme scélérat...

Ninian ne l'écoutait plus : une seule pensée l'absorbait ; il songeait au sort cruel qui menaçait Jeanne.

— Je vous en supplie, répétait-il ; ne dites rien à

Rachel. Dans l'état où elle est, il faut craindre de lui donner une fausse espérance : la déception pourrait être trop cruelle. Attendez seulement une semaine, un seul jour.

Madame Sedley parut enfin se ranger à cet avis.

— Vous avez peut-être raison, monsieur, dit-elle ; vous avez toujours été plein de bonté pour ma pauvre Rachel, et j'ai foi dans votre parfaite loyauté. J'attendrai donc votre autorisation avant de rien révéler ; mais de grâce, songez que je confie à vos soins l'honneur de celle que j'aime comme si elle était mon enfant.

C'était donc à Ninian que revenait le douloureux privilége d'annoncer à Rachel Armstrong qu'elle était la femme légitime d'Ulverston, et à Jeanne, qu'elle n'avait point de droit au nom qu'elle portait. Il fallait lui dire que son enfant partageait sa honte ; il fallait révéler à cette âme droite et pure un secret d'iniquité qui devait briser sa vie tout entière. Jamais Ninian n'avait éprouvé une pareille douleur ; naguère, du moins, il avait été seul à souffrir !

Il ne lui restait plus qu'à s'assurer d'une chose : le nom de Geoffrey Sabine était-il réel, ou était-ce seulement un nom supposé ? Si M. Ulverston le portait véritablement au moment de son mariage avec Rachel, le doûte n'était plus possible. Si c'était un nom supposé, il serait bien difficile d'établir la validité du mariage. Triste alternative ! puisque dans tous les cas une des deux malheureuses victimes de cet odieux suborneur devait être sacrifiée.

Ninian se décida à éclaircir tout de suite ce point, et il sortit avant que Christine fût de retour de l'église. Il prit le chemin de Brompton, résolu de s'adresser à Jeanne elle-même, pour savoir si Ulverston avait jamais porté le nom de Sabine.

Il la trouva seule, assise près de son piano, un volume de Handel ouvert devant elle. Elle l'accueillit avec un doux sourire.

—J'étais sûre que vous viendriez me voir aujourd'hui; sans cela je crois que je serais allée vous trouver. Je voulais vous demander des nouvelles de madame Armstrong. Est-elle mieux? J'avais envie d'aller la voir hier soir, mais mon mari n'a pas voulu.

Ninian ne répondait pas : l'affectueux intérêt qu'elle témoignait pour Rachel lui faisait mal. Il la regardait sans oser lui parler.

— Mais qu'y a-t-il donc? vous avez l'air malade? Puis-je faire quelque chose pour vous soulager?

Elle lui prit la main avec amitié.

— Je suis très-fatigué, voilà tout. Faites-moi donner un verre d'eau.

Au bout d'un moment il reprit :

— Je ne suis plus aussi fort qu'autrefois; je vieillis.

— Ne dites donc pas cela ; Christine vous gronderait si elle était là. Je ne veux pas d'un vieil oncle tout maussade pour mon fils, pour mon cher petit Walter.

— Pauvre enfant, dit Ninian en s'efforçant de sourire. Comment se porte-t-il, ce petit Walter?

Il dort dans sa chambre, ne le réveillons pas, dit

Jeanne en souriant gaiement. C'est un vrai petit tyran quand il ne dort pas ; je n'ai plus alors un moment de tranquillité. Vous le verrez bien assez tout à l'heure. Mais avez-vous déjeuné ? Nous déjeunons de très-bonne heure, le dimanche. Vous avez peut-être faim?

— Non, merci, je ne veux rien manger. Je n'ai besoin que de repos.

— Eh bien ! reposez-vous sur ce canapé ; je vais m'asseoir là, auprès de vous.

Mais Ninian ne pouvait pas prendre sur lui de rester assis longtemps de suite.

— Quelle chaleur il fait ici ! dit-il bientôt en se levant. Voulez-vous venir un peu au jardin ?

Le temps s'écoulait sans qu'il eût encore osé lui adresser la question fatale qui le poursuivait sans relâche. Une occasion fortuite se présenta enfin.

— Comme cet enfant dort longtemps ! disait Jeanne en regardant la fenêtre entr'ouverte de la chambre de son fils. Mais c'est bienheureux, car il se met quelquefois dans de telles fureurs qu'il en est tout épuisé. Il est très-violent, mon petit sir Walter, comme l'appelle lady Ulverston.

— Pourquoi donc lui donne-t-elle ce titre?

— Mais vous savez bien qu'il sera baronnet un jour, après sir William et mon mari.

— M. Ulverston doit donc hériter du titre, après la mort de sir William ?

— Oui, certainement ; il le porterait même déjà, si sir William était mort en voyage, comme on l'a cru pendant longtemps. Le père de sir William était l'oncle de mon mari. C'est lui qui l'a élevé et ensuite adopté. Mais comment ne savez-vous pas toute cette histoire ?

Ninian ne répondit pas.

— Je pensais que M. Ulverston vous l'avait racontée autrefois, quoiqu'il n'aime pas beaucoup à parler de ses affaires de famille.

— Y a-t-il longtemps que l'oncle de M. Ulverston est mort ?

— Il y a quelques années. Ce doit être avant que vous ayez connu mon mari ; car je me rappelle que, la première fois que je l'ai vu, vous l'appeliez M. Ulverston. Vous saviez certainement qu'il n'avait pas toujours porté ce nom.

— Ah ! vraiment? dit Ninian.

Il n'y avait plus à hésiter : Ninian lui demanda d'une voix émue :

— Mais quel était, je vous prie, le premier nom de M. Ulverston ?

— Il se nommait Geoffrey Sabine, dit-elle d'un air indifférent ; et elle s'arrêta pour cueillir une rose.

Ninian, sans oser la regarder, s'appuya sur un arbre ; l'émotion qu'il éprouvait était si grande qu'il ne pouvait plus faire un seul pas. Il sentait aussi que, s'il restait plus longtemps, il ne pourrait pas s'empêcher de laisser voir à Jeanne le trouble profond dans lequel il était plongé. Et il n'avait pas le courage de détruire la tranquille sécurité dans laquelle vivait cette pauvre jeune mère qui se trouvait, elle et son enfant, suspendue par un fil au-dessus d'un abîme.

Il fit un effort pour parler, et dit à Jeanne :

—Il faut que je vous quitte, car il est tard, et j'ai promis à Christine de rentrer de bonne heure.

— Mais attendez au moins un instant ; je vais chercher mon fils.

— Non, non, je le verrai un autre jour.

— Songez que peut-être vous me quittez pour long-temps, car M. Ulverston va partir pour le continent, et nous allons passer l'été à la campagne, Walter et moi.

— Dieu soit béni ! s'écria Ninian.

Madame Ulverston le regarda d'un air étonné en entendant cette exclamation. Elle se dit qu'il était sans doute malade, ou qu'il devenait bien singulier.

— Mon bon frère, qu'avez-vous donc ? Que voulez-vous dire ? Qu'est-il arrivé ?

Il ne put pas prendre sur lui de l'abuser entièrement sur son sort.

— Oui, Jeanne, il arrive un grand malheur, non pas à moi personnellement, mais à une personne qui m'est bien chère. Laissez-moi partir, et vous, allez prier Dieu, mon enfant, priez-le de tout votre cœur.

Il la quitta sur ces mots ; il ne pouvait plus se contenir, et reprit la route de Londres, presque machina-lement, sans savoir où il allait, sans s'apercevoir de la chaleur étouffante de l'atmosphère ; il ne vit même pas, au bord de la route, seule, en face de la maison de M. Ulverston, une femme vêtue de noir qui dispa-rut à son approche.

C'était la vieille Jeanne Sedley...

XXXV.

— Devine ce que vient de faire ce vilain M. Ulverston? s'écriait Christine, en entrant dans la chambre
de son frère, deux jours après la scène dramatique
qui s'était passée à Brompton ; il est parti tout seul
pour Paris, où il va bien s'amuser, et il laisse sa
pauvre femme avec son enfant, dans une petite maison
de campagne, un vrai trou, prétend lady Ulverston, où
elle va mourir d'ennui.

Ninian se sentit le cœur soulagé à cette nouvelle,
qui indignait tellement Christine ; pour le moment, du
moins, Jeanne lui paraissait à l'abri des poursuites de
Rachel.

— Mais figure-toi, ajouta Christine, qu'il ne lui a
pas seulement donné le temps de nous dire adieu.
Quel mari insupportable cela doit faire !

Elle continua à parler sans interruption, et raconta
à son frère comment lady Ulverston l'avait, le matin
même, mise au courant de toute l'histoire du changement de nom de son neveu.

— Est-ce là tout ce que tu as à me raconter ? lui demanda Ninian.

— Oh ! non pas. J'ai appris une bien autre aventure ce matin. C'est le jour aux événements.

Ninian jeta sur elle un regard inquiet.

— N'aie donc pas l'air si effrayé ; tu sais peut-être déjà ce que j'ai à te raconter. C'est bien extraordinaire, je l'avoue, et assez triste, mais...

— Pour l'amour de Dieu, explique-toi.

— Mais il n'y a pas de quoi tant t'agiter : à moins que tu n'aies été amoureux d'elle, comme je me le suis toujours figuré. Avoue-le, Ninian.

Elle se mit à rire.

Ninian fit un violent effort pour lui répondre :

— Tu dis des folies. De qui et de quoi veux-tu parler ?

— Tu ne devines donc pas ? De Rachel Armstrong. Mais pourquoi pâlis-tu ainsi, mon frère ? Serait-il donc vrai que tu eusses été amoureux de cette femme ?

— Cesse ces ridicules plaisanteries, Christine ; je ne suis pas d'humeur à les supporter aujourd'hui, répondit Ninian d'un ton bourru qui ne lui était pas habituel. Dis-moi ce qui t'est arrivé.

— Je sortais de la maison de lady Ulverston, quand j'ai été accostée dans la rue par une vieille femme, qui m'a demandé si je n'étais pas madame Ulverston. Naturellement, je lui ai répondu que non, mais que j'étais une de ses amies. Alors la vieille femme m'a fait une foule de questions, et nous avons fini par avoir une longue conversation. J'ai vu qu'elle en savait très-long sur les Ulverston ; elle connaissait même l'ancien nom du mari de Jeanne... Il s'appelait... je crois... Geoffrey Sabine.

— As-tu prononcé ce nom devant la vieille femme ? demanda Ninian avec anxiété.

— Je ne me rappelle pas si c'est elle ou moi qui en avons parlé... Mais elle m'a jeté dans une grande surprise quand elle m'a dit qu'elle vous connaissait, Edmond et toi ; mais comment ne m'as-tu pas dit que la fameuse madame Armadale n'était autre que Rachel Armstrong ? Quelle étrange transformation ! Il y a une chose surtout que je ne puis pas m'expliquer, c'est la raison pour laquelle la vieille servante de Rachel m'a fait tant de questions sur les Ulverston.

— Que lui as-tu répondu ? Lui as-tu dit où était allée madame Ulverston ? demanda Ninian.

— Non, car j'avais complétement oublié le comté où est située sa maison de campagne. Mais, je t'en prie, Ninian, explique-moi tous ces mystères : les romans de madame Radcliffe n'en contiennent pas de plus embrouillés. Voyons, dis-moi tout !

Ninian essaya de nouveau, mais en vain, d'échapper à l'importune curiosité de sa sœur : elle était décidée à savoir la vérité ; il prit donc le parti de faire appel à sa raison et à son bon cœur. Il lui dit, en prenant un air grave et sérieux :

— Tu vois qu'il se passe quelque chose d'extraordinaire, et que j'ai de grands sujets de préoccupation. Ce n'est pas un secret que je puisse te confier ; il appartient à d'autres. Je ne peux pas t'en dire davantage aujourd'hui, mais plus tard tu sauras tout.

Christine le regarda d'un air effrayé.

— Et, en attendant, reprit Ninian, je te demande de m'aider à garder ce secret que tu ne connais pas toi-même. Ne m'adresse pas de questions, et surtout ne répète à personne ce que je te dis. Promets-le-moi !

— Oui, je te le promets, dit-elle d'un air inquiet, seulement je veux savoir une seule chose : mon mari sait-il ce secret ? Est-ce quelque malheur qui nous menace ?

— Non ! dit Ninian ; sois tranquille.

Christine ne lui fit plus de nouvelles questions ; et il sortit, se dirigeant presque machinalement vers la demeure de Rachel. Madame Sedley n'était pas encore rentrée : Rachel était étendue sur un canapé, le visage pâle et fatigué ; elle essaya de se soulever, en voyant entrer Ninian.

— Je vous attends depuis trois jours, lui dit-elle ; je croyais presque que vous m'aviez abandonnée.

— Je serais déjà venu si j'avais cru pouvoir vous être utile ; mais je ne pensais pas vous trouver si souffrante, continua-t-il en la voyant retomber épuisée sur son coussin. J'ai vu sur une affiche de spectacle que vous aviez joué hier et avant-hier.

— J'ai, en effet, continué mon dur labeur.

— Et comment avez-vous pu faire ?

— Mon Dieu, j'ai fait comme j'ai pu ! Mon cœur est brisé, mais mes forces physiques me soutiennent encore.

Elle parlait d'une voix altérée, comme si l'excès de la douleur avait fini par user ses facultés de sentir et de souffrir. Madame Sedley entra dans ce moment, et s'approcha du canapé où elle reposait.

— Êtes-vous mieux, ma chère madame ? avez-vous moins mal à la tête ? lui dit-elle avec une tendresse respectueuse.

Rachel lui répondit avec bienveillance :

— Reposez-vous, vous paraissez fatiguée. Ne vous inquiétez pas de moi : M. Græme est là qui me tient compagnie.

La vieille duègne, qui n'avait pas aperçu Ninian, se retourna brusquement :

— Vous vous êtes bien fait attendre, monsieur, dit-elle avec un accent de reproche et de mécontentement. Vous nous aviez promis vos conseils ; vous deviez nous indiquer les démarches que nous avions à faire, et il a fallu que moi, pauvre femme, je me misse en campagne pour chercher ces preuves qu'il vous eût été si facile de nous procurer ; mais je sais tout, maintenant, et nous sommes en mesure de commencer le procès.

Elle parlait à voix basse, mais Rachel entendit quelques mots de sa dernière phrase.

— Que dites-vous donc, Jeanne ? s'écria-t-elle. Avez-vous été au théâtre, comme vous en aviez le projet ?

— Non, non, dit la vieille femme, je n'ai pas été au théâtre ; j'ai beaucoup mieux employé mon temps.

Rachel releva la tête, et sa physionomie sembla se ranimer un peu.

— Où avez-vous donc été?... Dites-moi la vérité, vous avez été *le* trouver ?

— Oui, murmura la vieille femme.

— Je vous avais suppliée de ne pas le faire. Je vous avais dit que moi seule je voulais le voir. Pourquoi y avez-vous été ? Lui avez-vous parlé ? .

— Moi, lui parler ? Non, certainement ! Je n'aurais pu me contenir, et je lui aurais dit qu'il était un misérable et un lâche.

Rachel se redressa vivement.

— De grâce, laissez de côté ces injures, et dites-moi simplement ce que vous avez appris.

— J'ai appris, dit la vieille femme, que le nom de Geoffrey Sabine est le véritable nom de votre mari, car il est bien réellement votre mari, comme M. Græme a dû vous l'expliquer.

Rachel bondit sur son siége ; et, se levant tout à coup, elle s'avança vers Ninian.

— Eh bien ! lui dit-elle, vous ne m'avez rien dit. Pourquoi donc gardez-vous le silence ?

Ninian comprit qu'il ne pouvait pas se taire plus longtemps, et que quelles que pussent être pour Jeanne les conséquences des révélations qu'il allait faire à Rachel, il lui était impossible, sans manquer à un devoir de conscience, de lui cacher la vérité.

— Je suis resté aussi longtemps sans vous voir, ma chère Rachel, dit-il, parce que je voulais être parfaitement sûr des renseignements que j'avais à vous fournir. Aujourd'hui, je peux vous dire que le nom de Geoffrey Sabine est bien celui que portait M. Ulverston avant la mort d'un de ses oncles qui l'a adopté en mourant. Il ne vous a donc pas trompée sur ce point. Quant à votre mariage, je crois qu'avec le commencement de preuve qui est entre les mains de madame Sedley, il sera possible d'établir sa régularité. Mais pour cela, il faudra intenter une action devant les tribunaux.

Rachel recueillait les paroles qui sortaient de la bouche de M. Græme avec une avidité frémissante. Tout à coup, elle poussa un cri perçant, puis se mit à rire d'un rire convulsif et presque féroce, et retomba dans les bras de madame Sedley.

Mais son silence ne fut pas long. Elle se releva bientôt, et fit entendre de nouveau un rire horrible, sans dire un mot, sans faire un geste.

— Elle ne sait plus ce qu'elle fait! dit madame Sedley dans son effroi. Tâchez de la calmer, monsieur Græme ; parlez-lui, je vous en suplie, parlez-lui !

Il s'approcha d'elle.

— Rachel, écoutez-moi, je vous en prie. Ce qui se passe est trop douloureux pour exciter vos rires. Songez aux souffrances, aux malheurs qui vont être la triste conséquence de la révélation que je viens de vous faire.

Il avait encore le pouvoir de la calmer ; elle le regarda et se tut.

— Maintenant, vous êtes-vous bien dit que, si vous parvenez à prouver devant les tribunaux que vous êtes la femme légitime d'Ulverston, vous le vouez à tout jamais à l'infamie. Il avait cessé de vous aimer ;

maintenant il va vous haïr. Vous ne le reverrez peut-
être plus que sur les bancs d'une cour criminelle...

— J'en rends grâce au ciel, s'écria-t-elle ; je vais
donc enfin pouvoir me venger !

En disant ces mots, elle tomba comme paralysée
par son émotion : le regard fixe, la bouche entr'ouverte
et souriante : c'était un affreux spectacle ; tout sentiment de pitié semblait éteint dans son âme. Ninian la
regardait avec épouvante ; il voulut essayer de faire
un appel à son cœur :

— Rachel, lui dit-il, vous qui êtes bonne, vous ne
pensez pas cependant aux douleurs que vous allez
imposer à des êtres innocents et aussi malheureux que
vous. Cette jeune femme que vous avez été voir il y a
quelques jours encore, et qui vous témoignait une si
tendre et si sincère affection, pensez-vous au sort qui
la menace ? Si vous êtes la femme légitime de Geoffrey
Ulverston, que sont-ils, elle et son enfant ?

Elle ne répondit pas, et regarda Ninian avec des
yeux étonnés.

Il reprit :

— Vous avez beaucoup souffert, sans doute, mais
songez à ce que va souffrir cette pauvre jeune femme.
Songez à la honte éternelle, irréparable, qui va peser
sur elle, et qui s'étendra sur son enfant. Votre misère n'était rien, comparée à la sienne. Et elle est si
jeune, si bonne, si innocente ! O mon Dieu ! où donc
est ta justice ?

Il courba la tête, et poussa un long gémissement.

Rachel changea de couleur.

— Je commence à vous comprendre, dit-elle d'un air si étrange qu'on eût dit que sa raison l'avait abandonnée. Vous parlez de Jeanne Ansted, de cette jolie jeune femme que j'ai vue dernièrement : elle s'appelait sa femme, elle aussi... Que Dieu ait pitié d'elle ! Pauvre enfant !

Une larme brilla dans ses yeux ; depuis des années, elle ne pleurait plus que de colère.

— Mais que puis-je faire, ajouta-t-elle, pour lui épargner la honte et la douleur qui la menacent ? Puis-je garder le silence ? Puis-je rester, comme une fille déshonorée, sous l'opprobre d'une indigne faiblesse dont je ne suis pas coupable ?...

— Non ! répondit Ninian avec tristesse. Personne ne peut exiger de vous un pareil sacrifice. Que la volonté de Dieu s'accomplisse donc ! Mais que ses arrêts sont quelquefois cruels ! ajouta-t-il en cachant sa tête dans ses mains. Mon enfant ! ma pauvre Jeanne. Plût au ciel qu'elle fût morte, plutôt que d'être vouée à une pareille honte !

Au bout d'un moment de silence, Rachel, s'adressant à Ninian, revint à sa pensée fixe, et lui demanda sur quelle preuve on pourrait établir la réalité de son mariage.

— Madame Sedley vous le dira, répondit-il.

La vieille femme se hâta alors de montrer à sa maîtresse la Bible sur laquelle était écrite la déclaration d'Ulverston. Elle l'ouvrit, et son visage devint d'une pâleur mortelle. Cette écriture, qu'elle n'avait pas revue depuis longtemps, lui causa une indicible émotion.

Mais elle se contint, et après avoir contemplé les lignes tracées sur le saint livre, elle le referma avec précipitation, comme pour effacer tout souvenir du passé. Puis, se tournant vers M. Græme, d'un air calme et froid, elle lui dit :

— Ces lignes pourront donc prouver mon mariage? Elles suffiront à lui faire confesser devant le monde entier, que je suis sa femme?

— Comment pourrait-il nier une déclaration écrite de sa propre main?

— Ainsi, tant que je vivrai, tout autre lien lui sera interdit? Il est mon mari, et ne peut nommer sa femme nulle autre que moi?

Ninian baissa les yeux sans répondre.

Rachel cessa de l'interroger. Elle semblait jouir de la plénitude de sa vengeance. Son corps, si faible, y puisait de la vigueur, son esprit troublé retrouvait de la lucidité. Elle se leva ; et, s'adressant à Ninian avec autant de tranquillité que si elle le consultait sur une question indifférente de procédure :

— Veuillez me dire, monsieur Græme, comment je dois m'y prendre pour intenter une action devant les tribunaux ?

Ninian frémit.

— Que voulez-vous dire? balbutia-t-il. Dans quel but me demandez-vous cela? Vous ne pouvez pas sérieusement vouloir intenter une action judiciaire. Les conséquences en seraient si graves, que vous ne vous y déciderez jamais. Peut-être comptez-vous essayer de vous réconcilier avec lui? Vous voulez donc le forcer

à chasser cette mère et cet enfant, pour devenir...
Rachel sourit.

— Écoutez-moi, monsieur Græme ; si j'étais réduite
à mendier dans les rues, et que sa porte fût la seule à
s'ouvrir pour me recevoir ; quand même il me supplie-
rait d'entrer et de lui pardonner, j'aimerais mieux
mourir sur la terre glacée que de franchir le seuil de
sa demeure.

— Mais que voulez-vous donc faire?

— Je veux relever mon nom de l'opprobre; et lui, je
veux le perdre ; je veux lui enlever tout ce qu'il a, ses
amis, sa femme, son enfant ; je veux le voir dans l'état
où il m'a réduite, seul et au désespoir, pour venir ensuite l'accabler de mon mépris !

Ninian la regardait avec épouvante. Elle continua :

— Pourquoi gardez-vous le silence? Pourquoi ne
me répondez-vous pas? Faut-il que je vous renou-
velle ma première question, et consentirez-vous à me
dire quelles sont les voies que je dois suivre pour faire
établir l'existence légale de mon mariage? Je ne demande qu'une chose : c'est d'avoir le droit incontesté
de porter son nom, Sabine ou Ulverston, peu m'importe, mais, encore une fois, je veux être reconnue
pour sa femme légitime.

— Puisque vous le voulez absolument, reprit Ninian,
la marche que vous avez à suivre est bien simple : vous
confierez votre affaire à un avocat, qui la portera devant le tribunal d'Édimbourg. Mais sachez bien que
ce sera un procès dont les douloureux débats retenti-
ront dans toute l'Écosse. Après le procès civil, si vous

le gagnez, votre mari sera reconnu comme bigame, et le ministère public le poursuivra criminellement... Une condamnation infamante sera inévitable... Mon Dieu, mon Dieu ! ajouta-t-il, comment ma pauvre Jeanne pourra-t-elle supporter une pareille épreuve !...

La voix de Ninian s'éteignit dans ses larmes, mais Rachel n'avait pas l'air de faire la moindre attention à sa douleur.

— Eh bien ! dit-elle, c'est vous que je charge de mon affaire. Je mettrai à votre disposition tout l'argent qu'il vous faudra pour payer les frais de la procédure.

Elle se leva en disant ces mots, alla ouvrir un secrétaire, et revint avec un paquet de billets de banque.

— Tenez, dit-elle, si cette somme ne suffit pas, je vous en fournirai une plus forte encore.

Ninian repoussa vivement sa main, et l'argent qu'elle lui présentait.

— Non, dit-il, je ne veux pas me charger de votre cause, et je n'ai pas besoin de vous dire quels sont les motifs de mon abstention. Vous les devinez sans peine. Votre cause est juste, je vous le répète, et vous trouverez au barreau d'Édimbourg des avocats qui pourront, mieux que moi, soutenir la validité de vos droits.

— Mais je n'en connais aucun, dit Rachel.

— Ce choix ne vous sera pas difficile. Il y a, je vous le répète, en Écosse, beaucoup d'avocats plus habiles que moi. Vous pourrez choisir parmi eux un conseil.

Et prenant une feuille de papier, il y écrivit plusieurs noms.

— Maintenant je ne puis plus rien pour vous. Allez à Édimbourg, et puisque vous le voulez absolument, consultez un de ces avocats.

Elle lui tendit la main en lui adressant quelques mots de remercîment ; mais elle savait à peine ce qu'elle disait ; son âme était absorbée dans une seule pensée : la vengeance. Elle n'avait su d'abord qu'aimer avec passion ; elle haïssait aujourd'hui avec la même violence. Et au delà de ce sentiment de haine qui absorbait toutes les facultés de son âme et de son esprit, elle n'espérait, ne souhaitait, ne demandait plus rien à la vie.

XXXVI.

L'été touchait à sa fin : les feuilles commençaient à jaunir, les fleurs sauvages se flétrissaient le long des sentiers, les épis dorés semblaient se plier sous leur propre poids, les vallées du Kent prenaient une teinte d'automne, lorsque Ninian Græme, à son retour d'Écosse, suivait la route qui conduit au petit village d'Eastbrook, où s'était retirée Jeanne avec son enfant.

Quelques semaines s'étaient écoulées depuis sa dernière entrevue avec Rachel Armstrong. Il était retourné à Édimbourg, où il avait réglé quelques affaires urgentes, et puis il s'était hâté de revenir à Londres. Il n'y avait fait qu'un court séjour, parce que Christine avait été rejoindre Jeanne dans le Kent ; il y venait lui-même, prévoyant que le moment de la catastrophe approchait.

En arrivant à Eastbrook, la servante lui apprit que Christine, Jeanne et son enfant étaient allés dans les champs, pour voir faire la moisson. Ninian se dirigea vers la ferme qu'on lui indiqua, et bientôt, au détour d'une grande avenue de marronniers, il entendit de joyeux éclats de rire : Jeanne, Christine, le petit Walter étaient assis derrière une haie, s'amusant à écouter les chants des moissonneurs : Jeanne fut la première à apercevoir un étranger se dirigeant de leur côté. Mais Christine, après avoir regardé plus attentivement la personne qui arrivait, s'écria aussitôt :

— C'est Ninian ! notre cher Ninian !

Et, courant à sa rencontre, elle se jeta dans ses bras, tandis que Jeanne s'avançait plus lentement, paraissant toute troublée de cette visite inattendue.

— Mais en vérité, vous avez l'air aussi effaré que si mon pauvre frère était M. Ulverston lui-même, s'écria étourdiment Christine.

Jeanne lui répondit avec douceur :

— Je vous ai priée bien souvent, ma chère Christine, de ne pas parler de cette façon de mon mari.

— C'est vrai, j'ai tort. Mais pourquoi votre mari arrive-t-il toujours comme un coup de foudre ? Voilà quinze jours que vous l'attendez, et maintenant qu'il vous a écrit qu'il ne viendrait pas, je parie qu'il va arriver tout à coup pour vous enlever d'ici.

Ninian fut reçu avec tendresse par Jeanne. Cependant elle paraissait mal à l'aise, et on voyait qu'elle cherchait, en parlant de choses indifférentes, à dissimuler ses préoccupations.

— N'est-ce pas, dit-elle en s'adressant au nouveau venu, un joli pays que ce beau comté de Kent ?

Ne trouvez-vous pas que mon fils a pris la mine
d'un petit campagnard ? Je serais bien fâchée de
m'en aller d'ici. Mais... — et un nuage passa sur
son visage — vous venez peut-être pour m'emmener ;
m'apportez-vous une lettre ou un message de M. Ulverston ?

— Non, dit-il d'un air étonné ; je ne l'ai pas vu,
j'ignore même où il peut être en ce moment. Je viens
seulement pour vous voir.

— Comme vous êtes bon ! Combien je vous suis
reconnaissante de cette visite ! répondit Jeanne d'un
ton soulagé. Mais rentrons, il faut que je vous fasse
visiter ma petite maison.

Elle l'emmena dans son cottage, et pendant plus
d'une heure, les deux jeunes femmes l'accablèrent de
questions sur Élisabeth et sur toute la famille des
Gowans. Ninian leur répondait, mais son esprit n'était
pas à la conversation : il se sentait oppressé par de
poignantes préoccupations, et c'était pour lui un véritable tourment, que d'être obligé de causer, de rire,
de paraître gai, quand son âme était navrée de douleur.

Jeanne le laissa bientôt seul avec Christine.

— Je vais aller coucher mon fils, dit-elle. Dès
que le soleil se cache derrière cette vieille tour que
vous voyez là-bas dans le lointain, j'endors Walter. N'est-ce pas une horloge très-poétique, que la
mienne ?

En disant ces mots avec un accent plein de bonheur,
elle emporta son enfant en riant.

— Quelle mère modèle ! s'écria madame Reay. Elle n'est jamais fatiguée d'avoir son enfant dans ses bras. Qui sait si nous la verrons à Londres, cet hiver ! Elle y viendrait, j'en suis sûre, sans son mari, qui est insupportable. Figure-toi qu'il ne lui écrit presque jamais ; elle ne sait pas même son adresse à Paris.

— Comment s'arrange-t-elle de ce silence?

— Ah ! parfaitement ! On dirait vraiment qu'elle n'aime que son petit Walter. Je suis sûre qu'elle n'a épousé M. Ulverston que parce que personne n'a pris la peine de l'aimer avant lui. Pauvre femme ! elle n'a jamais su, j'en suis sûre, ce que c'est que d'aimer son mari !

Ninian l'écoutait en silence.

Jeanne reparut au bout de quelques instants.

— Il dort enfin ! Si vous l'aviez vu, avec ses petits bras autour de mon cou, les yeux à demi fermés. Il dort si profondément, que je crois que rien au monde ne pourrait le réveiller. Mais voyez quelle belle soirée : allons nous promener jusqu'à la grande allée de marronniers, cela nous rappellera nos courses sur les bords de la Clyde. Tenez, j'entrevois là-bas une colline qu'avec un peu de bonne volonté nous pourrions presque prendre pour une montagne ; allons tenter de la gravir !

Ninian offrit son bras à Jeanne, et ils prirent le chemin de la ferme. Ils marchaient en silence ; Ninian n'osait pas lui parler. Jeanne lui dit enfin :

— Il me semble, mon frère, que vous êtes mieux

que la dernière fois que je vous ai vu à Brompton : je
suis sûre que vous aviez alors quelque sujet d'inquiétude ; c'est passé, j'espère. Regardez comme tout est
calme autour de nous, et voyez cette étoile qui brille
là à l'orient ; le ciel est pur, et pourtant il y a une ligne
de nuages noirs au couchant.

— Il y aura un orage ce soir. Je le vois venir sur
nous, répondit machinalement Ninian.

— Oh ! il est encore bien loin ; ne nous en inquié-
tons pas d'avance. Nous aurons le temps de rentrer,
ou bien, si la pluie nous surprend, je suis sûre que
nous découvrirons un abri, comme cela arrive toujours
dans les moments difficiles.

Elle parlait d'une voix douce et confiante, comme
pour consoler un cœur qu'elle croyait triste et sou-
cieux. Elle continua.

— Il me semble que, si j'étais très-malheureuse,
une nuit comme celle-ci me rendrait calme. Au
milieu des champs et des bois, je sens que Dieu est
tout près de moi, et qu'il veille plus attentivement
sur toutes ses créatures ; sur l'herbe qu'il fait croître, sur les étoiles auxquelles il ordonne de briller,
sur les petits oiseaux qu'il nourrit dans sa bonté.
N'est-ce pas, que Dieu veille toujours sur ceux qui
l'aiment ?

— Vous avez raison d'avoir cette confiance,
Jeanne.

— Oh ! oui ; il me semble que je ne pourrais jamais
avoir le cœur brisé, si je conservais le sentiment que
Dieu est avec moi, que j'ai de bons amis comme vous,

et surtout que je n'ai rien fait de mal. Pourvu aussi, toutefois, ajouta-t-elle avec une simplicité touchante, que j'eusse mon enfant près de moi.

Ils se turent tous deux, mais Ninian rendait grâce à Dieu, dans son cœur, d'avoir armé cette âme simple et confiante contre les épreuves qui la menaçaient.

Ils rentrèrent, et Jeanne se hâta de monter dans la chambre de son enfant. Elle était à peine au haut de l'escalier, que Ninian et Christine l'entendirent faire une exclamation de surprise.

— Il y a une dame qui vient d'arriver, leur dit la bonne qui descendait l'escalier. Elle est ici depuis une heure, et elle a voulu attendre ma maîtresse. Je venais de la faire entrer dans ma chambre, car elle a insisté pour voir M. Walter.

— Qui cela peut être? dit Christine avec étonnement. Ce n'est certainement ni Élisabeth, ni Marie. C'est sans doute lady Ulverston.

Ninian, lui, n'eut pas de doute; il devina à l'instant qui c'était... Une seule femme pouvait être arrivée d'une manière si inopinée. Sans répondre à Christine, il monta précipitamment dans la chambre où était Jeanne. Arrivé à la porte, il entendit ces paroles :

— Vous êtes bien bonne, madame, d'être venue me trouver ici. Pardonnez-moi ma surprise; je ne vous avais pas reconnue. Je regrette que vous ne trouviez pas M. Ulverston; il est en ce moment à Paris.

— Ah! vraiment?

Ninian ne connaissait que trop cette voix; il entra.

Rachel était debout, auprès du berceau du petit Walter. Jeanne se tenait de l'autre côté. L'enfant dormait toujours. Toutes deux le regardaient attentivement. Ninian dit vivement :

— Pardonnez-moi d'être entré, madame, mais j'ai su que madame Armstrong était avec vous, et je désire lui dire quelques mots :

— Encore vous ici? dit Rachel avec un sourire amer et ironique.

— Oui, je suis ici, grâce à Dieu, lui répondit-il à voix basse.

— Vous ne m'arrêterez pas ! dit-elle avec l'accent de la colère; c'est désormais impossible ! Il est trop tard !

— Que signifient ces paroles? demanda Jeanne avec anxiété. Madame Armstrong croit-elle...

— Permettez, madame, ne me donnez pas ce nom qui n'est pas le mien.

Jeanne crut avoir blessé Rachel; et se tournant vers Ninian qui s'était rapproché d'elle comme pour essayer de la préserver de tout mal, elle murmura :

— Je suis bien fâchée, mais je ne pensais pas...

Il y eut un moment de silence.

Ninian reprit, en regardant Rachel avec des yeux courroucés :

— Je ne comprends pas, madame, que vous soyez venue ici. Ce n'est pas le lieu où vous devez faire valoir vos droits. Si vous persistez à rester dans cette maison, je suis décidé à emmener madame...

Rachel ne bougeait pas. Ses yeux hagards étaient fixés sur la jeune mère qui venait de s'agenouiller auprès du berceau de son enfant, réveillé par le bruit qui se faisait dans la chambre.

— Il me reproche de n'avoir pas d'enfants, murmura-t-elle dans son égarement. Il prétend qu'il ne m'aurait pas abandonnée, si je lui avais donné un héritier. Et maintenant il me supplie de garder le silence au nom de cette femme et de cet enfant... Mais c'est impossible, je veux parler !

Ninian la saisit par le bras, et l'entraînant au fond de la chambre :

— Et moi, dit-il, je vous affirme que vous ne parlerez pas... S'il faut que cette malheureuse jeune femme sache son malheur, c'est moi qui le lui apprendrai... Mais de grâce, éloignez-vous, je vous en supplie.

La rudesse de la voix de Ninian et l'exaltation de Rachel jetèrent Jeanne dans un effroi indicible.

— Qu'y a-t-il? que doit-on m'apprendre? Il n'est rien arrivé... il ne peut rien arriver. Oh! non.

Et elle serra son enfant sur son sein. Il ouvrit les yeux en souriant : ce sourire sembla la calmer.

— Je ne comprends rien à ce qui se passe, dit-elle en s'appuyant sur le bras de Ninian. Pourquoi cette femme me regarde-t-elle ainsi? Qu'est-ce qu'elle me veut? Oh! dites-moi, je vous en conjure, ce qui se passe.

Ninian ne pouvait lui rien dire. Rachel elle-même semblait émue, à la pensée du désespoir où elle allait plonger cette jeune mère, qui levait sur elle des yeux suppliants.

— Pourquoi gardez-vous tous deux le silence ? reprit Jeanne. Y a-t-il quelque malheur... ou bien est-il arrivé quelque chose à mon mari ?

Ce mot rendit à Rachel toute son amertume.

— Votre mari ! répéta-t-elle avec un dédain ironique. Pauvre fille ! il vous a dit qu'il était votre mari, et vous l'avez cru. Ah ! ce n'est pas le premier mensonge qu'ait prononcé sa bouche parjure.

— Venez, Jeanne, s'écria Ninian, qui voyait que la colère de Rachel allait éclater. Suivez-moi ; et vous saurez tout.

Indécise et terrifiée, Jeanne resta immobile, et dit avec une naïveté navrante : ...

— Mais pourquoi me parler aussi mal de mon mari ?

— Votre mari ! votre mari ! s'écria enfin Rachel en s'abandonnant à l'excès de sa passion. Il vous a menti ! vous dis-je, il n'est pas votre mari, car il est le mien... Il m'a épousée, il y a longtemps déjà, et puis il m'a lâchement abandonnée... Je l'aimais, comme vous n'avez jamais su l'aimer, vous, pauvre femme au cœur débile ! Maintenant je le hais, comme jamais femme n'a pu haïr un homme. Mais, en dépit de son crime, en dépit de ma haine, il est toujours mon mari... il n'est pas le vôtre... entendez-le bien...

Jeanne l'écoutait avec un étonnement auquel ne se mêlait pas encore le moindre soupçon de la terrible vérité. Son âme était trop pure pour pouvoir concevoir la possibilité du crime dont elle était victime. Elle serrait son enfant dans ses bras, et murmurait, en regardant Ninian avec un triste sourire :

— Elle est folle, cette femme ! Pauvre Rachel ! Je vous en prie, ne me laissez pas seule avec elle !

— Ah ! vous croyez que je suis folle ? reprit Rachel. Demandez à monsieur si ce que je vous dis n'est pas l'exacte vérité ; il le sait, lui. Demandez à celui que vous appelez votre mari, à Geoffrey Ulverston qui va arriver tout à l'heure, et il vous dira qui de nous deux est vraiment sa femme ! Vous, et ce petit malheureux que vous tenez dans vos bras, vous êtes...

Ninian se précipita entre Jeanne et Rachel, et s'adressant à celle-ci :

— Vous êtes une femme sans cœur, sans pitié, dit-il, je vous maudis !... Venez, Jeanne ; venez, je vous en supplie.

— Non, dit Jeanne, qui commençait à entrevoir une partie de la cruelle vérité, non, maintenant je veux rester. Monsieur Græme, mon bon frère, je vous en supplie, dites-moi que cette femme n'a pas sa raison, et que vous êtes sûr que ce qu'elle dit est un odieux mensonge.

Ninian détourna la tête sans répondre. C'en était assez. Jeanne poussa un cri : « Mon enfant ! mon enfant ! » et elle tomba évanouie sur le plancher de la chambre, et tenant toujours son fils étroitement serré sur son sein.

Tout était donc révélé. Le coup tant redouté avait été frappé. Ce fut la première pensée de Ninian, et il se sentit presque soulagé. Sans dire un mot à Rachel, il prit Jeanne dans ses bras, et appela sa sœur qui était restée au salon, ne soupçonnant rien de ce qui se passait.

Quelques mots suffirent pour lui tout expliquer. Elle resta calme en dépit de son émotion ; et prenant l'enfant des bras de Jeanne toujours évanouie, elle engagea Ninian à la transporter dans sa chambre.

Quand elle fut étendue sur le lit de Christine, elle commença à reprendre connaissance. Dès qu'elle ouvrit les yeux, elle poussa un cri déchirant en ne voyant plus son fils près d'elle. On le lui rapporta, et à peine l'eut-elle serré sur son cœur, qu'elle parut renaître à la vie.

Christine hasarda quelques mots pour la consoler. Mais Ninian lui fit signe de ne pas lui parler. Il comprit qu'il fallait laisser un libre cours à sa douleur.

Il quitta Jeanne, et revint dans la chambre où était Rachel. Elle était assise dans un coin, silencieuse et immobile.

— Êtes-vous satisfaite, madame ? lui dit-il. Que comptez-vous faire maintenant ?

— Je vais l'attendre, car il arrive ce soir.

— Qui ? M. Ulverston ? Et vous voulez l'attendre ici ?

— Pourquoi pas ? Qu'y a-t-il d'extraordinaire qu'une femme reste sous le toit de son mari ?

— Vous l'avez donc vu ; vous êtes donc réconciliée avec lui ?

Elle sourit avec amertume sans répondre.

— Il n'est donc pas parti ? reprit Ninian. Il a été vous trouver, pour prévenir sans doute le procès dont il se savait menacé ?

— Oui, il se figure qu'il peut m'apaiser ? Il me dit qu'il n'aime pas cette femme, qu'il n'a jamais aimé que moi. Il prétend qu'il se hâterait de me reconnaître pour sa femme, si le bruit d'une séparation ne l'effrayait, et s'il ne la retoutait à cause de son fils. Il consent à me donner la moitié de sa fortune ; il veut bien m'offrir son amour et sa généreuse protection ! Il a formé le projet de venir ici, pour emmener la mère et l'enfant dans une retraite inconnue ; puis il prétend qu'il viendra me rejoindre. Eh bien ! qu'il vienne ; il me trouvera ici, je l'attends.

Les paroles de Rachel ressemblaient à des coups de poignard, et ses yeux distillaient une haine si féroce, que Ninian frémit à l'idée qu'elle voulait peut-être attendre Ulverston pour le tuer...

— Calmez-vous, malheureuse que vous êtes, lui dit-il, j'espère bien que vous ne poussez pas la soif de la vengeance jusqu'à vouloir attenter à ses jours ?

— Moi... l'assassiner ! Oh ! non... je serais peut-être assez faible, ajouta-t-elle, pour lui pardonner s'il mourait ; je veux donc qu'il vive...

Après avoir prononcé ces mots d'une voix âpre, elle retomba dans un silence obstiné. Ninian la laissa seule, en formant la résolution de ne plus la revoir, et il s'empressa de retourner auprès de Jeanne. Elle était plus calme, et berçait doucement son enfant, dont le front était baigné de ses larmes. Elle ne semblait pas encore comprendre toute l'horreur de sa situation, et elle était moins accablée que Ninian ne s'y était attendu. Elle lui tendit la main en silence; il se pencha sur cette main si pâle et la baisa.

— Que Dieu ait pitié de vous, ma pauvre enfant! murmura-il.

— Je sais qu'*il* aura pitié de moi, dit-elle en pleurant. Il me pardonnera, car je ne voulais pas faire le mal. Mais mon enfant, mon pauvre enfant!

C'était sa principale pensée, et il était impossible de lui offrir à cet égard la moindre consolation.

Parfois elle semblait s'accrocher à une lueur d'espérance.

— Cela n'est pas vrai. J'ai fait un mauvais rêve. Mon frère, vous m'avez toujours appelée madame Ulverston. Tenez, voilà ma bague d'alliance. Il ne m'aime pas, je le sais depuis longtemps; mais je suis sa femme, et voilà mon fils, son héritier. Oh! n'est-ce pas, que ce que m'a dit cette femme n'est pas vrai?

Sur le visage de Ninian, elle lut la réponse, et retomba accablée sur son oreiller; mais bientôt une nouvelle pensée vint la bouleverser.

— Si je ne suis pas sa femme, que suis-je donc? Sait-il ce qui se passe? Où est-il? Ne disait-elle pas qu'il viendrait ici ce soir?

Ninian fit un signe de tête affirmatif.

La malheureuse jeune femme comprit enfin toute l'étendue de son malheur.

— Ce soir ! s'écria-t-elle. Il sera ici ce soir, et il n'est pas mon mari ! Je veux fuir, je veux me cacher, n'importe où.

Elle saisit son enfant, et s'avança en chancelant vers la porte.

Ninian l'arrêta.

— Oh ! non, laissez-moi partir ; il va arriver, répétait-elle. Il voudra peut-être m'enlever mon fils ; il m'en a quelquefois menacée. Allons, partons, cachez-moi loin de lui avec mon enfant !

— Elle a raison, dit Ninian à sa sœur, il faut qu'elle parte. Calmez-vous, Jeanne, ajouta-t-il, je vais vous emmener. Tant que je serai près de vous, vous n'avez rien à craindre.

— Je partirai avec vous, dit vivement Christine. Pour rien au monde, je ne voudrais revoir ce misérable.

Jeanne regarda Ninian ; il fixait sur elle des yeux si pleins de douleur et de tendresse, qu'elle devint plus calme, et ses larmes cessèrent de couler.

— Vous prendrez soin de moi et de mon fils, mon frère ; vous ne nous abandonnerez jamais, n'est-ce pas ?

— Non, jamais, et que Dieu m'en soit témoin !

Il était près de minuit, et ils avaient plusieurs lieues à faire avant de trouver une station de chemin de fer. Il était impossible de trouver une voiture. Ninian emprunta une charrette au fermier, et la fit remplir de paille pour y placer Jeanne et son enfant. Elle fit ses préparatifs de départ à la hâte, couvrit son enfant d'un manteau, et recommanda à la bonne de venir les retrouver à Londres le lendemain.

—Maintenant, partons, dit Christine en enveloppant bien le petit Walter, pour le préserver de l'orage qui allait éclater.

— Nous aurons une nuit affreuse, répondit Ninian; mais, peu importe, si nous parvenons à la mener en lieu de sûreté.

Il se mit à suivre à pied la charrette.

Ils étaient à peine à quelques pas de la vieille église aux murs noircis, quand ils entendirent les pas d'un cheval qui arrivait au galop. Son cavalier se dirigea vers la ferme, et appela de toutes ses forces les domestiques.

— C'est lui! murmura Christine à son frère.

Jeanne ne bougeait pas.

— Nous sommes partis juste à temps. Mais dépêchons-nous; il va peut-être se mettre à notre poursuite.

— Qu'il ose le faire! répondit Ninian avec une expression de joie presque sauvage.

Il sentait que cet homme ne pouvait plus lui ravir le trésor qu'il lui avait enlevé une première fois, mais qu'il venait de reconquérir pour le conserver à tout jamais.

XXXVII.

Le jour commençait à poindre quand ils arrivèrent à Gravesend. Ninian proposa à Jeanne de s'y reposer pendant quelques heures : mais elle lui répondit d'un ton suppliant : « Oh ! continuons notre voyage : allons plus loin ! » Elle semblait poursuivie par la crainte que son mari ne voulût lui enlever son enfant.

— N'ayez pas peur, lui dit Ninian, qui se voyait contraint de lui faire connaître toute la vérité ; ce n'est que sur ses enfants légitimes qu'un père a des droits. Votre petit Walter est malheureusement en sûreté, car il n'a pas de père reconnu.

Ces paroles, que Ninian n'avait prononcées qu'avec une triste hésitation, calmèrent les appréhensions de la pauvre mère.

— Mon pauvre enfant est donc à moi, à moi seule ! s'écria-t-elle en le couvrant de baisers. Personne ne pourra me l'enlever ! Merci ; oh ! merci, mon Dieu !

Christine se pencha vers son frère, et lui dit à l'oreille :

— Ce langage est étrange. Il faut que son mari lui ait rendu la vie bien dure, pour qu'elle se réjouisse tellement de voir son fils échapper à son influence. Elle semble oublier la triste situation où elle se trouve elle-même réduite. Jeanne, ajouta-t-elle en élevant la voix, M. Ulverston a-t-il jamais essayé de vous enlever votre fils, ou vous a-t-il menacée de le faire?

Jeanne frémit sans répondre.

— Tais-toi, Christine, cesse de faire des questions qui sont inopportunes, dit Ninian.

Et le silence ne fut plus interrompu que par les cris du petit Walter, qui, en dépit de tous les soins dont il était entouré, souffrait des fatigues de ce long voyage.

Ils arrivèrent enfin à Londres : Christine poussa un soupir de soulagement, en se retrouvant dans sa paisible demeure.

— Dieu soit béni ! c'est fini. Nous pouvons rester ici en paix.

Mais Jeanne ne voulait prendre aucun repos. Elle semblait ne pouvoir supporter l'idée de s'arrêter à Londres, et elle refusait de se coucher, ou même de déshabiller son enfant.

— Je veux aller plus loin ! répétait-elle. Emmenez-moi en Écosse : laissez-moi me réfugier près d'Élisabeth !

— Je vous y mènerai, lui dit Ninian avec bonté ; mais il faut attendre un ou deux jours encore, pour laisser à ma sœur le temps de revenir aux Gowans : il faut aussi attendre que la bonne de Walter arrive d'Eastbrook. Nous partirons vendredi matin pour Édimbourg.

Le calme de Ninian exerça une salutaire influence sur Jeanne : elle consentit sans résistance à tout ce qu'il lui proposait. Mais elle paraissait incapable de penser et d'agir par elle-même. Après s'être assise dans le petit salon, elle resta les yeux fixés sur son enfant qui, étendu sur ses genoux, continuait à gémir tristement, comme s'il avait ressenti le malheur affreux qui venait de frapper sa mère.

— Il n'a plus l'air gai comme autrefois, disait Jeanne avec une simplicité navrante. Sa petite robe est toute sale et bien chiffonnée, et je n'en ai pas d'autre à lui mettre !

— Qu'importe ! dit Christine. Il est charmant, malgré son désordre ; c'est de sa mère seulement que je m'inquiète... Il faut que vous vous reposiez, car vous tombez de fatigue. Laissez-moi veiller sur votre enfant, et venez vous étendre un peu sur le lit que je vous ai préparé.

Elle força Jeanne à la suivre et à se retirer dans sa chambre. Celle-ci était tellement épuisée de corps et d'esprit, qu'elle ne tarda pas à s'endormir d'un profond sommeil.

Ninian venait souvent à sa porte, prêtant l'oreille au moindre bruit, comme autrefois il avait fait pendant la maladie qui avait failli l'enlever à sa tendresse. Que de changements depuis cette époque ! Et quelle transformation dans ses propres sentiments ! Il pouvait maintenant veiller sur cette mère et cet enfant, avec une tendre et douce affection, sans craindre de se laisser emporter par un amour qui lui paraissait en opposition avec ses devoirs. Il sentait qu'il avait acquis assez d'empire sur son âme, pour songer sans trembler à recevoir sous son toit cette femme qu'il avait tant aimée et qui ne pourrait jamais être à lui. A une autre époque, une pareille pensée l'aurait frappé de terreur ; mais il avait confiance en Dieu ; il savait qu'il ne l'abandonnerait pas, et c'était en sa présence qu'il promettait de protéger ces deux innocentes victimes de la perversité humaine, qui n'avaient plus que lui pour soutien.

Dans la soirée, la bonne arriva d'Eastbrook : elle rapportait tous les effets de Christine, mais rien qui appartînt à sa maîtresse. Elle n'avait pas osé y tou-cher, disait-elle. M. Ulverston avait passé la nuit à parcourir toute la maison comme un fou.

— Est-ce le départ de sa femme qui l'a mis dans cet état ? demanda Christine.

— Je ne le crois pas, répondit la bonne. Quand il est arrivé, il paraissait fatigué et de mauvaise humeur : il a demandé madame Ulverston. Alors la dame qui était dans le salon est venue à sa rencontre, comme si elle répondait à ce nom. Elle avait l'air d'une furie, et il tremblait devant elle comme un enfant. Elle lui a fait signe d'entrer dans le salon, où elle l'a suivi : puis elle a fermé la porte à clef...

— Et ensuite, que s'est-il passé ? demanda Chris-tine.

— Je n'en sais trop rien, madame. Je n'ai pu entendre que les éclats d'une conversation très-animée et très-violente. Tout à coup, la porte s'est ouverte avec fracas, et cette dame est sortie avec précipitation. M. Ulverston l'a suivie, en cherchant à l'arrêter par le bras ; mais elle s'est retournée, en lui présentant la lame d'un poignard qu'elle tenait caché sous ses vêtements... J'étais glacée de frayeur. Je n'ai jamais vu un regard comme celui de cette femme...

La pauvre bonne, en faisant ce récit, semblait être restée sous l'empire d'une violente terreur. Ninian lui demanda :

— Et qu'est-elle devenue ensuite ?

— Dieu le sait, monsieur ! Elle a quitté la maison, la nuit, par une pluie battante. M. Ulverston l'a suivie ; puis il est rentré seul quelques instants après, les traits bouleversés, et dans un état d'agitation qui ressemblait à de la folie.

Ainsi s'était terminée cette scène terrible ; mais Ninian devinait que les choses n'en resteraient pas là ; aussi désirait-il vivement voir Jeanne en sûreté aux Gowans, où on pourrait facilement lui cacher ce qui se passerait au dehors. Le hasard le favorisa dans ce projet ; le soir même, il reçut une lettre d'Élisabeth : elle lui disait qu'elle était de retour, et qu'Edmond continuait seul ses excursions dans les Highlands.

— Mais tu te reposeras bien encore une nuit ici ? lui demanda Christine. Jeanne a mal dormi, et elle est encore bien fatiguée. J'ai peur, ajouta-t-elle, que son enfant ne soit malade : ce ne serait pas surprenant, sa mère a passé par de telles émotions.

Ninian ne s'arrêta pas à ces raisons de Christine : ce qui importait avant tout, c'était de mettre Jeanne hors de la portée de son mari. Il résolut cependant, avant de prendre ce parti, de consulter Jeanne. Il alla la trouver dans sa chambre, et lui demanda ce qu'elle voulait faire.

— Oh ! partons, je vous en prie ! Allons retrouver Élisabeth !

Voilà tout ce qu'elle put dire.

Le voyage d'Édimbourg parut bien long à Ninian. L'inaction forcée est cruelle à supporter, quand l'âme peut à peine se contenir. Heureusement, il faisait nuit, et leur seul compagnon de route était trop endormi, pour remarquer la triste expression des trois personnes qui gardaient le silence auprès de lui. La bonne s'était endormie, l'enfant sommeillait péniblement, Jeanne restait si immobile que Ninian, parfois, croyait qu'elle goûtait un instant de repos ; mais toutes les fois qu'il levait les yeux sur elle, il la voyait absorbée dans une muette contemplation du seul être qui pût la consoler en ce monde.

Ils arrivèrent enfin aux Gowans. Mademoiselle Græme était dans le jardin, occupée à couper des roses flétries.

Ninian descendit le premier de voiture. Sa sœur poussa une exclamation de joie en le voyant.

— Ma chère Élisabeth, dit-il, je t'amène Jeanne et

son enfant, mais ne lui fais pas. de question sur la
cause de son arrivée ici.

Élisabeth, sans écouter Ninian, se précipita à la
rencontre de Jeanne, et la reçut dans ses bras.

— Ma chère enfant, lui dit-elle, que c'est bien à
vous de venir nous voir ! Voilà donc votre *baby* ? Et
comment va votre mari ?

Jeanne leva sur elle un regard déchirant, et pâle,
consternée, elle s'écria :

— Je n'ai plus de mari ! Mon enfant n'a plus de père !
Nous n'avons au monde que vous ! Élisabeth, gardez-
moi, gardez-nous !

Elle se jeta dans les bras de mademoiselle Græme,
et se mit à pleurer à chaudes larmes.

— M. Ulverston est donc mort ? demanda Élisabeth
à son frère, d'un ton effrayé.

— Non, répondit Ninian ; mais ne lui parle pas de
lui. Grâce à Dieu, elle ne le reverra jamais. Emmène
cette pauvre femme, et tâche de la calmer. Elle a bien
besoin de repos. Il est tard, je te dirai tout demain,

Mademoiselle Græme installa Jeanne dans la seule
pièce dont elle pût disposer : c'était cet ancien cabinet
de Ninian, où elle avait passé, à une époque déjà bien
éloignée, les derniers jours de sa longue convalescence.
La tête appuyée comme autrefois sur l'épaule d'Élisabeth, Jeanne se sentit plus tranquille ; ses larmes cou-
laient plus doucement.

— Grâce à Dieu, me voilà en sûreté, répétait-elle.
Ici tout le monde est bon pour moi. Je pourrai donc
encore trouver quelques jours de tranquillité et

même de bonheur, si Dieu me conserve mon enfant!

Elle était accablée de fatigue, et Ninian et Élisabeth la laissèrent seule, en l'engageant à se coucher et à dormir. Ils se rendirent dans le salon, et Ninian raconta à sa sœur la triste histoire de la pauvre Jeanne, histoire plus émouvante qu'un roman, mais pleine de cette vérité navrante qu'on trouve si souvent dans la vie. Élisabeth l'écoutait avec stupeur, et se bornait à répéter sans cesse :

— Dans quel triste monde, mon Dieu, vivons-nous!

— Oui, dit Ninian, c'est un bien triste monde, bien corrompu et bien pervers. Voilà une pauvre créature, victime de la plus exécrable des trahisons; elle n'a rien fait pour mériter son malheur, et cependant elle et son enfant sont condamnés à mener une vie misérable, sans cesse exposés au mépris de ceux qui apprendront leur malheur! Oh! que du moins nous, qui connaissons sa pureté et son innocence, nous l'entourions de tous nos soins et de toute notre tendresse!

Au moment où il prononçait ces paroles, ils entendirent les cris de l'enfant de Jeanne, dont le berceau avait été provisoirement placé dans la chambre d'Élisabeth, et bientôt après, Jeanne entra, éperdue, dans le salon où ils causaient. Elle sortait évidemment de son lit; un long peignoir blanc l'enveloppait. Elle était très-pâle, et semblait comme égarée par la douleur.

— Venez, mes amis, venez, je vous en supplie, s'écria-t-elle. Je vous ai entendus causer, et je suis descendue. Élisabeth, venez avec moi ; je ne sais pas ce qu'a mon enfant.

Élisabeth monta avec elle, et Ninian les suivit. La terreur de la pauvre mère lui inspirait un fatal pressentiment.

La bonne était assise auprès du feu, dans la chambre d'Élisabeth ; le petit Walter était étendu sur ses genoux. Son visage et tout son corps étaient d'une pâleur mortelle. Il ne dormait pas, mais ses yeux, ordinairement si pleins de vie et si brillants, semblaient couverts d'un voile épais.

La bonne, interrogée par Élisabeth, lui raconta que l'enfant s'était subitement agité dans son berceau, où quelques instants auparavant il semblait dormir d'un profond sommeil. Elle l'avait pris dans ses bras ; mais, loin de se calmer, il s'était roidi et avait poussé des cris aigus. Puis il était tombé dans une profonde et muette immobilité.

Jeanne écouta ce récit les yeux hagards, et dans son angoisse, elle interrogeait tour à tour Ninian et Élisabeth.

Mademoiselle Græme n'avait jamais connu les joies ou les douleurs de la maternité, mais elle avait veillé sur l'enfance de ses jeunes frères et de ses jeunes sœurs, et elle connaissait tous les symptômes des maux dont sont affligés les enfants. Elle vit au premier coup d'œil que l'enfant de Jeanne avait des convulsions.

— Qu'a-t-il ? répétait la mère ; parlez, je vous en supplie. Votre silence redouble mon anxiété et me fait mourir.

Elle se jeta à genoux et couvrit de baisers les membres glacés du pauvre petit être, objet d'une tendresse si passionnée. L'enfant recommençait à s'agiter avec violence, et les mouvements convulsifs qui avaient cessé redoublèrent avec des symptômes plus graves encore. Jeanne jeta les yeux sur Élisabeth, comme pour implorer son secours.

Élisabeth prit l'enfant sur ses genoux, et se mit à lui appliquer les remèdes que son expérience lui avait indiqués.

— Ne vous effrayez pas outre mesure, dit-elle à la pauvre mère qui tremblait de tous ses membres. J'ai vu dernièrement encore la petite fille de Marie dans le même état, et elle s'est guérie. Votre enfant a des convulsions : c'est une crise grave à traverser, mais qui n'est pas toujours mortelle.

A ce mot, Jeanne poussa un cri de désespoir.

— Calmez-vous, mon amie, lui dit Ninian. Ayez confiance en Dieu. Je vais chercher un médecin, et je suis sûr qu'il vous rassurera.

Il se passa de longues heures avant son retour. Le jour commençait à poindre, quand il arriva aux Gowans avec le médecin.

La première crise des convulsions avait cessé ; l'enfant semblait un peu mieux. On l'avait mis dans un bain ; l'eau recouvrait ses petits membres, qui étaient livides comme ceux d'un cadavre. Ses yeux étaient fermés. Sa mère, à genoux près de lui, le regardait avec des yeux qui ne versaient plus de larmes, mais qui étaient enflammés et enfoncés dans leur orbite.

Elle se leva, quand le médecin s'approcha de l'enfant ; elle suivait tous ses mouvements et attendait avec la fièvre du désespoir l'arrêt qui allait sortir de sa bouche.

Le médecin avait cet air indifférent que les hommes de sa profession apportent souvent près du lit des malades, surtout lorsque ces malades sont des enfants au berceau. Les mères seules savent le prix de ces vies à peine commencées, qui s'éteignent si rapidement !

— Vivra-t-il, monsieur? s'écria Jeanne, ne pouvant contenir son impatience.

— Le cas n'est pas désespéré, madame, répondit le docteur avec bonté. Il y a souvent des ressources imprévues chez les enfants. Le vôtre est bien malade... Ses forces me semblent bien épuisées pour qu'il puisse supporter une nouvelle crise.

Puis, se tournant du côté de Ninian, il lui dit à voix basse :

— J'ai peu d'espoir : le père est-il prévenu?

Jeanne, qui épiait toutes les paroles du médecin, avait entendu le dernier mot :

— Non, s'écria-t-elle, mon enfant n'a plus que moi, et moi je n'ai plus que lui. Oh ! sauvez-le, monsieur, je vous en conjure !

Pendant ce court dialogue, Élisabeth exécutait les prescriptions qui lui avaient été indiquées. Elles semblèrent ranimer un peu le petit malade. Mais après une heure de mortelle angoisse, le pauvre enfant s'agita de nouveau, et les convulsions recommencèrent avec une telle violence, que le médecin secoua tristement la tête, en jetant un regard de pitié sur Jeanne. Sa douleur semblait s'être transformée. Elle ne poussait pas un cri, ne versait pas une larme ; elle semblait comme anéantie. Les convulsions de l'enfant avaient cessé, et il était retombé dans un état profond d'atonie. Ce calme apparent rendit une lueur d'espérance à la pauvre mère, qui passait tour à tour de l'excès du désespoir à l'excès de la confiance. Elle se pencha sur le lit, comme pour prendre l'enfant dans ses bras. Élisabeth voulut l'en empêcher, mais le médecin lui dit tout bas : « Laissez-la faire. » Et à son regard, ils comprirent qu'il n'y avait plus d'espoir, et que la pauvre mère prenait dans ses bras son enfant pour l'y voir mourir !

Jeanne eut le temps de couvrir de baisers ses petits membres déjà glacés par la mort. Un instant l'enfant sembla chercher le sein maternel, puis il y eut une lutte d'un moment qui fut enfin suivie d'un repos plus terrible encore. Le pauvre enfant venait d'expirer.

Pendant plus d'une heure. Jeanne garda le cadavre sur ses genoux ; elle ne voulait pas croire que tout fût fini. Elle semblait ne rien voir, ne rien entendre autour d'elle. Une fois seulement, Élisabeth voulut toucher le petit corps ; elle lui lança un regard furieux, égaré. Le médecin quitta la chambre ; quand il fut parti, Élisabeth entr'ouvrit les rideaux de la fenêtre, espérant que la clarté du jour révélerait à Jeanne une vérité qu'elle n'avait pas le courage de lui apprendre elle-même.

La pauvre femme sembla comprendre alors seulement que ce qu'elle tenait dans ses bras n'était plus que le corps inanimé de son fils ; mais elle le gardait toujours sur ses genoux, comme si elle avait résolu de ne pas s'en séparer. La mort avait mis sur le doux visage de l'enfant cette beauté immortelle qui vient remplacer la vie. Jeanne promenait tour à tour ses yeux égarés sur le visage décoloré de son fils et sur les personnes qui l'entouraient, comme si elle voulait les interroger sur la réalité de son malheur.

— Parle-lui, dit Ninian à Élisabeth, et tâche de la décider à se séparer de son enfant.

Élisabeth essaya de prononcer quelques paroles qui expirèrent sur ses lèvres. Elle savait pleurer avec ceux qui pleurent, mais le courage d'accomplir une pareille tâche était au-dessus de ses forces.

C'était donc à Ninian que revenait la douloureuse mission d'exiger de Jeanne qu'elle consentît à s'éloigner de cette dépouille inanimée. Il s'approcha d'elle et s'efforça de lui prendre la main.

— Jeanne ! dit-il.

Elle leva sur lui des yeux qui lui ôtèrent la force d'oser davantage. Que pouvait-il lui dire ? Il répéta lentement ces paroles, qui seules peuvent soulager les âmes aussi cruellement éprouvées : « Dieu vous l'avait » donné, Dieu vous l'a ôté, que le nom de Dieu soit » béni. »

Sa voix douce et ferme sembla calmer la pauvre mère. Elle lui laissa prendre le petit enfant qui reposait sur ses genoux.

— Venez, lui dit-il d'une voix tremblante, tandis qu'il l'entourait de ses bras ; venez près d'Élisabeth et près de moi.

Jeanne obéit en silence.

XXXVIII.

Le lendemain de bonne heure, Ninian quitta les Gowans pour aller au cimetière de la paroisse, afin de
choisir le terrain où devait être enterré l'enfant de
Jeanne. Il avait fait à peine quelques pas sur la route,
qu'il rencontra Jean Forsyth qui venait chez lui. Ninian
ne l'avait pas vu depuis le jour où ils s'étaient brusquement séparés, à la porte de Rachel ; il craignait
qu'il ne lui en voulût de n'avoir pas insisté pour qu'on
le laissât entrer avec lui, mais le jeune ministre vint à
sa rencontre dès qu'il l'aperçut, et lui tendit la main
avec sa cordialité accoutumée. Il était cependant facile
de remarquer qu'il avait l'air encore plus triste et plus
préoccupé qu'à l'ordinaire.

— J'allais chez vous, Ninian, dit-il ; je voulais vous
demander quelques nouveaux renseignements sur
cette malheureuse femme, sur ma cousine Rachel
Armstrong. Savez-vous où elle traîne en ce moment
sa déplorable existence ?

— Rachel doit être encore à Londres, répondit Ninian; mais je vous dirai que j'ai cessé toute relation avec elle, et que j'ignore ce qu'elle peut être devenue... Pourquoi désirez-vous avoir de ses nouvelles? Persisteriez-vous dans la pensée de l'arracher à ses triomphes de théâtre?

— Non. Je n'y pense plus... Après avoir fait plusieurs vaines tentatives pour la voir, j'y suis parvenu une fois... une seule fois... J'ai essayé de lui faire comprendre qu'elle perdait son âme en restant au théâtre... Elle a à peine daigné m'écouter, et m'a congédié en me priant de la dispenser désormais de mes visites et de mes sermons. J'ai vu qu'il fallait renoncer, pour le moment du moins, à la ramener dans la bonne voie. Ainsi donc, si je veux la revoir, ce n'est pas dans l'intention de renouveler d'inutiles efforts.

— Et pourquoi, dès lors, me demandez-vous son adresse?

— Je veux la prémunir contre un nouveau danger qui la menace.

— Et ce danger, quel est-il?

— Je ne sais, mon cher Ninian, si je dois vous parler avec une entière confiance.... J'étais venu vous trouver pour savoir l'adresse de Rachel, mais avec l'intention bien arrêtée de ne point vous dire la raison qui me faisait désirer la connaître... Cependant, si j'osais me fier à vous...

— Je croyais n'avoir jamais donné à personne le droit de douter de ma discrétion, dit Ninian d'un air piqué.

— Eh bien! reprit M. Forsyth, sachez qu'un homme s'est présenté hier, chez ma mère, à Musselburgh, pour savoir si Rachel ne s'y était pas retirée... Il a dit à ma mère qu'il la cherchait depuis huit jours sans pouvoir la trouver... Il avait l'air à la fois furieux et désespéré... Quand ma mère lui eut dit qu'elle n'avait pas entendu parler de Rachel, qu'elle ne savait pas ce qu'elle était devenue depuis longtemps, il a poussé des exclamations de dépit et de rage. « Il faut cependant que je la trouve, s'écriait-il! Il le faut absolument. » Ma pauvre mère qui, comme toutes les vieilles femmes, ne sait pas retenir sa langue, s'est laissée aller à lui raconter l'histoire de la malheureuse Rachel... Elle lui a même dit qu'elle avait été folle, et que, dans son délire, elle était possédée d'une idée fixe. Elle avait la manie, a-t-elle ajouté, de se croire mariée, et elle court sans doute le monde à la recherche de son prétendu mari.

A ces paroles, cet homme a changé de visage, et, d'une voix tremblante, il s'est écrié :

— Elle vous a dit qu'elle était mariée!... Vous a-t-elle dit avec qui?

Ma mère, effrayée du ton avec lequel ces mots étaient prononcés, allait sonner pour appeler sa servante, quand, par un heureux hasard, je suis arrivé. Dès que le visiteur inconnu m'aperçut sur le seuil de la porte, il prit son chapeau, et passant devant moi sans daigner me saluer, il sortit en toute hâte du jardin, comme un insensé ou un malfaiteur.

— Et, cet homme, l'avez-vous reconnu?

— Oui… c'était… c'était votre ami… M. Ulverston.

— M. Ulverston n'est pas mon ami, Jean, dit Ninian avec humeur ; et si je pouvais vous dire. tout ce que je sais sur son compte, vous ne lui donneriez pas ce titre.

— Je ne sais rien sur lui, répondit Forsyth ; mais je devine à sa figure qu'il a une mauvaise conscience, et sa démarche doit cacher quelque trame odieuse. Je suppose qu'il aura vu Rachel au théâtre ; il se sera laissé séduire par sa beauté et ses triomphes, et en dépit de sa position d'homme marié, il cherche sans doute à s'en faire aimer… S'il en était autrement, pourquoi la poursuivrait-il avec cet acharnement ?… Mais je veux confondre ses projets ; je veux prévenir Rachel…. Je veux l'avertir que cet homme n'est pas libre…

— Renoncez à ce projet, mon ami ; vos conjectures sont fausses… Ulverston ne veut pas être l'amant de Rachel… Et pour vous désabuser plus complétement, sachez qu'il est… son mari…

— Son mari !…

— Oui, mon ami, cette Rachel que vous avez crue folle, n'était qu'une malheureuse jeune femme trahie par ce misérable, qui l'avait abandonnée après l'avoir séduite et épousée. Le mariage a eu lieu avec des formes incomplètes, sans doute, mais nos lois écossaises, comme vous le savez, reconnaissent la validité de ces sortes d'unions, quand elles sont contractées de bonne foi, et qu'elles ont été constatées par une déclaration précise et formelle. Or, cette déclaration existe ; je l'ai tenue dans mes mains, je l'ai lue... elle est en la possession de Rachel... Et c'est sans doute pour lui arracher cette preuve qu'Ulverston est venu la chercher presque sous votre toit... Il espère peut-être l'apaiser, et obtenir qu'elle renonce à intenter une action devant le tribunal d'Édimbourg, pour faire établir la validité de son mariage...

Pendant qu'ils parlaient ainsi, ils étaient arrivés à la porte du cimetière. Ils y entrèrent ensemble, et dès qu'ils furent seuls dans l'enceinte consacrée, le jeune ministre s'agenouilla près d'une tombe, et parut long-temps plongé dans une profonde prière... Ninian en entendit les derniers mots : il demandait pardon à Dieu d'avoir aimé une femme unie à un autre homme par les liens sacrés du mariage, et le remerciait de lui avoir épargné les malheurs qu'aurait pu attirer sur lui cette coupable passion...

Quand il se releva, le trouble dans lequel l'avait jeté la révélation de Ninian semblait s'être dissipé. Il était plus calme. Il appuya pendant quelques instants sa tête sur le fût d'une colonne tumulaire, paraissant plongé dans une profonde méditation.

— Venez, mon ami, lui dit Ninian, venez avec moi, et cherchons ensemble la place où doit reposer l'enfant de la seconde victime de cet homme.

— Non, lui dit Forsyth ; il faut que je vous quitte... Je vais aller sur-le-champ trouver ce misérable... Il faut que Rachel soit relevée de l'opprobre auquel l'a condamnée son indigne trahison... Je le forcerai à la reconnaître pour sa femme légitime...

— Mais comment espérez-vous trouver Ulverston?...
Il a probablement quitté Édimbourg...

— Non, je sais son adresse; il l'a donnée à ma mère.
Il faut que je le voie ce matin même...

Et, en disant ces mots, il quitta Ninian, qui n'osa pas
insister pour le retenir, et qui s'achemina à pas lents
vers la demeure du gardien du cimetière. Il trouva cet
homme occupé à ses funèbres fonctions ; et après s'être
entendu avec lui sur les mesures à prendre pour
l'enterrement de l'enfant de Jeanne, il reprit tristement
la route des Gowans.

Il trouva la maison plongée dans un profond silence.
Jeanne avait passé une partie de la nuit en prières,
agenouillée avec Élisabeth près du berceau de son
enfant... Enfin, quand le jour avait paru, on était
parvenu à décider la pauvre mère à prendre un peu
de repos. Quand Ninian rentra, elle dormait... Il
éprouva un grand soulagement, en pensant qu'on
pourrait enlever le corps de l'enfant sans qu'elle s'en
aperçût, et qu'on parviendrait ainsi à lui épargner
les affreuses douleurs de cette dernière et cruelle séparation.

Vers midi, en effet, le ministre de la paroisse arriva :
le cercueil de l'enfant fut placé sur une voiture de
deuil, et le funèbre cortége, composé seulement de
Ninian et de ses deux beaux-frères, se dirigea vers le
cimetière... La cérémonie fut courte. Le ministre ré-
cita la prière des morts, et la terre recouvrit bientôt la
dépouille de cet enfant auquel la vie aurait probablement réservé ses plus cruelles épreuves, et qui, par

une grâce toute spéciale de Dieu, rentrait au sein de
l'éternité, paré de la couronne des anges.

Pendant toute la journée, Ninian n'avait cessé d'être
préoccupé de la visite que M. Forsyth avait dû faire à
Ulverston. Il redoutait pour Jeanne tout ce qui pouvait
ressembler à un éclat, et l'intervention du jeune ministre ne lui paraissait pas de nature à prévenir le procès qu'il redoutait. Après la cérémonie, il s'était rendu
à son bureau pour régler quelques affaires urgentes,
et quand il les eut terminées, il prit le chemin de Mus-
selburg, pour savoir de son ami comment s'était passée son entrevue avec Ulverston. En traversant la
principale rue d'Édimbourg, ses yeux se portèrent
machinalement sur une affiche de théâtre, et à sa
grande surprise, il y remarqua, imprimé en gros ca-
ractères, le nom de madame Armadale. Il crut d'abord
qu'il se trompait, il s'approcha du mur où était collée
l'affiche, et il lut l'annonce suivante :

*La célèbre actrice de Hay-Market, qui est arrivée depuis
hier de Londres, donnera plusieurs représentations sur
le théâtre d'Édimbourg. Elle jouera ce soir la* Béatrice
de Schakespeare...

Ninian demeura confondu. Pourquoi Rachel était-
elle venue à Édimbourg? Était-ce pour consulter un
avocat et commencer une action judiciaire contre son
mari? Mais comment, à la veille d'un pareil procès,
osait-elle donner des représentations sur le théâtre de
la ville où allaient retentir de pareils débats? Cette
femme, chez laquelle il avait cru reconnaître un caractère violent et passionné, mais une noble et géné-

reuse nature, n'était-elle donc qu'un de ces êtres dégradés qui n'écoutent que leurs passions et qui foulent aux pieds, pour les satisfaire, jusqu'aux convenances sociales les plus respectables ?... Ninian avait déjà trouvé que Rachel avait été bien dure, bien impitoyable pour Jeanne... Il comprenait cependant que l'excès de son malheur l'eût rendue injuste. Mais ces représentations données dans la ville même où bientôt elle devait comparaître, devant une cour de justice, pour accuser son mari, parurent à Ninian le comble de l'impudence... Cependant, avec son naturel plein de bienveillance, il chercha bientôt une excuse pour expliquer la conduite de Rachel. Le théâtre, se dit-il, est sa seule ressource, et elle a probablement besoin d'argent pour entamer les poursuites...

Pendant que, dans son esprit, il accusait et défendait tour à tour Rachel, il marchait toujours, et arriva enfin à Musselburgh. Dès que Forsyth l'aperçut, il courut à lui, en lui disant à voix basse, de peur que sa mère ne l'entendît :

— C'est le Ciel qui vous envoie. Il est déjà six heures, et nous n'avons pas de temps à perdre pour arriver à Leith avant le départ du bateau à vapeur qui se rend à Liverpool.

— Expliquez-moi du moins pourquoi vous voulez que nous allions à Leith ?

— Je vous expliquerai cela en chemin. Mais nous n'avons pas de temps à perdre. Venez avec moi, je vous en conjure...

En disant ces mots, il prit le bras de Ninian, qui n'osa pas lui résister, et se dirigèrent ensemble vers Leith, petit port de mer à trois milles d'Édimbourg, d'où partent les bateaux à vapeur qui font le service des voyageurs entre Londres, Liverpool et Édimbourg. Quand ils furent sur la grande route, le jeune ministre dit à Ninian :

— Mon ami, j'ai bien peu d'espoir de le fléchir, mais je veux au moins tenter ce dernier effort...

— Fléchir qui? dit Ninian. Je ne sais pas ce que vous voulez dire.

— C'est vrai, vous ne pouvez me comprendre, mais je vais tout vous raconter. Eh bien ! sachez que ce matin, en vous quittant, je me suis rendu chez Ulverston, et que j'ai eu avec lui une explication des plus violentes. Je l'ai forcé à confesser son crime; mais il m'a répondu qu'il ne pouvait pas reconnaître la validité de son premier mariage, sans se perdre, et que, si Rachel et ses parents continuaient à le poursuivre, on le forcerait à s'expatrier. J'ai essayé d'obtenir qu'au moins il me laissât une déclaration constatant la réalité de son mariage avec Rachel, afin qu'elle pût désormais marcher dans le monde la tête levée, comme une femme cruellement abusée, mais qui n'a pas été coupable d'un indigne faiblesse... Toutes mes exhortations, toutes mes prières, toutes mes menaces ont été vaines. Je l'ai quitté alors, en lui disant que je me trouvais suffisamment autorisé par les liens de parenté qui m'unissent à Rachel, pour aller déposer une plainte contre lui entre les mains du lord advocate...

— Je n'approuve pas votre démarche, mon cher Forsyth, et j'espère bien qu'en y réfléchissant, vous renoncerez à exécuter cette menace. Mais tout ce que vous m'avez dit ne m'apprend pas pourquoi nous allons en ce moment à Leith.

— En quittant Ulverston, je m'étais rendu au parquet du lord advocate ; mais au moment de déposer ma plainte, j'ai été arrêté par un scrupule... Je me suis dit qu'en cherchant à réhabiliter Rachel, je condamnais à un malheur irréparable sa seconde femme, cette pauvre Jeanne, qui vous inspire un si légitime intérêt. Je résolus de revoir Ulverston, de lui promettre qu'aucune action judiciaire ne serait jamais intentée contre lui, pourvu qu'il consentît à signer une simple déclaration qui resterait déposée entre mes mains, et dont il ne serait jamais fait usage contre lui... J'espérais, par cet expédient, sauver l'honneur de Rachel, sans provoquer un scandale public... Je ne trouvai pas Ulverston à son hôtel, mais j'ai appris là qu'il partait ce soir même par le bateau à vapeur, pour aller rejoindre à Liverpool un paquebot qui doit l'emmener en Amérique... Après l'avoir vainement attendu toute la journée, j'ai pris la résolution de venir ici, et d'obtenir, de gré ou de force, la déclaration que je suis en droit d'exiger de lui...

— Votre projet est insensé, mon cher Forsyth ; Ulverston ne fera jamais ce que vous lui demandez, et il rira de vos prières et de vos menaces.

— Ne le croyez pas. Il a pu rire de mes menaces lorsque nous étions seuls, mais s'il persiste dans son refus, je sommerai tous ceux qui nous écouteront de l'arrêter. Existe-t-il, en effet, un plus grand criminel que cet homme ?...

— Et croyez-vous que ce soit le moyen d'éviter le scandale que vous redoutez?...

— Non, mais j'ai avant tout un devoir à remplir... Il faut que Rachel soit réhabilitée, et c'est à moi, son plus proche parent, qu'il appartient de lui faire rendre justice.

Ninian comprit qu'il tenterait de vains efforts pour détourner le jeune ministre de la démarche qu'il méditait. Ce qu'il appelait, et ce que, sans doute, dans la sincérité de son âme, il croyait être l'accomplissement d'un devoir, n'était qu'une dernière lueur de la passion qu'il avait autrefois ressentie pour Rachel. Il le suivit donc en silence, et, après avoir marché une heure, ils arrivèrent sur la jetée du petit port de Leith. Le soleil était couché depuis longtemps, et déjà la nuit commençait à devenir obscure. Le temps était pluvieux, le vent soufflait par rafales, et les flots venaient se briser avec violence contre les pierres massives de la jetée, en la couvrant d'écume. La mer était si houleuse, que le bateau à vapeur n'avait pas pu être conduit au quai ; il était à quelques encâblures du rivage, et les voyageurs, pour s'embarquer, étaient obligés de faire le trajet en canot. Dès que Ninian et Forsyth arrivèrent sur la jetée, celui-ci s'approcha du capitaine, et lui demanda à quelle heure partait le bateau.

— A huit heures et demie, monsieur.

Il consulta sa montre : huit heures venaient de sonner.

— Il ne doit pas être arrivé, dit-il à voix basse à Ninian. Attendons-le ici.

Il conduisit Ninian à l'entrée de la jetée, et ils s'assirent sur un banc de pierre. Chaque fois qu'un voyageur arrivait, Forsyth se levait et allait l'examiner de près, et quand il reconnaissait que ce n'était pas la personne qu'il attendait, il revenait s'asseoir près de Ninian, sans proférer une parole. Après vingt minutes d'attente, une voiture de place chargée de malles s'arrêta à l'entrée de la jetée, et Forsyth eut à peine fait quelques pas qu'il s'écria :

— C'est lui! C'est lui!...

Ninian était resté à sa place ; il était dans l'obscurité, mais il pouvait voir ce qui se passait sur le sommet de la jetée, éclairée par deux candélabres de gaz. Il vit Forsyth s'approcher du voyageur qui descendait de voiture, et il entendit très-distinctement leur conversation.

Ulverston, en apercevant Forsyth, avait fait un mouvement de surprise, mais, se remettant bientôt, il lui dit :

— Comment! vous ici, monsieur? je ne m'attendais pas à vous voir. Si on m'avait demandé de deviner dans quel lieu vous étiez ce soir, j'aurais parié toute ma fortune contre un schilling que vous deviez être à la première représentation de *Béatrice*. Je n'ai pas besoin de vous apprendre, sans doute, que cette cousine que vous aimez si passionnément, reçoit en ce moment les applaudissements enthousiastes du public d'Édimbourg.

— Cessez ces plaisanteries, monsieur ; la démarche que je fais en ce moment près de vous est solennelle, car, si elle échoue, je vous livre à la justice de mon pays, qui inflige la peine de mort ou celle de la déportation, au crime dont vous vous êtes rendu coupable.

Ces paroles firent pâlir Ulverston.

— Parlez plus bas, monsieur, dit-il d'une voix tremblante de crainte et de colère; on pourrait vous entendre, et les personnes qui nous entourent ignorent peut-être que vous êtes fou...

— Vous chercheriez en vain à faire prendre le change à ceux auxquels je pourrais m'adresser pour vous faire arrêter. Tout le monde, ici, me connaît, et tous ceux qui nous entourent savent que je possède toute ma raison, et que ma bouche n'a jamais proféré un mensonge ou une calomnie.

— Mais que voulez-vous donc de moi ? monsieur, demanda Ulverston d'un ton plus radouci. Vous m'avez demandé ce matin de reconnaître un prétendu mariage avec votre cousine... C'est une prétention insensée. Mais quand ce mariage que vous avez inventé serait réel, comment pourrais-je l'avouer ? Vous ignorez donc que je suis marié avec...

— Oui, monsieur, je sais que vous avez fait deux victimes, toutes les deux très-dignes de pitié. Mais la première reste déshonorée, si son mariage n'est pas reconnu... La seconde est bien à plaindre, sous doute, mais elle n'est que malheureuse. Il faut donc que vous reconnaissiez que l'une et l'autre ont des droits égaux à l'estime et à la pitié de tous ceux qui connaîtront leur malheur.

— Vous me demandez là, monsieur, une chose impossible; je n'ai jamais été le mari de votre cousine... Elle s'est laissé abuser par un vain simulacre de mariage... Elle n'a jamais été que ma...

En ce moment, la voix du capitaine du bateau se fit entendre :

— S'il y a encore des voyageurs sur la jetée, qu'ils s'embarquent sur-le-champ; nous allons lever l'ancre.

Ulverston, en entendant ces paroles, se hâta de courir vers le canot. Forsyth chercha à le retenir, mais en vain.

— Arrêtez cet homme! cria-t-il alors de toutes ses forces, c'est un criminel!

Les cris de Forsyth excitèrent un grand émoi sur la jetée. Mais Ulverston avait déjà atteint le bord de la mer, et il s'élança dans le canot. Soit qu'il eût mal pris son élan, soit que la frêle embarcation, violemment ballottée par la houle, lui eût fait perdre l'équilibre, il fut précipité du canot dans la mer. Les marins qui montaient le bateau se hâtèrent de lui tendre leurs avirons, mais la vague, en se retirant, avait entraîné le malheureux Ulverston loin de l'embarcation, et Forsyth, comme tous ceux qui se trouvaient sur la jetée, poussa un cri d'horreur et d'épouvante. On fut pendant un long moment sans rien apercevoir. La

nuit était obscure, et le vent qui soufflait de terre rendait très-périlleuses toutes les tentatives de sauvetage
qui allaient être faites. Ninian s'était jeté dans un
des bateaux envoyés à son secours ; le jeune ministre
poussait des cris de désespoir , et les personnes qui
l'entouraient eurent toutes les peines du monde à
l'empêcher de se précipiter dans la mer pour arracher
aux flots celui qu'il voulait perdre quelques minutes
auparavant.

Plusieurs fois les vagues, en déferlant sur les piliers
de la jetée , avaient remené le malheureux Ulverston
près du rivage... Mais l'obscurité était si grande, et
les mouvements des embarcations envoyées à sa recherche si difficiles à régler, qu'on n'avait pas réussi à
l'atteindre... Enfin, après un long quart d'heure de
vaines tentatives, un matelot parvint à le saisir par les
cheveux et à le ramener au rivage... Il était sauvé...
Mais à peine fut-il étendu sur les pierres de la jetée,
qu'il ferma les yeux, comme un homme qui rend le
dernier soupir. On se hâta de lui prodiguer des secours,
et peu à peu, son pouls, qui avait cessé de battre,
marqua quelques pulsations. L'asphyxie n'avait pas été
complète, mais le corps de l'infortuné semblait brisé
par les chocs terribles qu'il avait reçus contre les
piliers de la jetée et les galets du rivage... Il res-
pirait, mais il n'avait pas repris ses sens. Il ne
voyait ni n'entendait rien de ce qui se passait autour
de lui.

On fit venir un brancard, sur lequel on étendit un
matelas, et on le conduisit à l'hôtel où il avait logé.

Ninian, Forsyth et un médecin qu'on avait envoyé chercher à la hâte l'escortaient en silence.

Quand il fut arrivé à l'hôtel, il fut couché dans un lit bien chaud, et tous les moyens employés pour rappeler à la vie les noyés lui furent prodigués. Peu à peu il reprit ses sens, et les premières paroles qu'il prononça furent pour Rachel.

— Je veux la voir... qu'on aille la chercher !... Elle est au théâtre... Qu'on lui dise de venir sur-le-champ !... Je sens que j'ai la poitrine brisée... Je me meurs...

Il leva ses yeux mourants sur les personnes qui entouraient son lit. Il éprouva un mouvement convulsif en apercevant M. Forsyth. Quand son regard rencontra celui de Ninian, sa figure s'épanouit, et il fit un mouvement pour lui tendre la main...

— Ah ! c'est vous ! dit-il ; c'est vous !... Je vous remercie... Mais qu'elle vienne !... Allez, de grâce, lui dire de venir... Je meurs... et j'ai besoin d'obtenir son pardon avant d'expirer.

Ninian ne savait que faire. Il n'avait pas vu Rachel depuis la fatale soirée d'Eastbrook ; mais sa générosité prit le dessus sur ses répugnances, et il courut au théâtre, où il savait qu'elle devait jouer en ce moment même !

Ce fut avec une peine infinie qu'il parvint à obtenir l'entrée du foyer des acteurs. Rachel était en scène... Il attendit qu'elle eût fini. Quand elle rentra dans la coulisse, il s'approcha d'elle, en lui disant :

— Madame Armadale voudrait-elle me permettre de lui dire quelques mots en tête-à-tête?

Rachel, qui ne l'avait pas aperçu, tourna la tête vers lui, et, en le reconnaissant, elle éprouva un sentiment de vive impatience.

— Encore vous ! monsieur ; et venir m'importuner jusqu'ici !

— Pardonnez-moi, madame. Il a fallu des motifs bien impérieux pour me déterminer à la démarche que je fais en ce moment... Je viens de la part de M. Ulverston...

— De la part de M. Ulverston !... Vous êtes donc l'ami, l'intermédiaire de tous ceux que je déteste? Et que me veut encore M. Ulverston? Auriez-vous, par hasard, accepté la mission de défendre sa cause?

— Non, madame... M. Ulverston n'aura plus désormais de cause à défendre ici-bas, et dans quelques heures, peut-être, il paraîtra devant le Juge Suprême, devant lequel nous comparaîtrons tous un jour.

— Que signifie cette nouvelle comédie? dit Rachel avec un sourire d'amère ironie... Ce matin votre ami me faisait proposer de quitter l'Angleterre et de fuir avec lui en Amérique ; et ce soir, il invente un nouveau stratagème, il me convoque à son lit de mort... Dites-lui que je connais toutes ses ruses, et qu'elles m'inspirent une profonde pitié.

— Écoutez-moi, Rachel, s'écria Ninian ; cessez ce langage qui devient horrible dans ce moment suprême. Il faut que vous soyez la dupe d'une bien étrange prévention, pour vous figurer que je puisse prendre contre vous la défense de M. Ulverston. Mais en ce moment, si je viens vous supplier de me suivre, c'est qu'il m'a été impossible de refuser à un mourant sa dernière prière... M. Ulverston, votre mari, se meurt, vous dis-je...

A ces paroles, Rachel fixa sur Ninian des yeux égarés : elle comprenait enfin qu'il ne pouvait pas vouloir la tromper, et qu'il parlait sérieusement.

— Il se meurt! s'écria-t-elle avec l'accent d'une terreur qu'elle cherchait vainement à contenir.

Ninian la regardait en silence, et restait confondu. Cette femme qui, quelques instants auparavant, paraissait ne respirer que la vengeance, tremblait de tous ses membres, et semblait éprouver les angoisses de la plus vive et de la plus profonde douleur... Sa haine contre celui qui l'avait si indignement trahie et abandonnée s'était évanouie, et son amour semblait s'être réveillé dans son cœur, plus ardent et plus passionné qu'il n'avait jamais été.

En ce moment, le régisseur du théâtre s'approcha de Rachel et lui dit :

— Madame, faites-y attention, vous allez manquer votre entrée.

— Mon entrée! mon entrée! cria-t-elle en arrachant les plumes qui ornaient ses cheveux... Annoncez au public que je ne peux plus continuer la pièce... Mon mari se meurt... Il m'appelle... J'ai à peine le temps d'arriver près de lui...

En disant ces mots, elle prit le bras de Ninian et l'entraîna vers l'escalier, et, sans écouter les cris de ceux qui cherchaient à la retenir, elle se jeta dans la voiture qui avait amené M. Græme, et qui l'attendait à la porte.

Quand ils furent seuls dans la voiture. Ninian expliqua à Rachel le terrible accident arrivé à Ulverston au moment où il allait s'embarquer pour l'Amérique, et comment il avait été miraculeusement sauvé.

— Dieu, ajouta-t-il, a permis qu'il fût retiré encore vivant des flots de la mer, pour lui laisser le temps de se repentir ; mais il a une lésion profonde à la poitrine, et le médecin prétend qu'il n'a plus que quelques heures à vivre...

En écoutant ce récit, Rachel resta anéantie ; puis ses larmes coulèrent en abondance, et elle s'écria :

— C'était donc vrai ?... Il voulait partir !... Ce matin, il me proposait de fuir avec lui... Il m'aimait donc encore, et j'ai été pour lui sans pitié.

Ninian ne savait que dire à cette pauvre femme ; il ne pouvait ni la tromper, ni chercher à la consoler. Heureusement pour lui, ils arrivèrent bientôt à l'hôtel où Ulverston avait été transporté. Elle descendit de voiture et monta rapidement l'escalier... En arrivant dans l'antichambre, elle s'arrêta pour essuyer ses larmes et laisser le temps à ses traits décomposés de reprendre un peu de calme. Un long gémissement se fit entendre dans la chambre voisine ; elle tressaillit, et se levant précipitamment, elle ouvrit la porte et s'avança lentement vers le lit du mourant.

— Vous m'avez demandée, me voilà !

Elle parlait d'une voix nette et brève. Elle aperçut le visage du mourant, ce visage qu'elle avait jadis con-

templé comme celui d'un ange, ce visage qu'elle avait
couvert de ses larmes, ce visage qui avait reposé sur
son sein ! Elle le vit, et se jetant sur le lit, elle éclata en
sanglots.

Ulverston ouvrit les yeux, la vit près de lui, et un
sourire parut sur ses lèvres décolorées. La vie l'aban-
donnait rapidement.

— Geoffrey, parlez-moi, s'écria-t-elle en jetant ses
bras autour de son cou ; parlez à votre pauvre Rachel,
qui vous aime... qui vous a toujours aimé ! Dites-lui
seulement un mot !

Ulverston fit un effort pour se soulever, et fixa les
yeux sur Ninian et Forsyth, debout près du lit. Il semblait réunir toute son énergie pour parvenir à se faire
entendre. A la fin, il articula ces quelques mots, dont
chacune des syllabes semblait devoir être suivie de son
dernier soupir :

— Rappelez-vous... tous les deux... qu'elle est ma
femme... Rachel !

Sa tête retomba sur sa poitrine, et ses yeux se fer-
mèrent lentement, pour ne plus se rouvrir.

Rachel semblait n'avoir plus conscience de ce qui
se passait autour d'elle. Elle était à demi couchée sur
le lit, tenant la tête du mourant entre ses bras... Elle
ne se releva que longtemps après qu'il eut rendu son
âme à Dieu. Mais elle ne paraissait pas comprendre
que tout fût fini.

Ninian s'approcha doucement du lit, pour fermer
les yeux du malheureux qui venait d'expirer. Puis il
s'efforça de séparer la main de Rachel de celle du mort,

qu'elle tenait toujours étroitement enlacée. Ce mouvement la fit enfin sortir de sa stupeur. Elle se redressa, regarda fixement Ninian, et dans ce regard, il reconnut avec effroi l'expression étrange qu'il lui avait vue autrefois à Musselburgh.

— Pourquoi me dérangez-vous? dit-elle d'un ton irrité. Ne voyez-vous donc pas que Geoffrey sommeille?... Ne le troublez pas, je vous en conjure.

Elle mit sa main sur les cheveux du cadavre, et posa de nouveau sa tête sur l'oreiller.

— Il a été gravement malade, dit-elle; il dormira encore longtemps, peut-être. Allez-vous-en et laissez-nous seuls.

Ninian l'écoutait avec stupéfaction, et les craintes qu'il avait conçues sur le dérangement de ses facultés mentales l'assaillirent de nouveau. Il lui prit la main : son pouls était calme et régulier, et il vit qu'elle ne se doutait pas que son mari eût cessé de vivre.

— Votre mari ne dort pas, Rachel, lui dit-il avec hésitation; regardez-le, touchez-le; ses yeux sont fermés pour ne plus se rouvrir, et le froid de la mort a déjà glacé ses membres.

Elle se pencha et regarda longtemps le visage de celui qu'elle adorait encore comme aux premiers jours de leurs amours; la pâleur de la mort y était répandue, mais les longs cheveux d'Ulverston et ses moustaches, en cachant ses lèvres contractées, contribuaient à prolonger chez la pauvre femme l'illusion où elle se complaisait.

Elle sourit avec une expression d'ineffable tendresse.

— Comme il est beau quand il dort !

Puis elle se baissa, posa ses lèvres sur son front glacé, et recula épouvantée.

— Il a bien froid... mais j'ai froid aussi, dit-elle en frissonnant. L'hiver est si rude ; j'avais les pieds gelés aujourd'hui, en passant dans les sentiers couverts de neige.

— Rachel, écoutez-moi, je vous en supplie, s'écria Ninian.

Elle lui fit signe de se taire, et se rassit à côté du lit, en tenant toujours la main du mort entre les siennes avec un sourire d'inexprimable bonheur.

Un bruit de pas se fit entendre sur l'escalier. Madame Sedley entra dans la chambre et courut en sanglotant vers sa maîtresse.

— Mon enfant ! Je n'ai pas pu venir vous trouver plus tôt, et on me dit qu'il est trop tard.

— Oh ! non ! murmura Rachel d'un ton enjoué. Il n'est pas trop tard ; il n'a besoin de rien. Voyez comme il dort profondément.

Ninian et la vieille femme échangèrent un regard désespéré ; Rachel, au contraire, paraissait ivre de bonheur. Ninian et madame Sedley ne purent plus longtemps se faire illusion... La mort d'Ulverston avait de nouveau dérangé le cerveau de cette malheureuse femme : la pauvre Rachel était folle !

L'aube venait de paraître. En voyant la chambre éclairée par les premiers rayons du jour, Rachel demanda l'heure à madame Sedley.

— Il est cinq heures du matin, lui répondit-elle ;

venez prendre un peu de repos, je vous en conjure !

— Déjà cinq heures, et il ne se réveille pas. Il faut cependant que je parte !

— Oui, dit Ninian, et il fit signe à madame Sedley de profiter de son illusion pour la faire sortir de la chambre.

— Quand croyez-vous que mon mari se réveille ? reprit Rachel. C'est bien cruel de le quitter sans lui donner un baiser, et pourtant la ferme est si loin d'ici...

— Elle se figure, dit madame Sedley, qu'il est malade, et qu'elle vient, comme autrefois, le soigner dans ma chaumière. Pauvre enfant ! elle n'a plus sa tête.

— Parlez-lui, murmura Ninian. Tàchez de la décider à partir.

Madame Sedley s'approcha d'elle et lui dit :

— Il faut que vous partiez ; la matinée est déjà avancée... On pourrait, à la ferme, remarquer votre absence.

— Je le sais, je le sais, répondit Rachel; mais laissez-moi encore quelques instants...

Elle fixa un long et tendre regard sur le pâle visage du mort. A la lueur vacillante de la lampe, les traits d'Ulverston semblaient encore animés. Des larmes coulèrent sur les joues de la jeune femme, mais c'étaient des larmes d'amour et de tendresse, et non de regrets et de douleur.

— Oh ! Geoffrey ! murmura-t-elle avec l'accent d'une passion qui cherche à se maîtriser, comme je t'aime, mon Geoffrey ! J'ai rêvé, tout à l'heure, quand je dormais, que j'avais été irritée contre toi ; mais ce n'est qu'un songe ! Que j'étais folle de t'en vouloir !...

— Venez, mon enfant, venez, répéta madame Sedley ; il est tard.

— Je vous suis ! Surtout ayez soin de lui jusqu'à demain soir. Dites-lui que je n'ai pas voulu le réveiller, mais que je l'ai embrassé avant de partir. Non, reprit-elle en se relevant, il vaut mieux ne pas l'embrasser ; je le réveillerais peut-être ; il dort si bien !

Elle quitta la chambre, le visage serein et paisible. Madame Sedley la suivit, et Ninian resta seul, à côté du lit de mort.

XXXIX.

. . . .
. . . .
. . . .

Un matin, Ninian entra tout joyeux dans le salon des Gowans, en s'écriant :

— Je viens de recevoir une bonne nouvelle : on me mande que le navire sur lequel votre frère Charles est embarqué, vient d'ariver à Leith, et on me fait espérer que nous le verrons demain.

— Ah ! quel bonheur ! mon frère ! s'écrièrent à la fois les deux personnes auxquelles il s'adressait. Toutes les deux l'appelaient mon frère, bien qu'une seule eût le droit de lui donner ce nom.

— Oui, il revient, notre petit-marin, après avoir beaucoup couru le monde. Qui sait si nous ne le trouverons pas très-changé ? Combien y a-t-il de temps qu'il est parti ?

— Il y a eu deux ans à Noël ; Charles s'est embarqué

quelques jours après la naissance de la petite fille de Christine, murmura une voix douce.

C'était la voix de Jeanne. Elle était assise près de la fenêtre, travaillant à coudre une petite robe d'enfant ; elle en était venue à ne pouvoir s'occuper des enfants des autres sans s'attendrir et pleurer. L'expression de sa physionomie, toujours grave, était sereine et douce : le temps avait apaisé sa douleur, et, si elle n'avait plus la gaieté de la Jeanne Ansted d'autrefois, du moins elle n'était pas malheureuse.

Dieu est bon et plein de miséricorde pour ceux qui souffrent jeunes. Il y a dans la jeunesse tant de vie, tant de ressort, qu'elle se relève des plus grandes épreuves avec un élan et une vigueur incroyables. Dieu ne brise pas pour toujours le cœur de ses enfants. Il met le baume auprès de la blessure qu'il a faite, et Jeanne en avait fait la consolante expérience.

— Cette robe est-elle pour la fille de Christine ? dit Ninian en tournant la tête au son de cette voix chérie.

— Non, répondit-elle avec un doux sourire. Agnès est déjà trop grande fille pour que je me permette de lui faire une robe : il lui faudrait une ouvrière plus habile que moi. C'est pour le nouveau venu, pour son petit frère. Je me dépêche ; je veux qu'il l'ait demain pour son baptême.

— Vous êtes très-adroite et très-aimable, Jeanne, dit Ninian.

Puis il resta longtemps, le coude appuyé sur la fenêtre entr'ouverte, le regard fixé sur Jeanne, et se complaisant dans une muette contemplation.

Leur façon d'être ensemble montrait avec quelle scrupuleuse fermeté Ninian était resté fidèle à la résolution qu'il avait prise vis-à-vis de lui-même, le jour où Jeanne était venue lui demander un abri sous son toit, de ne la traiter jamais que comme une sœur. Il avait respecté sa douleur : elle ignorait encore son amour. Et pourtant cet amour n'avait fait que croître dans son âme, et chaque jour le rendait plus passionné et plus irrésistible. Souvent la lutte avait été terrible, et Dieu seul savait ce qu'il avait eu à souffrir.

Mais il avait triomphé; et si une pareille victoire lui avait coûté cher, si ses cheveux avaient blanchi avant l'âge, il avait pourtant connu des instants de grande satisfaction intérieure et même de bonheur. Il jouissait de sentir qu'il avait réussi à rendre à celle qu'il aimait si tendrement une existence douce et paisible, sous son aile protectrice.

—Irez-vous ce soir à Portobello, mon frère? dit Jeanne tout à coup. Si vous y allez, veuillez ne pas parler à Christine de cette petite robe. C'est une surprise que je veux lui faire.

Puis elle se mit à regarder son ouvrage avec un léger sentiment d'orgueil féminin. Mais, à mesure que ses yeux restaient fixés sur le gracieux vêtement qu'elle venait de terminer, ils se remplissaient de larmes... Elle songeait peut-être au temps où, elle aussi, elle avait été une heureuse mère, ou bien peut-être pensait-elle à la robe immaculée que son petit ange portait dans le ciel.

— Jeanne, dit Ninian avec tendresse.

— Ce n'est rien, mon frère ; ce n'est rien, je vous assure. C'est un nuage qui passe. Dieu m'est témoin que je ne murmure pas contre ses décrets...

Et en disant ces mots, elle essuya ses yeux.

— C'est d'autant plus mal à moi d'être triste aujourd'hui, que Christine m'a dit que je serais la marraine de son fils et que je pourrais lui donner le nom qui me plairait. Je l'aimerai de toute mon âme, et quand je serai vieille, il prendra soin de moi, et comme vous, il me consolera.

Ninian garda le silence. Au bout d'un moment, il s'éloigna, et suivant une route qu'il prenait chaque semaine, il se dirigea vers un petit cottage solitaire, situé sur le penchant de la colline de Corstorphine. Un grand jardin, entouré de murs très-élevés, s'étendait autour de la maison, et on pouvait s'y promener sans être aperçu du dehors.

Dans cette modeste demeure, loin du monde et du bruit, vivaient trois personnes. Dieu avait donné à l'une d'entre elles la complète ignorance du malheur qui l'avait frappée : Rachel était folle, d'une folie incurable, mais si douce, si inoffensive et presque si heureuse, qu'on ne pouvait s'empêcher de louer Dieu de lui avoir ôté le souvenir de toutes les douleurs qui avaient troublé sa vie.

Ninian sonna à la grille du jardin. Une femme vint lui ouvrir : c'était l'ancienne servante de madame Forsyth, qui avait soigné autrefois Rachel à Musselburgh. Elle habitait seule cette maison avec Rachel et la fidèle madame Sedley, qui avait été pour sa maîtresse à la fois une mère, une compagne et une amie.

Dès que Ninian l'aperçut, il lui demanda comment allait Rachel.

— Toujours de même, la pauvre femme. Voulez-vous venir la voir, monsieur Græme?

— Oui, certainement; mais d'abord occupons-nous de ses affaires, car nous voici dans la première semaine d'avril.

Ils entrèrent dans un petit salon, pour y régler les intérêts de celle qui ne pouvait plus s'occuper elle-même de ses affaires.

Ninian avait veillé à ce qu'elle reçût de sir William Ulverston, seul héritier des biens de son mari, une somme plus que suffisante pour lui assurer une vie douce et facile : et tandis qu'il s'occupait de son bien-être, il songeait avec une joie secrète que Jeanne vivait sous son toit, désormais seule et sans fortune, et qu'il ne lui était rien revenu de l'immense fortune de celui qui avait été un instant son mari.

— Sir William était à Édimbourg la semaine pas-sée, dit Ninian à madame Sedley; il voulait venir faire une visite à la veuve de son cousin, mais je l'en ai détourné. Elle ne l'aurait pas reconnu, elle ne se souvient pas seulement du nom d'Ulverston. Je lui ai dit qu'elle persistait à se faire appeler madame Sabine.

— C'est bien vrai ! dit en soupirant madame Sedley.

— Il a paru regretter qu'elle ne portât pas le nom de son mari ; mais comme elle n'a pas d'enfants et

qu'il n'y a pour elle aucune espèce de guérison, il a
compris qu'il valait mieux que cette triste histoire res-
tât un secret pour le monde, qui l'ignore encore aujourd'hui. Mais conduisez-moi vers cette pauvre femme,
il y a longtemps que je ne l'ai vue.

Madame Sedley se dirigea vers un grand massif
d'arbres, qui formait un rideau de verdure au fond du
jardin, et Ninian la suivit en silence.

Une femme à l'air paisible et indifférent, au visage
pâle, parcourait d'un air distrait les allées du parc ;
tantôt elle arrachait quelques feuilles aux arbustes
qui se trouvaient à sa portée ; tantôt elle semblait se
parler à elle-même : puis elle s'arrêtait brusquement,
comme pour écouter le roulement des voitures ou le
bruit des pas qui se faisaient entendre de l'autre côté
du mur.

C'était tout ce qui restait de la jeune fille passionnée, de la femme étincelante d'esprit et de beauté,
de l'actrice célèbre qu'accueillaient autrefois les applaudissements d'un public enthousiaste.

Ninian s'approcha d'elle ; elle lui tendit la main avec
gaieté.

— Ah ! c'est vous. Il y a longtemps que je ne vous
ai vu. M'apportez-vous une lettre de mon mari ?

— Pas encore, dit-il à voix basse ; ce n'est pas le
jour de l'arrivée du courrier.

— Ah ! c'est vrai, j'oublie toujours ce que Geoffrey
m'a dit de la lenteur du service des postes sur le continent. Mais que c'est dur d'attendre si longtemps !
Entendez-vous cette petite alouette qui chante là-

bas sur un pommier? Elle se mit à courir comme un enfant, comme pour aller saisir l'alouette, mais elle revint bientôt sur ses pas. — J'aurais bien envie de grimper sur cet arbre, pour y dénicher ce joli nid, comme je faisais autrefois. Mais maintenant cela pourrait déplaire à Geoffrey; autrefois je n'étais qu'une pauvre petite villageoise, maintenant il veut que je sois une grande dame, sans cela il ne m'aimerait pas.

En disant ces mots, un nuage passa sur son front, sa physionomie prit une expression soudaine de tristesse, et ses yeux égarés tournèrent rapidement dans leur orbite. Elle s'approcha de Ninian; et lui saisissant le bras avec violence :

— Qui êtes-vous? Je connais bien votre figure; mais, quoique vous veniez très-souvent me voir, je ne peux pas me rappeler votre nom.

— Comment, Rachel, vous oubliez le nom de Ninian Græme?

— Ninian Græme, répéta-t-elle, oui, je crois m'en souvenir; j'ai entendu ce nom-là quelque part; mais j'ai oublié où.

Puis se tournant vers madame Sedley :

— Qu'avez-vous été faire à la poste? Pourquoi ne m'apportez-vous pas la lettre que j'attends?

— Calmez-vous, mon enfant, répondit la vieille femme, vous recevrez bientôt cette lettre.

— Vous me dites toujours cela, répondit-elle avec colère. Et vous m'appelez chère enfant et pauvre petite, quand je me sens si contente. Comment ne serais-je pas heureuse, moi qui suis la femme de Geoffrey? Mais je voudrais bien qu'il vînt, ou qu'il me fît dire quelque chose. Je suis si lasse d'attendre...

Et en parlant ainsi, elle hâtait le pas, et devenait plus agitée.

— Mon Dieu, monsieur, dit madame Sedley à Ninian, tâchez de la calmer : personne n'y réussit aussi bien que vous.

Ninian prit la main de Rachel, et lui dit d'une voix douce et ferme à la fois :

— Ma chère Rachel, il faut prendre patience, vous ne pouvez pas avoir de très-longemps des nouvelles de votre mari. Il est bien loin d'ici, mais il ne vous oubliera pas. Songez qu'il sera malheureux, s'il apprend que vous vous tourmentez, et au contraire, il vous bénira, s'il sait que par amour pour lui, vous êtes bonne.

Elle écouta cette exhortation de Ninian avec un sentiment d'indicible bonheur, et le sourire reparut sur ses lèvres.

— Oui, vous avez raison, dit-elle ; il ne faut pas que je m'agite ; je ne voudrais, à aucun prix, lui faire de la peine. Mais êtes-vous bien sûr qu'il reviendra, ou bien ne pensez-vous pas qu'il vaut mieux que j'aille le retrouver ?

— Peut-être, dit Ninian d'une voix émue ; mais nous verrons cela plus tard, si vous êtes bien sage et bien calme.

Rachel recommença à marcher et à se parler à elle-même à voix basse. Tous les derniers événements de sa vie étaient effacés de sa mémoire : son esprit se reportait constamment vers ses jours de bonheur et d'ivresse où celui qu'elle appelait son mari vivait auprès d'elle, dans la petite ferme des frontières d'Écosse. Le dernier souvenir qui fût resté gravé profondément dans sa mémoire, c'était celui du départ d'Ulverston et de leur séparation. Et, chose bien étrange ! elle y pensait sans amertume et sans douleur. Mais elle l'attendait toujours, parfois avec un peu d'agitation , souvent avec joie, jamais avec tristesse. Son cœur semblait fermé à toute impression pénible, et son existence s'écoulait doucement. Toutes les forces de son esprit et de son cœur semblaient concentrées dans une seule pensée et une seule émotion. L'amour passionné qui avait été le seul intérêt de sa vie, l'absorbait entièrement, et en dehors des sensations et des pensées qui s'y rattachaient, elle ne voyait, elle ne sentait, elle ne comprenait rien de ce qui se passait autour d'elle.

Ninian la laissa comme il l'avait trouvée, murmurant à demi-voix des paroles d'amour. Elle ne l'avait pas vu s'éloigner, mais au bout d'un moment, elle courut après lui :

— Vous reviendrez bientôt, lui dit-elle, vous m'apporterez des nouvelles de mon mari, n'est-ce pas? cela me rendra si heureuse!

Ce mot de bonheur, qui lui avait été si longtemps inconnu pendant ses longues souffrances, était désormais constamment sur ses lèvres. Dieu avait été plein de miséricorde pour la pauvre fille, en lui ôtant complétement le souvenir de son malheur.　.　.　.　.　.　.

.　.　.　.　.　.　.　.　.　.　.　.　.　.　.　.

.　.　.　.　.　.　.　.　.　.　.　.　.　.

Ninian rentra très-tard aux Gowans. En quittant
Rachel, il s'était rendu à Newington, où habitait le
plus jeune de ses frères, pour l'engager à venir assister le lendemain au baptême de l'enfant de Christine.
Édouard avait été reçu médecin à la faculté d'Édimbourg, et il venait de s'établir à Newington, où il avait
déjà une assez belle clientèle. Absorbé par les devoirs
de sa profession, il allait rarement voir son frère. Ce
jour-là pourtant, il promit de venir aux Gowans, où
Charlie devait se trouver aussi, après un long voyage
en Amérique

Il manquait encore un membre du troupeau dispersé depuis tant d'années. Edmond, pour fuir les
plaisirs et les séductions de Londres, s'était établi
dans la ville savante de Saint-Andrews, et là il
continuait ses travaux littéraires. Il envoyait souvent des articles aux revues et aux *magazines* de
Londres et d'Édimbourg, et il retirait de sa plume
un revenu suffisant pour vivre honorablement. Il travaillait aussi assidûment à un poëme qui devait,
il l'espère du moins, fonder sa réputation et le classer au premier rang des notabilités liitéraires de son
pays.

Quelle ne fut pas la joie de Ninian quand, en entrant dans le salon des Gowans, il aperçut Edmond assis à côté d'Élisabeth, et lui parlant de ses études et de ses travaux. Dès qu'il aperçut Ninian, il se précipita dans ses bras, et les deux frères se tinrent longtemps étroitement embrassés. Après cette première effusion de tendresse fraternelle, Ninian vint prendre sa place entre Élisabeth et Edmond, et l'accabla de questions sur la vie qu'il menait à Saint-Andrews et sur ses travaux littéraires.

Les yeux d'Élisabeth étincelaient de joie. Elle ne pouvait se lasser de regarder son frère favori, et son âme semblait suspendue à ses lèvres.

Edmond fit, d'un ton modeste, l'énumération de ses travaux, et finit par annoncer à Ninian qu'il allait se rendre à Londres, pour surveiller la publication de son poëme.

— J'espère, ajouta-t-il, que tu approuveras ce projet.

— Sans aucun doute, mon ami. Tu as maintenant vingt-cinq ans, et tu as acquis assez d'expérience pour te préserver des dangers et des tentations qu'offre une grande capitale.

— Et cependant, répondit Edmond, je me défie encore trop de moi-même pour vouloir y retourner seul. Il me faut une sauvegarde contre les entraînements que je prévois ; il me faut quelqu'un qui prenne soin de moi et qui tienne mon petit ménage.

— Ce qui veut dire, reprit Ninian en souriant, que tu es amoureux et que tu veux te marier.

— Non, répondit tristement Edmond, je ne me marierai jamais.

— Et pourquoi donc ?

— Ne me demande pas pourquoi, mon frère. Mais j'ai une grande grâce à solliciter de ta tendresse et du dévouement que tu n'as cessé de me témoigner.

— Laquelle, mon ami? je suis tout prêt à t'accorder ce que tu me demanderas.

— Eh bien ! permets qu'Élisabeth m'accompagne et reste avec moi à Londres. Elle sera mon ange gardien.

— Je croyais t'avoir fait comprendre, dit Élisabeth, que je ne pouvais pas *encore* quitter Ninian... Je ne peux pas aller habiter Londres avec toi, tant qu'il ne sera pas marié...

Ninian rougit comme un enfant, et balbutia entre ses dents :

—Eh bien ! nous reparlerons de tout cela une autre fois. Puisque tu arrives, tu ne peux pas songer à nous quitter encore !

La conversation cessa, et bientôt tout reposa dans la paisible demeure, tout, excepté un noble cœur!

XL.

Le lendemain fut un jour de grande réjouissance aux Gowans.

On y fêtait non-seulement le baptême de l'enfant de Christine, mais encore la présence de tous les membres de la famille, qui, après une longue séparation, se trouvaient réunis sous ce toit qui avait abrité leur heureuse adolescence. Ces réunions de famille devenaient plus rares d'année en année, et, quand elles avaient lieu, elles n'en étaient que plus solennelles et plus touchantes.

Quelques jours avant le baptême, il y avait eu un grand conseil de famille pour choisir le nom qu'on donnerait au fils de Christine. On avait d'abord décidé, à la majorité des voix, qu'il porterait le nom de son père, mais Christine ne voulut pas entendre parler d'un vieux Kennett et d'un jeune Kennett.

Ce nom repoussé, Christine avait proposé celui de Ninian ; mais celui-ci s'y était absolument refusé.

On avait donc résolu qu'on ne déciderait rien jusqu'au jour du baptême, et Christine avait en secret
promis à Jeanne qu'elle seule choisirait le nom de
son fils.

Depuis que Jeanne était revenue habiter les Gowans,
elle n'avait jamais eu l'occasion de voir tous les membres de la famille Græme réunis : on avait respecté
son malheur et son deuil. Mais le temps adoucit les
plus profondes douleurs. Peu à peu Jeanne avait re-
couvré le calme et la sérénité, et désormais elle se
retrouvait avec plaisir au milieu de ses sœurs d'adoption ; elle pouvait sourire à leur bonheur, sans trop
souffrir du contraste entre leur sort et le sien. La seule
différence qu'on pût remarquer entre elle et les jeunes
femmes qui l'entouraient, c'était la robe noire qu'elle
portait, et qu'elle n'avait jamais quittée depuis la mort
de son fils.

— Je croyais que Jeanne quitterait le deuil aujour-
d'hui, murmura Marie à sa sœur. Cette douleur est si
triste au milieu d'une fête !

Jeanne, en voyant les deux jumelles chuchoter à
l'oreille l'une de l'autre, s'approcha d'elles, et leur demanda avec enjouement ce qu'elles disaient.

— Elles débitent de véritables absurdités, s'empressa de répondre étourdiment Christine. Figurez-
vous qu'elles poussent la superstition jusqu'à croire
qu'une robe noire est un vêtement qui, un jour de
baptême, peut porter malheur. Quelle folie ! Mais je vous
prie d'être bien persuadée, chère Jeanne, que je ne
crois pas à toutes ces sornettes, et, comme après tout

je suis la mère du *baby*, je vous engage à ne pas changer de toilette.

Jeanne ne répondit rien. Elle remonta dans sa
chambre, et redescendit bientôt après avec une robe
blanche. On voyait seulement qu'elle avait pleuré.

Ninian, qui était resté dans son cabinet, entra précisément en ce moment-là dans le salon, et dès qu'il
aperçut Jeanne avec sa jolie robe de mousseline, il
éprouva une émotion qui ne peut se décrire. Ainsi
habillée, elle ressemblait tout à fait à la petite Jeanne
Ansted d'autrefois.

Il s'approcha de la fenêtre où elle se tenait, et lui dit :

— Savez-vous bien que je vous ai à peine reconnue
dans cette robe ?

— Je l'ai mise pour plaire à vos sœurs. Peu importe,
le cœur reste le même !

Ninian baissa les yeux, et fut dispensé de lui répondre par l'arrivée du professeur Reay, qui tenait
son fils dans ses bras, et allait le présenter au pasteur
qui devait le baptiser.

Jeanne s'approcha de la table où était déposé le
registre de la paroisse. Après avoir prononcé les paroles sacramentelles, le pasteur, s'adressant à Jeanne,
lui demanda quel nom elle voulait donner à son
pupille.

Un léger tremblement apparut sur ses lèvres... Elle
hésita un moment... Puis, surmontant l'émotion qui
la suffoquait, elle dit d'une voix ferme et distincte :

— Appelez-le... Walter.

L'enfant reçut ce nom, et on s'abstint de tout commentaire sur le choix du nom qu'elle venait de faire. On avait remarqué que plusieurs fois, dans la matinée, elle avait pris l'enfant de Christine dans ses bras pour le couvrir de ses baisers et de ses larmes, mais avec une tristesse douce et simple où ne semblait se mêler aucune amertume.

Le repas qui suivit le baptême fut très-gai. Depuis bien longtemps, la petite maison des Gowans n'avait offert le spectacle d'une réunion si joyeuse. Ninian s'efforçait de partager l'allégresse générale ; mais au fond de son âme, il était triste. Aussi, dès qu'il fut sorti de table, il quitta sans bruit le salon pour se réfugier pendant quelques moments dans son cabinet.

Il venait de s'asseoir à sa table, la tête appuyée dans ses mains, quand il entendit frapper un petit coup à la porte : il tressaillit, comme bien des années auparavant il tressaillait chaque fois qu'il reconnaissait la main qui frappait ainsi.

Jeanne lui dit en entr'ouvrant la porte :

— Puis-je entrer, mon frère ? Je voudrais bien causer un moment avec vous ?

— Certainement, lui dit-il.

Mais sans savoir pourquoi cette visite inattendue lui causa un trouble profond.

Jeanne vint s'asseoir sur le petit canapé, près de la fenêtre. Elle était ouverte, et le soleil couchant projetait ses derniers rayons sur la pâle figure de la jeune femme. Ninian, se levant, ferma la fenêtre, en disant qu'il craignait qu'elle ne prît froid.

— Vous êtes toujours bien bon et bien attentif pour moi, dit-elle en soupirant. Puis, faisant un effort pour se donner du courage : Il faut que je vous dise tout de suite pourquoi je suis venue vous trouver, et pourquoi je désire vous parler.

— Voyons, dit-il, je vous écoute.

— Edmond, reprit-elle, vient de me raconter la conversation qu'il a eue hier soir avec vous et avec Élisabeth.

— Ah ! il vous a sans doute parlé du poëme qu'il vient de terminer.

— Il m'en a dit quelques mots ; mais il m'a surtout parlé de son désir d'emmener Élisabeth avec lui à Londres, où il va s'établir. Il m'a priée d'intercéder auprès de vous pour que vous ne mettiez pas obstacle à ce dessein.

— Et vous avez accepté cette mission ?

— Pourquoi pas ? Auriez-vous quelque objection à faire à cet arrangement ? Il me semble bien sage, cependant. Sans doute, Élisabeth sera chagrinée de vous quitter, mais elle m'a dit qu'elle se résignerait à ce sacrifice, si elle était sûre que vous pussiez être heureux sans elle. Remarquez que cette séparation ne sera pas longue, car Edmond a ving-cinq ans ; il se mariera bientôt, et alors Élisabeth pourra revenir... En attendant...

Elle hésitait, mais à peine, comme si elle ne comprenait pas ce qu'un pareil arrangement pouvait avoir d'étrange aux yeux du monde.

— En attendant vous ne resteriez pas seul. Ne

pourrais-je donc pas prendre soin de vous aussi bien qu'Élisabeth ?

Ninian jeta sur elle un regard de surprise qu'elle ne comprit pas. Elle semblait ne pas admettre que sa proposition pût rencontrer d'objection, tant était sincère son innocente naïveté !

— D'ailleurs, continua-t-elle, encouragée par le silence de Ninian qu'elle prenait pour une muette approbation, vos sœurs vivent dans notre voisinage, et elles viendront souvent nous visiter. Et si je puis enfin vous dire une fois ce que vous ne m'avez jamais permis de dire jusqu'ici, j'aurai l'esprit plus tranquille, en songeant que je vous suis bonne à quelque chose et que je ne suis pas seulement un fardeau pour vous. Je serai, je vous le promets, une bonne maîtresse de maison, et je ferai tout ce qui dépendra de moi pour vous rendre la vie agréable et douce.

Ninian ne se sentait pas la force de lui dire que tous ces beaux projets étaient irréalisables.

— Je vois, reprit Jeanne, que vous consentez au départ d'Élisabeth. Puis-je le dire à Edmond ?

Ninian fit un effort et finit par lui dire :

— Non, Jeanne ; vous ne savez pas ce que vous me proposez. Cela ne se peut pas.

— Et pourquoi ?

— Est-il possible que vous ne le compreniez pas ?

Peut-être commençait-elle à entrevoir la vérité, car elle baissa les yeux.

Ninian lui prit les mains, et lui dit d'une voix attendrie :

— Ne voyez-vous pas, pauvre enfant, que le monde ne jugerait pas les choses aussi simplement que vous? Si Élisabeth me quitte, vous ne pouvez pas rester ici seule avec moi, car vous... vous n'êtes pas ma sœur.

Le visage de Jeanne se couvrit d'une vive rougeur. Elle leva les yeux sur Ninian ; son regard avait pris une expression toute nouvelle. A une impression de profonde tristesse, se mêlait un sentiment d'une tout autre nature.

— Il faudra donc que je vous quitte, dit-elle.

Ninian ne lui répondit pas. Il sentait que la crise qui devait décider de son sort était enfin venue. Une seule parole eût suffi pour lui faire connaître ce qu'il devait craindre ou espérer, et cette parole, il n'osait pas la prononcer.

Jeanne reprit d'une voix contenue :

— Peut-être, après tout, vaut-il mieux que je parte, moi aussi. J'ai toujours été pour vous l'objet de grands soins et un lourd fardeau. Vous n'étiez pas mon frère, et cependant vous m'avez aimée comme une sœur. Que Dieu vous rende tout le bien que vous m'avez fait!

La voix lui manqua en prononçant ces paroles, et elle chercha vainement à contenir les larmes qui remplissaient ses yeux. Ninian était encore plus troublé qu'elle : il ne pouvait prononcer une seule parole.

Jeanne se leva et lui tendit la main.

— Allons, mon frère, je ne veux pas vous déranger

plus longtemps. Mais dites-moi ce que je dois faire. Faut-il que je devienne gouvernante?

— Que dites-vous là ! s'écria Ninian, en pressant avec une étreinte passionnée la main qu'elle lui avait tendue.

— La vie est difficile, reprit Jeanne, mon plus grand désir eût été de passer ma vie aux Gowans, entre Élisabeth et vous. Mais cela n'est pas possible; vous le sentez et vous le dites vous-même.

— Mon Dieu ! s'écria Ninian en la regardant fixement; Jeanne, il y a un moyen.

Jeanne pâlit; elle avait compris.

Il y eut un moment de profond silence. Ninian reprit enfin à voix basse.

— Je vois que c'est impossible. Je m'y attendais bien... Pardonnez-moi.

— Vous pardonner... Vous ignorez donc que je voudrais consacrer tous les instants de ma vie à vous témoigner ma reconnaissance pour tous les sacrifices que vous avez faits pour moi; mais je n'accepterai jamais celui que vous m'offrez aujourd'hui.

— Quel sacrifice? s'écria Ninian.

— Non, dit-elle, je ne le souffrirai pas. Personne ne se dégradera jusqu'à *m'épouser*; et sa voix tremblait d'émotion. Vous, moins que tout autre, il faut que vous choisissiez une femme heureuse et respectée, une femme que vous puissiez aimer.

— Une femme que je puisse aimer ! répéta Ninian d'une voix étouffée.

Il la voyait comme à travers un nuage ; elle était

debout à côté de sa chaise, le visage baigné de larmes, bien qu'elle parlât avec calme. Par un mouvement irrésistible, il lui prit la main ; et, comme elle fit un effort pour la retirer :

— Restez encore un moment avec moi ; n'ayez pas peur, ma sœur !

— Je n'ai pas peur, dit-elle doucement.

Et elle se rassit.

— Oui, restez, et je vous parlerai, si vous le permettez, d'une personne que j'aimais... Il y a bien longtemps de cela, et c'est à peine si vous pourriez vous en souvenir. J'étais déjà un homme fait, *elle* n'était encore qu'une enfant. D'impérieux devoirs me défendaient de me marier, et quand même j'eusse été libre, elle ne se souciait pas de moi. Je ne lui parlais jamais de mon amour. Je la portais dans mes bras, et je l'appelais mon enfant, mon trésor. Mais elle ne savait rien, non, rien.

La main de Jeanne tremblait dans la sienne ; il continua de la tenir étroitement serrée.

— Cela valait mieux ainsi. Si elle l'avait su, peut-être en aurait-elle été affligée, et cela n'eût servi à rien... Et plus tard, quand les jours de l'épreuve sont arrivés... elle n'aurait peut-être pas osé venir chercher auprès de moi un abri et une consolation. C'était pour elle une chose toute simple, toute naturelle ; elle me regardait comme un ami, comme un frère... et moi... O mon Dieu, tu sais tout !

Il ne put en dire davantage.

Bouleversée par ce qu'elle venait d'entendre, Jeanne

tomba à genoux, cacha sa tête dans ses mains, et pleura à chaudes larmes.

Une crainte soudaine traversa alors l'esprit de Ninian.

— Ne vous méprenez pas sur ce que je viens de vous dire, s'écria-t-il ; croyez bien que je ne conserve pas un espoir insensé ; je n'en ai jamais eu, je n'en ai pas aujourd'hui. Je sais que vous n'aurez jamais pour moi qu'une affection de sœur. Cette douce affection, du moins, vous me la conserverez toujours, n'est-ce pas ?

Jeanne s'efforça de lui répondre, mais ses sanglots étouffaient sa voix.

— Mon enfant, ajouta-t-il, dites-moi, vous êtes-vous jamais doutée à quel point je vous aimais ?

Elle releva la tête ; et fixant sur lui ses beaux yeux noyés de larmes :

— Ah ! plût à Dieu, s'écria-t-elle, que je l'eusse su !

— Et vous m'auriez aimé !

Jeanne ne put lui répondre. Elle sanglotait toujours.

— Allons, je vois que j'ai tort de vous parler ainsi... N'y pensez plus, je vous en supplie. Je commence à devenir vieux ; on souffre moins quand on est vieux. Je tâcherai de vous aimer désormais plus tranquillement... Serez-vous satisfaite ?

— Mon Dieu !... Je ne suis pas digne de vous. Oh ! non, je n'en suis pas digne.

Et laissant tomber sa tête sur la main de Ninian, elle y appuya en tremblant ses douces lèvres.

Ninian recula sa chaise. Il tremblait comme un enfant.

— Jeanne, dit-il d'une voix entrecoupée, les choses ne peuvent rester entre nous comme elles sont aujourd'hui. Si vous ne pouvez m'accorder que l'affection d'une sœur, il faut absolument que je vous quitte pendant un an ou deux. Peut-être, après cette séparation, pourrai-je avoir acquis assez d'empire sur mon cœur, pour maîtriser la passion qui le dévore... Si, par un bonheur inespéré, vous consentiez à m'appeler... votre mari...

Il s'arrêta ; elle ne faisait pas un mouvement, mais son visage restait appuyé sur la main de Ninian.

— Si une pareille félicité m'était réservée, je consacrerais ma vie entière à vous rendre heureuse. Mon enfant, ma petite Jeanne, — et sa voix prit une expression de tendresse indicible — , je prendrais tant de soin de vous !... Je vous porterais dans mes bras, comme je faisais autrefois ; je vous garderais de tout mal ! Mon enfant !... mon enfant chérie !... Voulez-vous venir à moi ?

Tandis qu'il parlait, les sanglots de Jeanne avaient cessé. Elle leva les yeux sur Ninian, sur cet homme si bon, si fidèle, qu'elle respectait depuis si longtemps avec une confiance absolue, cet homme au cœur droit et tendre qu'elle aurait pu aimer, comme il l'avait rêvé pendant des années, s'il n'avait si longtemps refoulé son amour au fond de son cœur.

— Voulez-vous venir ? répéta-t-il en lui tendant les bras.

Elle vint. Elle s'avança doucement vers lui ; et ca
chant sa tête sur l'épaule de Ninian, elle y resta longtemps, pleurant, mais pleurant de joie.

Ninian savait enfin que Jeanne serait sa femme
Son cœur était en repos, et il bénit Dieu. . . . .

. . . .

. . . .

Leur mariage eut lieu quelques semaines après ; o
voulait qu'Élisabeth et Edmond pussent y assiste
avant leur départ. Les Reay seuls vinrent se joindre
eux. Jean Forsyth célébra le mariage.

Ils ne firent point de voyage de noce, Ninian n'e
avait pas le loisir. Il n'avait pas non plus à choisir un
nouvelle demeure pour y amener sa femme, tous deu
désiraient rester aux Gowans. Leur mariage n'am
nait que peu de changements extérieurs : mais leur
cœurs avaient passé de la douleur à l'espérance : a
lieu du deuil, il y avait de la joie.

Le soir de ce même jour, les Reay partirent pou
Portobello, accompagnés d'Élisabeth et d'Edmon
qui allaient leur faire une petite visite avant de s'éta
blir à Londres.

Ninian les mena jusqu'à la grille, puis il rentr
Tout le jour il avait été silencieux et grave. Il éta
pâle, et paraissait épuisé ; se jetant dans son gran
fauteuil, il appela doucement Jeanne, qui était assis
à sa place favorite près de la fenêtre.

Elle obéit ; depuis longtemps elle était accoutumé

à lui obéir, ce n'était pas, pour elle, une tâche nouvelle
à remplir. Elle vint et s'agenouilla près de lui. Il lui
prit les mains, et l'éloignant un peu de lui, de façon
à pouvoir la regarder en face, il murmura :

— Dites-moi la vérité, ma bien-aimée, êtes-vous
heureuse ?

Leurs yeux se rencontrèrent. Ceux de Jeanne étaient
remplis d'un amour passionné, d'un amour qu'elle
n'avait jamais connu, elle qui déjà avait été femme et
mère.

— Ninian, mon Ninian ! répéta-t-elle timidement,
en lui donnant pour la première fois son nom de
baptême.

Ninian Græme l'enleva dans ses bras, il la prit, il
la serra sur son cœur. Et, la tête cachée sur l'épaule
de son mari, Jeanne sentit en même temps ses baisers et ses larmes.

LECTURES DE FAMILLE

EXTRAIT DU CATALOGUE DE LA LIBRAIRIE GRASSART

ABELOUS (L.). **Récits populaires. Le Major Grubert. — Le Galérien.** In-12. 1 fr. 50

— **Catacombes (les) de Rome,** suivies de *Souvenirs de Rome,* par un voyageur anglais. In-12 avec gravures. 1 fr. 50

ABRIC-ENCONTRE (Mme), **Channing (les),** par Mrs H. Wood. 2 vol. in-12. 6 fr.

— **Roland Yorke,** par Mrs H. Wood. 2 vol. in-12. 6 fr.

ASTIÉ (J.-F.). **Histoire de la République des États-Unis,** depuis l'établissement des premières colonies jusqu'à l'élection du président Lincoln (1620 à 1860), précédée d'une préface par M. Ed. Laboulaye, de l'Institut. 2 vol. in-8. 12 fr.

BOLLE (Mme R.). **John et Lucy.** Épisode de la guerre d'Orient. In-18. 1 fr. 50

BONNET (JULES). **Aonio Paléario.** Étude sur la Réforme en Italie. In-12. (Ouvrage couronné par l'Académie française.) 3 fr.

— **Olympia Morata.** Épisode de la Renaissance en Italie. In-12. (Ouvrage couronné par l'Académie française.) 3 fr.

— **Récits du seizième siècle.** In-12. (Ouvrage couronné par l'Académie française.) 3 fr. 50

— **Récits (nouveaux) du seizième siècle.** In-12. 3 fr. 50

BREMER (Mlle). **Famille (la) H.** Traduit du suédois, par Mlle du Puget. In-16. 2 fr. 50

— **Filles (les) du Président,** trad. du suédois. In-16. 3 fr.

— **Foyer (le) domestique,** ou Chagrins et Joies de la Famille, traduit du suédois. In-16. 3 fr. 50

— **Vie (la) de famille dans le Nouveau-Monde,** traduit du suédois. 3 vol. in-16. 10 fr. 50

— **Voisins (les).** Traduit du suédois. In-16. 3 fr. 50

BROWN (JOHN). **Rab et ses Amis,** traduit de l'anglais. In-8, orné de 7 belles gravures sur acier, rel. percaline. 4 fr.

CARLEN (Mme). **Femme (une) capricieuse,** trad. du suédois, par Mlle du Puget. 2 vol. in-16. 7 fr.

CASPARI. **Maître (le) d'école et son Fils.** Épisode de la guerre de Trente-Ans. In-12. 1 fr. 50

CAZALET (A.). **Esquisses littéraires et morales**. In-12. 3 fr.
CHABAUD LATOUR (Mlle DE). **Nouvelles écossaises**, traduit de l'anglais. In-18.   1 fr. 50
CHALESWORTH (MARIA-LOUISE). **Le Ministère de l'enfance**, ou les jeunes Messagers de miséricorde, traduit de l'anglais. In-12.   1 fr. 75
— **Nouvelles scènes du ministère de l'enfance**, traduit de l'anglais par Mme de Witt, née Guizot. 2 vol. in-12. 6 fr.
COURIARD (A.). **Autour de la lampe**. In-12.   2 fr. 50
— **Cousine (la) de Violette**. In-12.   3 fr.
— **Douze Nouvelles** pour les enfants. In-12.   1 fr.
— **Intérieur (un)**. In-12.   2 fr. 50
— **Nouvelles et Récits** pour la jeunesse. In-12.   2 fr.
DAVAINE (C.). **Éléments (les) du bonheur**. In-12.   1 fr. 25
DECOPPET (Mme). **Ce que disent les fleurs**. Contes et allégories. In-12.   1 fr.
— **Marguerite**. In-12.   2 fr.
Expiation, ou Esquisse d'une vie de femme. In-12. 2 fr. 50
GASKELL (Mme). **Femmes (nos) et nos Filles**, traduit de l'anglais. 2 vol. in-12.   7 fr.
GATTY (JULIANA-HORATIA). **Songe de Melchior (le)** et autres histoires, traduit de l'anglais. (Le Songe de Melchior. — Le Nid. — Roses et épines. — Jadis. — Le Mémorial de famille. — Les deux Rivales.) In-12.   3 fr.
GOTTHELF (J.). **Âme (l') et l'Argent**, traduit de l'allemand. In-12.   2 fr.
— **Anne Babi**, traduit de l'allemand. 2 vol. in-12.   6 fr.
— **Joies (les) et les souffrances d'un maître d'école**, traduit de l'allemand et précédé d'une Notice biographique de l'auteur, par Max Buchon. 2 vol. in-12.   3 fr. 50
HUGUES (A.). **Observatoire (l') et ses Merveilles**. In-12.
                                                             3 fr.
JANIN (A.). **Fulton, George et Robert Stephenson**, ou les Bateaux à vapeur et les Chemins de fer. In-12.   3 fr. 50
JANIN (H.). **Famille (la) Halliburton**, par Mrs H. Wood, traduit de l'anglais. 2 vol. in-12.   5 fr.
— **Saint Winifred**, ou le monde des écoliers, par F. Farrar, traduit de l'anglais. In-12.   3 fr. 50
— **Tante Marguerite**, traduit de l'anglais. In-12.   3 fr. 50
KENNEDY (MISS). **Dunallan**, ou Ne jugez pas sans connaître. 2 vol. in-12.   5 fr.
LAMY (VICTOR). **Quelques Héros des luttes religieuses aux** XVIe et XVIIe siècles. In-12. (Bernard Palissy. — Milton. Henri Arnaud et les Vaudois.)   2 fr. 50

Langdon (Mary). **Ida May**, ou Encore une triste face de l'esclavage aux Etats-Unis. 2 vol. in-12. 4 fr.

Lavater. **Journal d'un observateur de soi-même**, traduit de l'allemand. In-12. 2 fr. 25

Long (Mme). **Emma ou la Prière d'une mère.** In-12. 1 fr. 50

— **Génie (le) du cimetière.** Conte fantastique. In-12. 3 fr. 50

— **Réalités de la vie domestique**, par l'auteur de *Veuvage et Célibat*. 4e édit., revue et corrigée. 2 vol. in-12. 5 fr.

— **Scènes intimes**, par Mmes Desbordes-Valmore, Caroline Olivier, et l'auteur des *Réalités de la vie domestique*. In-12. 3 fr. 50

Long (Lady Catherine). **Sir Roland Ashton**, histoire contemporaine, traduite de l'anglais. In-12. 3 fr. 50

Marryat (le capitaine). **Petit (le) Sauvage**, traduit de l'anglais. 2 vol. in-12. 3 fr. 50

Martineau (Miss). **Fiord (le).** Scènes de la vie norwégienne, traduit de l'anglais. In-18. 2 fr. 50

May (E.-J.). **Heures (les) d'école du jeune Louis**, traduit de l'anglais par Mlle Rilliet de Constant. In-12. 3 fr. 50

— **Prieuré (le) de Dashwood**, ou Louis Mortimer à l'Université, suite des *Heures d'école du jeune Louis*, traduit de l'anglais par Mlle Rilliet de Constant. In-12. 3 fr. 50

— **Saxelford**, récit pour la jeunesse, traduit de l'anglais par Kruger. In-12. 3 fr. 50

— **Vieille (la) Houillère.** Récits pour la jeunesse. In-12. 3 fr.

Mulock (Miss). **Aide-toi, le ciel t'aidera.** — Cola Monti. — Traduit de l'anglais par Mme Dionis. In-12. 2 fr.

— **Chef (le) de famille**, traduit de l'anglais. 2 vol. in-12. 6 fr.

— **Exception (une)**, traduit de l'anglais. In-12. 3 fr.

— **Héroïne (une)**, traduit de l'anglais par Mme Dionis. In-12. 2 fr.

— **Héros (un)**, traduit de l'anglais par Mme Dionis. In-12. 2 fr.

— **John Halifax, Gentleman**, traduit de l'anglais. 2 vol. in-12. 6 fr.

— **Olivia**, traduit de l'anglais. 2 vol. in-12. 6 fr.

— **Mari (le) d'Agathe**, traduit de l'anglais. In-12. 3 fr.

— **Maîtresse et Servante**, trad. de l'anglais. In-12. 4 fr.

— **Méprise (la) de Christine**, trad. de l'anglais. In-12. 3 fr.

— **Vie pour vie**, traduit de l'anglais. In-12. 3 fr.

Muret (Th.). **Histoire de Jeanne d'Albret**, reine de Na-

varre, précédée d'une étude sur Marguerite de Valois, sa
mère. In-12. 4 fr.

MAC' INTOSH. Fond(le) et la Forme, ou le But et le Principe
de la vie, traduit de l'anglais. In-12. 2 fr. 50

NATHUSIUS (MARIA). Histoire de deux familles : Langenstein
et Boblingen, traduit de l'allemand. In-12. 3 fr.

OLIVIER (JUSTE). Luze Léonard, ou les Deux Promesses.
Idylle tragique. In-12. 1 fr. 50

PAROZ (J.). Vie et Voyages de W. Dampier. Ouvrage dédié
aux enfants. In-12. 2 fr. 50

Petite May, ou Comment serais-je utile? traduit librement
de l'anglais. In-18. 1 fr.

Petite Suzanne (la). Ses six anniversaires, ses serviteurs
et ses maîtres. 1 vol. in-12 illustré de 4 gravures. 3 fr.

Pèlerinage (le) du bonhomme Pensif. In-12. 1 fr. 25

PARRY (EDWARD). Vie du contre-amiral sir Edward Parry,
traduit de l'anglais. In-12. 2 fr. 50

PASCAL (CÉSAR). Abraham Lincoln, sa vie, son caractère,
son administration. In-12. 2 fr.

— A travers l'Atlantique et dans le Nouveau-Monde.
In-12. 3 fr. 50

PELET DE LA LOZÈRE (COMTE). La Fayette et son époque.
Amérique et France. In-12. 2 fr.

PEYRAT (Mme N.). A travers le moyen âge. In-12. 3 fr.

PORCHAT (Mlle A.). Gilbert Gresham, traduit de l'anglais.
In-12. 2 fr.

PORCHAT (JACQUES). Histoire de France. In-18. 1 fr. 25.

— Montagne (la) tremblante. In-18. 1 fr.

PRESSENSÉ (Mme ED. DE). Deux Ans au lycée. In-12. 2 fr. 50

— Journal (le) de Thérèse. In-12. 2 fr. 50

— Maison (la) blanche. Histoire pour les écoliers. In-
12. 2 fr. 50

— Poésies. In-12. 2 fr. 50

— Rosa. In-12. 1 fr. 50

— Scènes d'enfance et de jeunesse. In-12. 2 fr. 50

PUAUX. Loisirs (Nouveaux) d'un homme très-occupé. In-
12. 3 fr. 50

— Voix (la) de Jérusalem. In-12. 3 fr. 50

RILLIET DE CONSTANT (Mlle). Chroniques de la famille Schon-
berg-Cotta. trad. de l'anglais. 2 vol. in-12. 6 fr.

ROUSSEL (Nap.). Abeilles (les). 1 vol. in-12, avec 52 gravures dans le texte. 1 fr. 50

— A l'École des fourmis. In-12. 1 fr. 50

— A mes grands Enfants. In-12. 1 fr. 50

— A mes petits Enfants. In-12. 1 fr. 50

— **Bibliothèque coloriée** pour la jeunesse. 4 vol. in-12 carré, avec chacun 6 gravures coloriées, rel. en percaline anglaise :

Les oiseaux. 3 fr.
Les animaux. 3 fr.
Les champs. 3 fr.
La Bible. 3 fr.

— **Illustration de la jeunesse.** Ouvrage orné de 120 grav. 2 vol. in-4. Chaque vol. 3 fr.
— **Mon Balcon (de) à Cannes.** In-12, orné de 4 gr. 1 fr. 75
— **Papillons (les).** In-12. 1 fr. 50
— **Premières Lectures.** In-12. 80 c.
Sahler (A.). Étude sur le spiritisme. In-12. 75 c.
Sandham (Miss). **Sœurs (les) jumelles,** traduit de l'angl. In-12. 2 fr.
Sandras (Mlle Marie). **Noix (les) dorées de l'arbre de Noël.** In-12. 1 fr. 25
Sewell (Miss). **Amy Herbert,** trad. de l'anglais. In-12. 2 fr.
— **Fille du Comte,** trad. de l'anglais. 2 vol. in-12. 5 fr.
— **Sarah Mortimer,** ou l'Expérience de la vie, traduit de l'anglais. In-12. 3 fr. 50
Souvestre (E.) **Souvenirs** d'un vieillard, précédés d'une notice biographique et littéraire sur l'auteur. 2 vol. in-18. avec portrait. 1 fr. 25
Stowe (Mme Beecher). **A propos d'un tapis,** ou la Science du foyer domestique, trad. de l'anglais. In-12. 2 fr.
— **Petits (les) Renards,** ou les petites Fautes qui troublent le bonheur domestique, trad de l'anglais. In-12. 2 fr.
Tournier (L.). **Chants de la jeunesse.** Poésies. In-18, cart. 1 fr. 50
— **Enfantines (les).** Poésies. In-18, cart. 1 fr. 50
Wetherell (Miss Warner). **Monde (le), le vaste Monde,** traduit de l'anglais. In-12. 3 fr. 50
Wichern. **Foi et charité.** Nouveaux récits populaires. In-12. 1 fr. 50
Wildermuth (Mme Ottilie). **Récits et tableaux de la vie souabe,** traduction de J. Porchat. In-12. 2 fr. 50
Witt, née Guizot (Mme de). **Citadins et Campagnards.** In-12. 2 fr.
— **Enfant (un) sans mère,** traduit de l'anglais. In-12. 3 fr.
— **Hélène et ses Amies.** Histoires pour les jeunes filles, traduit de l'anglais. In-12. 3 fr.
— **Histoire (l') sainte** racontée aux enfants. In-12. 3 fr. 50
— **Livre (le) d'or.** Belles actions d'autrefois, par l'auteur de l'Héritier de Redcliffe, traduit de l'anglais. In-12. 3 fr.

— **Livre (le) d'or.** Belles actions des temps modernes, par l'auteur de l'Héritier de Redcliffe, traduit de l'anglais. In-12. 3 fr.

—**Ministère de l'enfance** (Nouvelles scènes du), traduit de l'anglais. 2 vol. in-12. 6 fr.

— **Missionnaire** (un) à la ville et dans les champs, par l'auteur des *Tribulations de Mme Palissy*, traduit de l'anglais. In-12. 2 fr. 50

—**Petits brins de fil** (les), ou Fil embrouillé, Fil d'argent et Fil d'or, par l'auteur de la *Petite Suzanne*, traduit de l'anglais. In-12 avec 4 gravures. 2 fr. 50

— **Recueil de Poésies** pour les petits enfants. In-12. 1 fr. 50

— **Riches et Pauvres.** Contes pour les enfants. In-12. 2 fr.

Yonge (Miss). **Héritier** (l') de Redcliffe, traduit de l'anglais. 2 vol. in-12. 3e édition. 6 fr.

—**Violette**, en anglais *Heartsease*, traduit de l'anglais. In-12, 4e édition. 6 fr.

— **Chaîne** (la) de Marguerites, traduit de l'anglais. 2 vol. in-12. 3e édition. 6 fr.

— **Procès** (le). Nouveaux anneaux de **la Chaîne de Marguerites**, traduit de l'anglais par Mme de Witt, née Guizot. 2 vol. in-12, 2e édition. 6 fr.

— **Collier** (le) de Perles, traduit de l'anglais par Mme de Witt, née Guizot. 2 vol. in-12. 6 fr.

—**Colombe** (la) dans le nid de l'aigle, traduit de l'anglais par le traducteur de John Halifax. In-12. 3 fr. 50

—**Souhait** (le) d'Henriette, ou l'Esprit de domination, traduit de l'anglais. In-12. 3 fr.

— **Secret** (un), traduit librement de l'anglais. In-12. 2 fr.

EXPOSITION UNIVERSELLE DE PARIS, 1867.

La librairie Grassart a obtenu une mention honorable pour ses publications à l'usage des écoles et des familles. Elle a toujours en magasin un grand choix de volumes en tous genres, bien reliés, pour cadeaux et pour étrennes.

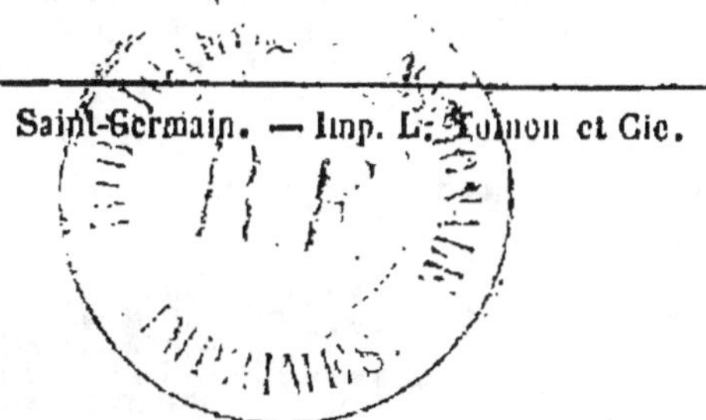

Saint-Germain. — Imp. L. Toinon et Cie.

GRASSART, LIBRAIRE-ÉDITEUR

2, RUE DE LA PAIX, A PARIS

Courlard (Mlle). *Autour de la Lampe,* in-12................ 2 fr. 50

Janin (Mlle). *Tante Marguerite,* in-12 .... 3 fr. 50 c.

Bost (J.-Aug.). *Valentine.* Épisode de la vie d'un pasteur, in-12. 2 fr. 50

Pestalozzi (H.). *Léonard et Gertrude,* in-12................ 3 fr.

Maillard (F.). *Les filles du notaire ou les tribulations à l'étranger,* in-12................ 3 fr.

Vincent. *Le frère adoptif,* in-12. 3 fr.

Wood. *Les Channing,* 2 vol. in-12................ 6 fr.

— *Roland Yorke,* 2 vol. in-12. 6 fr.

— *Le Collège d'Orville,* traduit de l'anglais par Mlle H. Janin, in-12. 3 fr. 50

Expiation, ou Esquisse d'une vie de femme, in-12................ 2 fr. 50 c.

Roussel (N.). *De mon balcon à Cannes,* in-12................ 1 fr. 75 c.

Berthoud (Fritz). *Sur la montagne,* 3 vol. in-12................ 10 fr. 50 c.

   I. Alpes et Jura.
   II. Courses lointaines.
   III. Autour du foyer.

Favre (L.). *Nouvelles jurassiennes,* in-12................ 3 fr.

Faaux (F.). *Nouveaux loisirs d'un homme très occupé,* in-12. 3 fr. 50

Witt, née Guizot (Mme de). *Nouvelles scènes du ministère de l'enfance,* 2 vol. in-12................ 6 fr.

Gaskell. *Nos femmes et nos filles,* 2 vol. in-12................ 7 fr.

Montgomery (Florence). *Un enfant sans mère,* traduit de l'anglais par Mmes de Witt, in-12................ 3 fr.

Carlen (Mme Émilie). *Une femme capricieuse.* 2 vol. in-12...... 7 fr.

Beck-Bernard. *Le Rio Parana,* cinq années de séjour dans la république Argentine, in-12................ 3 fr.

Astié (J.-F.). *Histoire de la République des États-Unis, depuis l'établissement des premières colonies, jusqu'à l'élection du président Lincoln (1620-1860), précédée d'une préface par Ed. Laboulaye.* 2 vol. in-8. 12 fr.

Pascal (César). *Abraham Lincoln. Sa vie, son caractère, son administration,* in-12................ 2 fr.

— *A travers l'Atlantique et dans le nouveau monde,* in-12. 3 fr. 50 c.

Muret (Théodore). *Histoire de Jeanne d'Albret, reine de Navarre, précédée d'une étude sur Marguerite de Valois sa mère,* in-12................ 4 fr.

Pelet de la Lozère (Comte). *Lafayette en Amérique et en France,* in-12................ 2 fr.

Parry (Edward). *Vie du contre-amiral sir Edward Parry,* in-12. 2 fr. 50

Parox. *Vie et voyage de W. Dampier,* in-12................ 2 fr. 50 c.

Peyrat (Mme N.). *A travers le moyen âge,* in-12................ 3 fr.

Billiet de Constant. *Vie de Buxton,* précédée et suivie de deux notes sur l'esclavage et sur la colonie de Libéria, in-8................ 4 fr.

Secretan (Charles). *La philosophie de Victor Cousin,* in-8. 1 fr. 50 c.

— *Recherches de la méthode qui conduit à la vérité sur nos plus grands intérêts, avec quelques applications et quelques exemples,* in-12. 2 fr. 50 c.

Imprimerie L. Toinon et Cie, à Saint-Germain.

BIBLIOTHÈQUE NATIONALE DE FRANCE

3 7531 00021614 4